合肥市哲学社会科学规划项目成果

合肥碑传袤辑初编

HEFEI BEIZHUAN POUJI CHUBIAN

萧　寒◎著

安徽师范大学出版社
ANHUI NORMAL UNIVERSITY PRESS

·芜湖·

图书在版编目(CIP)数据

合肥碑传裒辑初编 / 萧寒著 . —芜湖 : 安徽师范大学出版社, 2024.4
ISBN 978-7-5676-6511-8

Ⅰ . ①合… Ⅱ . ①萧… Ⅲ . ①历史人物—列传—合肥—古代 Ⅳ . ①K820.854.1

中国国家版本馆 CIP 数据核字(2023)第 215487 号

HEFEI BEIZHUAN POUJI CHUBIAN

合肥碑传裒辑初编

萧　寒◎著

责任编辑 : 李克非　　　　　　　　责任校对 : 胡志恒　蒋　璐

装帧设计 : 王晴晴　张　玲　姚　远　责任印制 : 桑国磊

出版发行 : 安徽师范大学出版社

　　　　　芜湖市北京中路 2 号安徽师范大学赭山校区　邮政编码 : 241000

网　　址 : http://www.ahnupress.com/

发 行 部 : 0553-3883578　5910327　5910310(传真)

印　　刷 : 江苏凤凰数码印务有限公司

版　　次 : 2024 年 4 月第 1 版

印　　次 : 2024 年 4 月第 1 次印刷

规　　格 : 787 mm × 1092 mm　1/16

印　　张 : 13.75

字　　数 : 270 千字

书　　号 : ISBN 978-7-5676-6511-8

定　　价 : 68.00 元

凡发现图书有质量问题,请与我社联系(联系电话 : 0553-5910315)

序

刘政屏

人们普遍认为，有目标有追求的人生是充实的，因为总是有事要做，总是在忙忙碌碌中度过一天又一天。萧寒应该就是这样的人。据我所知，在萧寒的心里有很多作品的出版计划，比如即将出版的《庐州古韵——历代吟咏合肥诗词选注》（上下），以及这本《合肥碑传衷辑初编》。"初编"之后自然还有"二编""三编"等，而这些只不过是他已经做了的和计划要做的事情的一部分，搜寻、编纂、校勘、注释等，萧寒始终在做，孜孜以求，乐此不疲。

碑传是中国古代最常见的一种传记形式，既包括墓志铭、墓表、神道碑等，也包括家传、小传、别传、行状、事略等，因为传主和撰写者成分多样或曰复杂，其呈现出的内容与风格丰富而极具个性。因此，它不仅是正史传记的重要补充和佐证，同时也是同时期相关地域和行业的政治、经济、文化等方面一种不可或缺的史料。又因其较之正史传记更为详备和鲜活，历来受到重视，是中国史学撰述的重要组成部分之一。

由于碑传的基调是肯定和颂扬，且多为应传主拥趸者或家人之请，褒扬溢美之词在所难免。不过，一个聪明智慧的书写者与一个清醒明白的阅读者，都会于字里行间流露出一些信息、发现到其他的一些东西，从这种意义上来说，碑传所包含的一定不仅仅是褒扬溢美，而这，正是碑传的价值所在。

就一个家族或者某个特定的地域和场所而言，某些碑传一直在那里，而对于一座城市或者一个地区而言，这些碑传处于一种散落和不为人知的状态，岁月流逝、战争、自然灾害等因素，会损毁或遮蔽其中的一部分，时间越久，这"一部分"的体量会变得越来越大，如果没有一个机构、团体或者一些人去做一些保护和整理的工作，这方面的损失则不可估量、无法弥补。

集录碑传为书，始于宋代杜大珪《名臣碑传琬琰集》，明代有焦竑编《国朝献征录》，徐纮、王元编《皇明名臣琬琰录》《续录》。清至近代，则有钱仪吉编《碑传集》、缪荃孙编《续碑传集》、闵尔昌编《碑传集补》、汪兆镛编《碑传集三编》。及至当代，钱仲联辑成《广清碑传集》，卞孝萱、唐文权编辑《辛亥人物碑传集》与《民国人物碑传集》，集录碑传事业可谓递相祖述，蔚然大观，已成为我国史学研究中的一项优秀传统。

　　合肥地区自唐末五代乃至更早的时候开始，风云变幻、名人辈出，碑传文献亦相当可观，遗憾的是由于种种原因，流传至今者甚少，且鲜见学界对于合肥碑传及类似课题进行专门研究，合肥人物碑传专集也未曾有过正式出版。因此，萧寒多年来通过大量的田野调查和历史文献查询，收集、整理和研究数量可观的合肥地区历史人物碑传文字，及至今天结集出版，就显得尤为难能可贵。

　　我时常在想，萧寒应该是个很有主见的人，或者说是一个很犟的人。不然，他不会一下子跳进《庐州古韵——历代吟咏合肥诗词选注》和合肥碑传搜集整理等一个又一个深坑里，在一切都还没有着落的情况下，他不管不顾，就是愿意坐这个冷板凳，因为他是真的喜欢，乃至痴迷。

　　萧寒的"犟"还在于他几乎可以说是奋不顾身，具体说来，就是居无定所、衣食无着，他居然没事人一样，问题是他已届不惑之年，应该为自己的生活和未来做一些打算，我这样说并不是在变着方式夸他，我只是不明白他怎么就能够如此这般淡定。或许，这就是萧寒能够收集注释这么一部部巨著大作而我不能够的原因所在吧，我不明白的正是我做不到的。常言所谓有所得必有所失，只是萧寒失去的未免太多了一些，超乎常人的思维和判断。而且是不是只有这么一种选择，或者说对于萧寒来说只有这么一种选择，抑或这样一种选择最符合他的个性，我感觉自己一时还确定不了，不过一部又一部专著的出版发行似乎就是答案。

　　在我看来，《合肥碑传袞辑初编》这本来之不易的专著，不但具有记载合肥历史人物和事件、呈现合肥地域风俗和文化、著录合肥历史和文学文献、补正其他史料之缺失等价值，其在思想和文学方面价值意义亦不可小觑。雄才大略、嘉言懿行值得我们尊崇和效仿，精巧构思、警言佳句值得我们品味与借鉴，因此，完全可以将这本历史感与学术味颇浓的专著视作一种普通读者可读可赏的大众读物。而这，无论是对于这本书、还是对于萧寒来说，都是一种很好的事情。

　　（刘政屏，中国作家协会会员、安徽省档案学会档案文化研究委员会主任、安徽省散文随笔学会副会长、合肥市作家协会副主席。）

凡 例

一、全书选取的碑传内容分为四类：一是籍贯或祖籍为今安徽省合肥市范围（合肥市区、巢湖市、肥东县、肥西县、长丰县和庐江县）的人物（女性籍贯随夫），其中部分籍贯存在争议的人物（如宋代张宇，明代吴祯、吴良）据合肥籍录入；二是墓志在今合肥市范围内出土、发现的，但籍贯不一定是今合肥市范围内的人物（如隋代张静、丁护等）。

二、本书收录的墓志、碑传文仅作简易标点和来源出处说明，对于传主、撰文人、书丹人的生平背景不进行相应研究。涉及传记文字部分均以文本下所注明的来源出处为准，不对不同版本的碑传文字内容进行校对、标注、注释等相应研究。除将繁体字、异体字改为简体字，其余原文笔误一仍其旧。

三、本书编排依传主葬期先后为序，葬期先者在前，晚者在后。无葬期可考者，依卒年为序排列。有年无月者列于该年之末。

四、志石因年代久远、风雨剥蚀和出土过程中形成的刮痕、石花等，字迹无法所识者，录文中均用"□"标出；据理可补者，补字外加"（）"。

五、为了便于检索，志主名讳均标注在志文首行"（）"内，如《隋故陈伏飞将军给事中丁府君（护）墓志铭并序》。

六、本书收录之墓志、碑传文，为保持原貌，目录、释文、图版说明均用原首题。无首题者，由编者自拟标题。如《清故赠内阁学士刘公（盛藻）家传》，为编者自拟。

七、本书收录之墓志、碑传文，如涉及污蔑农民起义军（如贼、匪等）和起义军领袖姓名（如张总愚、赖汶洸等）等内容，一律遵从出处原貌，不做更改。

目 录

隋唐五代

两宋

元明

清朝

民国时期

□□清河张氏（静）墓志序

开皇三年（583）十一月

□□开皇三年岁次癸卯十一月丙申朔廿二日

□□清河张氏（静）墓志序

（公）讳静，字僧泰。乃因宦南迁，卜居合镇。□武卫将军、湘东郡太守。春秋四十有九，于斯不禄。

父景暎，宋振远将军、中散大夫。大子元通，齐招远将军、员外侍郎，卅有七而死。第四子乞叔，陈伏波将军，时年廿有九便亡。第二子伍郎、第三子元略，并陈招远将军。长女、仲女、季女等式遵孝道，无假肃而自成；信义乡闾，不待束脩之训。卜惟其吉，建此五坟，而安一所。西连独岭，擎月兔而开云；东接龙城，捧日乌而散彩；南看巢浪，有被控之游鱼；北眺长津，见无移之石兽。但嗟鹿场町疃，□蹊窀穴；时闻牧竖之歌，永罢帛眉之笑。白杨疏萦，空坠凄风；青簴萧条，徒垂冬雪。闻之孔父，犹叹□□；□此伊人，涕零何已。（乃）（为）（铭）曰：

（伤）（兹）玉貌，足彼黄尘。果无掷处，帽赠何人。唯当陇柏，年多自新。

按：《□□清河张氏（静）墓志序》见于1984年安徽省合肥市乳品厂、啤酒厂联合工地所出土的隋开皇三年（583）张静墓志。墓志为长方形，长58厘米，宽25.5厘米，厚7.5厘米。志文书体为行书，20行，每行字数不等，共291字。该墓志现藏于安徽博物院。

隋故陈伙飞将军、给事中丁府君(护)墓志铭并序

大业八年(612)十月

君讳护，字保德，谯国人，晋司徒□之后也。家累万石，宗□八俊。或飞轩戚里，或振翮天衢，或著孝流名，或推封挺拔，人物之盛，罕之□京。祖顺，梁天监五年除文德主帅；父道生，梁东宫直后、检校江左游军事，有折冲之才，当揣摩之学，汉南独少，讵之拟议，江左清通，差相连类。

君幼彰颖脱，长尚廉隅，皎洁波澜，森踈节干。克宣六德，直道为先；聿修五典，孝仁居最。十室诚信，物望攸归，百步兰荪是馥。仕齐宣威将军、散骑常侍，于时地在疆场，界接齐陈。百里奚之去虞，终成秦业；陆士衡之入晋，卒相平原。陈太建五年，授殄虏将军、给事中，内奉文槐，外参武略。俄迁安西孙玚府参军事，寻转伙飞将军、汝阴县令，亟参戎拃，屡典兵符，苗贲皇之识楚师，伯州犁之观晋乘，察机应变，多纵谟略，然武骑之任相如，非君好也，志在优游乡曲，政令闻□，训之以孝慈，道之以仁义，家门肃穆，色养孜孜，抑君之教也。而上善居□，逍遥纵性，不干于物，无迕于人。既而梁坏闻歌，玫瑰在梦，春秋七十有一，大业四年四月廿六日，卒于园舍。粤以八年岁次壬申十月丁未朔廿七日酉，葬于新城之东岗。庭鹤投刺，吊罢翔空，旅鹰御声，双飞夹枢。哀哀抟慕，望□抑而极号；冷冷清□，杂□歌之悲响。呜呼哀哉，乃为铭曰：

显允报宗，世多英哲。于□祖祢，恢武雄烈。□叶重光，芳芬靡绝。堂构无爽，诞兹人杰。良玉比润，澄□共洁。愠喜不形，在淄无涅。接交诚信，临戎留史。放旷情抱，宁拘小节。月岁易推，俄然大耋。奄遭雾露，松雕桂折。穗帷徒下，兰□空设。窀穸长归，横涂乃撤。丹旐摇扬，风松凄切。霜鹰夜哀，轻冰晓结。玄门一掩，芳徽永诀。

按：《隋故陈伙飞将军、给事中丁府君（护）墓志铭并序》见于2003年安徽省合肥市西北三十岗乡古城村东所出土的隋代墓志。墓志高87厘米，宽48厘米，志额呈弧形，志额上阳刻篆书："丁府君之墓志" 6字，围以祥兽。志文书体为楷书，20行，每行31字，字行间有界格，共有界格620个。该墓志现藏于合肥市文物保护中心。

有吴太仆卿、检校尚书左仆射、舒州刺史、彭城刘公夫人故寻阳长公主(杨行密女)墓志铭并序

乾贞三年(929)三月

○危德兴

夫甘露降，醴泉生，则知显国祚；谶明朝，使四方，服我圣后。度其时，甘醴应瑞叶祥，乃长公主焉。公主则弘农杨氏，大吴太祖之令女，国家闺室之长也。太祖以剑断楚蛇，手挥秦鹿，建吴都之宫阙，复隋氏之山河，功盖鸿沟，变家为国，编史载籍，其可尽乎！是知玉树盘根，耸金枝而繁茂；银问通汉，泻天派以灵长。将符硕大之诗，必诞肃雍之德。太后王氏，坤仪毓秀，麟趾彰才，既谐典庆之祥，乃产英奇之女，即寻阳长公主也。公主蓬丘降丽，桂影融华，稚齿而聪惠出伦，笄年而才名颖众。既明且哲，早闻柳絮之诗；以孝兼慈，夙著椒花之颂。国家详观令淑，用偶贤良。敦求阀阅之门，须慕裴王之族。我彭城大卿代承勋业，世茂英雄。先君首匡社稷于吴朝，寻拥麾幢于江夏。繇是王恭鹤氅，迥出品流；卫玠神清，果符金议。盖标奇于秤象，遂应兆于牵牛。潜膺坦腹之姿，妙契东床之选。我公主辐轷降于天汉，鸾凤集于闺门。在内也，则班诫曹箴，克修女范；配室也，则如宾举案，罔怠妇仪。奉苹藻以恭勤，佩茝兰而芬馥。常逊言而抚育，每恪谨以事亲。宽慈则仆隶不鞭，娣姒则仁明是敬。星霜浸换，慈爱无渝。助君子之宜家，实诸侯之令室，皆公主之贤达也。而况敦睦氏族，泛爱宗亲，不以公闱之贵骄人，不以奢华之荣傲物。

既而荣光内外，道合鸾凰，感吉梦于熊罴，肇芳华于桃李。育男六，育女六。长子曰匡祚，受镇南军节度讨击使、抚州军事押衙、银青光禄大卿、检校国子祭酒兼侍御史、上杜国。貌方冠玉，才蕴铿金，雅承庆于鲤庭，叶好逑于虎帐，乃娉于抚州都指挥使、司空、太原王公之爱女也。王氏以彩闱袭美，兰阃传馨，克奉孝慈，肃恭礼敬。次曰匡业，试秘书省校书郎。光融气秀，瑜润德清，才亲秘阁之风，益显侯门之美。聘雄武统军、颍川侍中之爱女，即陈氏焉。虽通四德之规，未展二仪之礼。次曰匡远、匡禹、匡舜、严老，并幼而岐嶷，志定坚刚，兰牙即俟于国香，骥子仁追于骏足。长女年当有字，容谓无双，娉婷融荪槿之英，婉娈叶丝萝之咏，适柯氏。柯氏，受右军讨击使，诗书立性，礼乐臻身，邓艾昼营，必弘远大，刘琨夜舞，定建殊功。次女，纳钟氏礼，钟氏器重珪璋，材亲廊庙，入仕才趋

于宦路，登龙必履于朝廷，任洪州南昌县主簿。喜气虽通于银汉，云车未会于鹊桥。次女四，并天资柔惠，神授冲和，瑞分瑶萼之华，庆禀琼枝之秀。苟非公主义方垂训，秉范整仪，峻清问于圣朝，著声光于王阙。

则□以顺义六年中春，太仆卿自洪井副车秩满，皇恩降命，除郡临川。隼旗方耀于章江，熊轼俄临于汝水。入境已闻于静理，下车顿肃于山川。四郊而襁负还乡，万井而飞蝗出境。岂止悬鱼著咏，佩犊推名；可以与杜邵齐肩，龚黄并辔。公主同驱绣毂，内助政经，佐褰帷露冕之功，赞察俗抚民之化。或发言善谏，则蕙馥兰芳；或静虑澄机，则珠圆月皎。俾连营将士，皆钦如母之谣；比屋黎民，咸戴二天之惠。岂料霜凋琼树，月坠幽泉。祥云易散于长空，彩凤难留于碧落。呜呼！须发方盛，蕣颜未央。俄梦蝶于庄生，忽贻灾于彭矫。爰从寝疾，遂致膏肓，腠理难明，欻归冥寞，何期天道，曾不愁遗？以顺义七年七月廿六日薨于临川郡城公署，享年三十八岁，箕帚二十二春。悲乎！自有古今，不无生死。奈其修短，祸福难裁，何神理之微茫，曷荣枯之倏忽。

我太仆卿以鸾分只影，剑跃孤鸣，痛哽襟灵，韵悲琴瑟。自是政行千里，声彻九重。别拥旌旄，去迎纶綍。奉亲王之传印，宠亚前朝；承圣上之优恩，荣超太古。公主权丛福地，傍揖魏坛。而大卿亟赴名邦，正临潜岳。诸子以情钟陟岵，恨切茹荼，哀号而泣血崩心，踊擗而柴身骨立。吁嗟遐迩，骇叹人伦。里巷为之辍春，士民为之罢社。则以乾贞三年二月二日符护灵柩，以其年三月廿四日，窆于都城江都县兴宁乡东袁墅村建义里庄西北源，式建封树，礼也。举朝祭奠，倾国涂刍，送终之礼越常，厚葬之仪罕及。

所谓□乎，我彭城公代著八元，家传五鼎，荣驱貔虎，坐拥橐鞬，据康乐之城池，播廉公之襦袴，则何以名光傅粉，誉振传香，偶良匹于龙宫，见起家于鹊印。不有懿戚，曷光令猷，所谓类以相从，合为具美者也。德兴识学荒芜，躬承厚命，直旌厥德，焉取让陈。乃为铭曰：

赫赫太祖，圣历符祥。厥生令女，贵异殊常。二仪合运，四德贤良。金枝玉叶，蕙秀兰芳。降于侯门，彭城刘君。夺瑶圃玉，遏巫山云。宜家庆国，袭美垂勋。寻阳公主，中外咸闻。鸾凤双仪，遽怆分飞。人间永别，冥路旋归。阴云飒飒，夜雨霏霏。泉扃一闭，无复闺闱。

按：《有吴太仆卿、检校尚书左仆射、舒州刺史、彭城刘公夫人故寻阳长公主（杨行密女）墓志铭并序》见清陆心源 辑《唐文拾遗》，卷四十八，光绪刻本。

唐故泰州刺史陶公(敬宣)墓志铭

保大九年(951)

○徐铉

公讳敬宣，字文褒，其先浔阳人，因官徙籍，今为合淝人也。西京作相，开国侯于是贻孙；南国主盟，长沙公兹焉不朽。篱边黄菊，解县印以言归；岭上白云，挂朝衣而不返。光灵攸属，固无得称之；丹青所存，可略而言也。高祖复，右监门卫将军。曾祖琳，建州录事参军。祖晟，青州博昌县令。皆天纵其能，世济其美。赫韦君子，屈迹于骁游；缙绅先生，折腰于州县。积善余庆，明德后兴。考雅，武昌军节度使，赠太师、楚惠公。云雷构屯，龙虎冥会。横雕戈而荡寇，功冠一时；裂鹑尾以疏封，礼优万户。公，即太师第四子也。幼而岐嶷，长而俊茂。非礼勿动，时然后言。天祐中，门荫起家太子校书，迁至府长史，赐绯鱼袋。丁先公忧，时年十四，孝心昭感，丧礼无违。释服，除都官郎中，赐紫金鱼袋，改大理少卿。青缣寓直，时推伏阁之勤；丹笔持平，人绝署门之叹。俄迁江都少尹。赵张治剧，由来表则之司；淮海分疆，自昔轻扬之地。公处之贞固，行以廉平。爱民则忠，事长以顺。一圻欣赖，三载有成。迁大理卿，仍兼尹事。烈祖孝高皇帝允厘百揆，实总六师。爰求郑国之良，以贰楚人之广。奏请君判左右军事。丁酉岁，尧咨文禅，禹迹中兴。征旧德于角犀，考官成于喉舌，拜工部尚书。今上嗣位，加金紫光禄大夫、检校太保。会闽人作梗，王旅欲南。声实所资，豫章为急。故辍公副，总判军府，及羽檄四出，刍挽相寻。民以悦而忘劳，事有备而无患。岭表既定，洪人亦康。复移宛陵，仍兼棣州刺史、海陵郡守。海陵为膏腴之地，邦赋最优。岁比不登，民用胥怨。公以清净为理，仁恕积中。视吏民其如伤，守法令而画一。余粮栖亩，无庚癸之呼。白驹过隙，感辰巳之岁。春秋五十有二，保大八年夏四月十有八日，卒于位。上省奏伤悼，辍朝两日，有司考行，赐谥曰"顺"。即于其年月日，权窆于东都。明年某月日，葬于江都府县里，与前夫人合祔焉，礼也。

惟公冲和体质，仁孝为基。立身有常，与物无忤。尤善声律，闻音而知乐。颇好篇咏，下笔而成章。身后不留余财，所任必有遗爱。求之作者，斯亦难能。

嗣子泰州司仓参军崇鼎、崇谅、崇伦等，皆勤修令名，夙奉成训，君恩靡替，家法如初。

铉昔在朝行，实惟旧好。今从左宦，仰繫或道。痛死生之已矣，感意气以何报。延陵挂剑，愿保于不欺。岘首刊碑，终惭于绝妙。铭曰：

淮泚之灵，衡霍之精。必有贤杰，为时而生。乃伯乃仲，乃侯乃卿。望冠六事，风驰百城。人生有涯，大命夙倾。不见君子，犹存政声。远日既吉，灵辀既行。寂寞公馆，萧条古坰。哀哀郡人，泣涕沾襟。呜乎彼苍，不知福善之胡明。

按：《唐故泰州刺史陶公（敬宣）墓志铭》见 清董诰等奉敕编《钦定全唐文》一千卷，第443册卷八百八十五，清嘉庆十九年（1814）刊本。

马忠肃公亮墓志铭

天圣九年（1031）

○晏殊

钜宋有天下，重三后光，九围淑清，慎柬豪隽，宣扬治迹，海岳冥助，英贤辈出。

惟仆射扶风忠肃公讳亮，字叔明。委质三朝，勤身四方，践履华显，保绥吉禄，尽瘁克终，褒甄有加，进退哀荣，为儒臣表式。

公之先本居彭城，中徙庐江，因而占籍。曾祖复，王父韬，潜颖弗耀，里仁多裕。烈考泽，仕至西头供奉官，累赠太师、中书令、尚书令、舒国公，五代遘屯，隶名戎幕。皇朝拓统，献策帝阍，引籍三阶之涂，警寇两河之涘。远图未艾，衍庆方隆。

公，即第三子也。生有淑灵，长而偲杰。钟庭闱之意爱，乐文史之芳润。太平兴国中，神宗振策，万宇来王，亲御英彀，博延材等。公甫逾弱冠，绰有神锋，一上中进士第，得大理评事，知太平府益湖县。丁外艰，朝制抑夺，充穷莅事。自吴会之平也，士人族属不许渡江。公高堂暮年，竭日荣养，恳乞迎侍，优恩赐许。改丞大匠，入佐著作，监群舒榷酤，授殿中丞。上言诗赋小才，不足观士，愿先策论，以擢优长。顷之，同判毗陵郡，编户数百，积亏算缗，家赀已空，刑缧未解。公面释羁紧，谕之借偿，如期悉来，宿责皆复，版籍既阜，龉简实繁，精心不疲，圜圉无禁。

采访使罗处约摭其实状，飞表以闻，受代还朝，面赐五品服，命知濮州。期月政闻，部民留借，驲骑传召，宪台论荐，遂充福建路转运使，提点刑狱。闽蜒荒外，部居辽夐，公星言凤驾，恻隐穷微。六姓□□，衔冤引伏，由察视而全活数族。田讼积年，迁蒙自辨，明而决遣。外台路奏，稔达朝闻，就迁太常博士，知福州。

翰林学士承旨苏公易简，举才任治赋，促召提点三司。未几，以联职匪彝，力求外补，出知鄱阳。扁舟径行，仅及都外，而伊人受戮。识者许其先见。邑有豪族，怙强专杀，依违十载，未伏其辜，公发摘按问，实时论决。又表十二户民积负七百余万。鼓铸钱币，亡佣至大，经常所费，物力罕充。公奏于池阳分置炉冶，供亿既羡，课程增倍，著在令甲，迄今便之。寻改殿中侍御史。

真宗践祚，迁刑部员外郎。公以圣绪重熙，嘉猷罔伏，谠言四事，奏记槐庭，大略以征税所通，杼轴斯窘，恩诏屡下，官曹废格，诛敛弥急，疮痍未复。愿出宸断，大沛和令。惟新肆赏，施及戍兵，贵不逾时。式符涣汗。邦朝近制，屡以宗藩尹京，地处猜嫌，谓宜革罢。引弓裔俗，鸣镝犯边，冀讲和戎，用康居业。囊封上达，时论然之。

咸平初代还，以京西、河东二路租欠巨万，诏往蠲除。又以陇州计籍失言公钱千余万，受命按劾。至则考文簿，详耗登，辨朱墨之出入，见四三之名实，得其舛误，罔益毫分。疑论冰释，吏胥岳抃。复命主判三司都磨勘司。

先是浙右行商许其泛海，有自姑苏抵海陵以鬻枯鱼者，盐铁使陈恕按籍责其枉道，倍诛筭金。连岁督理，家人上诉，诏下计庭会议，采寮云集，靡敢异辞。公独与刘综条附前令，请从释放。皇明奖纳，嗣降曰俞。

三年春，益部挺灾，寅车致讨，授西川转运副使。法坐临遣，圣颜弥渥，事有利病，悉从便宜，遣正使名，以隆朝任。矢石之际，输将不前，编贸滞碍，力资馈饷，迨乎讫役，民不告勤。逆党既歼，虎臣擅命，恣行威戮，姑快侈心。公义感其诚，辨回其虐，霜锋之下，所活千人。捷羽既闻，玺书垂奖，改兵部员外郎，赉钱五十万。大兵之役，斗米直千，公出廪轻价，遂苏民命。

明年，承诏入奏，加直史馆，赐白金三百两。会送贼中伪署八十余人至者，枢臣将尽戮之。公入对近墀，愿从宽宥，亟诏议于上前。当轴抗声，其词甚确。公曰："胁从罔理，是亦何诛？且污染之中，此为百一，余或鸟惊雉窜，倾听德音，一闻大刑，孰不危惧？今兹议者虞其退不悛心，臣敢以百口保其无叛，且又先朝贼顺之党皆获全生，一昨寇攘，不闻助乱。"昌言感悟，圣主从之。亦既复职，励精为治，尽削租负，力痊疲瘵。咸泉之井，构白兴利，日久味薄，课缗独存，监司之人笞逮求辨。公则察其区处，第其耗穰，损减堙除，皆有条教。岁运寰布，达于诸宫，头会俚民，董其舟漕，风波悍险，士卒侵渔，破产毁宗，是为常法。公则罢其赋役，责其兵师，闾里获安，农穑无扰。凡十八州军经馈师者，是秋输赋悉奏蠲之。诸禁部吏之官榷钱倍息，以杜贪猥。灌口丛庙，一方岁祠，啸聚愒人，并将戎械，跨逾境邑，借乱仪章，申令革绝，用惩非法。董齐噢咻，无不至焉。五月报政，延见便坐，雍容启奏。上曰："自兹已往，朕无西眷之忧矣。"面赐金紫。

俄命知潭州。都会要冲，事机丛悉，牢狴空阒，丝言褒奖。邑有亡卒，潜游聚乐，敢行凶慝，黩乱人伦，胁制群氓，为日滋久，爰有四辈，合谋杀之。司败论辜，将置于法。公以为亢宗除患，理有可矜；观过知仁，刑之所赦。傥循常而冒请，必见沮于有司，措心得宜，获戾无悔，命笔专断，悉从矜贷，削封引咎，朝论韪之。

景德初，移知升州。途次浔阳，岁逢骄旱，谷价腾涌，道殣相望。公曰："圣上爱民，甚于赤子，拯溺者不循矩步，救火者不问大人，有利国家，专之可也。"于是取荆、湘、永米数十舰，移牒郡守，促行赈给。因附驿言："江界郡国，阻饥为甚，牧长巽懦，不时以闻。愿择材臣，抚循察视，仍罢官籴，许行贩粮。"朝廷尽可其奏，立命近臣张知白等五人乘传分路，缓刑均贷。公既即治所，益求人瘼。轻扬之俗，忿鸷成风，失意相仇，乘昏纵火。申命伺察，动无隐漏，大奸恶少，乃绝震惊。僭国遗区，藩仪未绪，幕庭之会，器服不充。牙城东北，自伪朝德昌宫地，后庭铅粉，往往在焉。公撰曰庀徒，依神致祷，掘次袤丈，得汞二百余斤，鬻之获缗百万，以备供帐，绰然有余。

岁满入，加工部郎中。三日擢授右谏议大夫，知广州，盖宜寇初平，思宁远俗也。受元符之岁二月，公至番禺，澄海役兵有出戍而从乱者，宗属二百余人，法当配隶，皆奏释之。濒海盐夫有负课而乏资者，妻孥质于豪族，岁久未赎，悉遣还之。招携畲蛮，杜绝侵扰，期年蕃舶四倍而来，琛赆骈凑，耆耄骇叹，较于旧课，百万其赢。天子异之，命中贵人，就颁燕劳，远夷百众，陪预下筵。是岁，升中乔岳，公命大食商酋陁婆离、蒲含沙等共执方物，贡于岳趾，中邦耸观，大礼增华。交州使人道出都府，常时贸易，多所稽留，急忽条章，喧烦里闬。公榜揭科禁，犯而必行，畏威敛迹，罔复干连。封祀均庆，进左谏议大夫。

二年，有诏方国各营天庆观，以昭瑞命。公进思替否，旁念裕民，但葺开元，用宽劳费。又以秩当讽谕，内激忠纯，引用邦封，远裨宸听，所辞悃愊，时论嘉之。遄以久处瘴处，恳求移莅，遂改知虔州。五年之民，阖境遗爱，绘公之像，共致生祠。南康奥区，生齿繁夥，公命录孝行图于府门，灵鹊缟姿，族生庭树，幼艾惊异，讴谣变风。

四年，汾祀礼成，加给事中，逾岁徙知洪州。在途询利病，奏放庐陵、临江泊本郡余税，诏悉允之。

溪蛮扰边，朝右咨帅，遣三班殿侍赵吉，驰驿赍诏命知荆南府，兼荆北路兵马都钤辖，赐中金五百两。嗣降宸旨，彰明委注。尝闻具狱，独疑枉滥，榜笞既久，不复自明。公引造黄堂，屏去斋侍，苦言感动，幽悃乃申，为召左证，实时纵去。曾未数日，罪人斯得。又有父子同诉失其冢妇，公潜讽胥史，就询所居，知其前后皆有津涉，密选干吏网于水中，翌日而获沉尸，即辰而辨谋杀。荆吴之闵雨也，请停市籴，轻价以济流庸。宫邸之遗烬也，首纳圭田，率众而资完葺。

八年春，政成入觐，面奉宸谕，遍朝宫观。七月，以尚书工部侍郎再守金陵，期年，就知杭州，加领集贤院学士。前此大萃戎旅，筑修坊堰，出没泥潦，多为足疹。有诏曰："江岸兴功，盖非获已，役人婴疾，良用轸怀，宜具筹划，飞邮来上。"公至部，例谒伍员之庙，躬袖诏检，示于晬像，且曰："帝念若此，神其鉴之。苟无冥应，安用严祀？"诘旦，主吏称潮势远却，汇于他境。又累夕，堤沙横出，绵亘数里，罢役夫七千有余。塺井者艾用竺乾法会僧，以《感圣图》入贡。遣中贵人诣水滨，为道家醮席，投龙璧而报贶。钱氏之有国也，近邑茶园二十六所，历年滋久，枯柠仅存，每岁役兵三千，责办常课，因缘采撷，恣挠田间。公悉命芟燔，变收庸调，地征无失，民患不生，湖秀荐饥，流亡猥集，既出京廪赒于困穷，复谕豪宗共为敛施，四封之内，全度居多。飞蝗为灾，蔽日而至，轸忧南亩，躬祷吴山。群乌荐食，灵雨纷洒，苗螟尽毙，原稼无伤。地本司吴，俗营机鬼，椎牛击鼓，颇紊彝章，送往之仪，过为奢纵，炫饰华采，喧嚣路衢。公明设教条，一遵礼法，巫风顿革，品类知方。

天禧三年，入拜御史中丞，占对左掖，牢让数四。上曰："卿所至，有异政，宜当此授。"因目辅臣，称其介直。公以纲宪之地，表模所属，遭时振擢，锐意修明，且言："近世公私不敦礼教，二亲薨殡，即议星居，利析货财，缓营窆隧，伤风坏俗，莫大于斯。请自今未讫迁祔，无得分异。又桑门之众十万，其徒狡狯，惰游倚为渊薮，岁格之外，宜罢削缯，较试之辰，愿责攸司保任，稍婴杂滥，勿许甄收，山海之滨，茗盐为业，食周是乐，舍鲁是从，时有搜获，罪同裨贩。愿许兹类，减其半坐。"宸聪采纳，咸署令焉。

逾岁拜疏避荣，愿守乡郡，以兵郎侍郎领集贤院学士，知庐州。维梓协恭，于藩播咏，辍我股肱之寄，荣兹父母之邦。

五年春，换印江陵；秋八月，剖符建业。或两然巴烛，或三舍召棠，不烦更张，可以清啸。

今上纂服，进尚书右丞。季冬再领肥川之任。间一岁，卜习长至，肇禋紫坛，公以为六御飞天，大明继照，忝备亚卿之列，未瞻八采之光，夫岂寅恭，不遑宁处，愿奉计籍，入朝王会。制曰：可。

天圣二年冬，执玉来觐，二宫加礼。从祠吉土，协赞鸿休，历判尚书都省，知审刑院。讲法宫之仪矩，慎丹笔之详平，颀然宿望，冠映朝列。近制，郊祀有日，先庚申令闻知，而犯戒以不原。忉状之民，尚干法禁，至期论谳，多获从宽。公以为，上无戏言，法在必罚，况更诞告，不可稽诛，请饬攸司，必正其罪。

三年，加工部尚书、知亳州。封境积卑，潢污败稼，请均羡廪，假贰疲甿，挤壑之备，按堵如旧。

后二载，移知江宁军府。鹿轓屡及，隼旆如归，耄耋多存，邑居相庆。逾岁，礼年云及，拜疏乞身，优答未许。明年，再表诚请，乃授太子少保致仕，仍给全俸。寻奏诏，每有章奏，附驿以闻。

公轻舸南还，阖门宴处，子孙密侍，邑里明欢。丞相东平吕公孺筮仕之初，词藻宏茂，公识其远至，眷以嘉姻，果膺国栋之隆，吻合凤鸣之兆。至是东平公首赋章什，赞扬高躅，三司两掖，咸有咏歌，投赠德门，瑑刊金石，中朝南纪，均着美谈。八年肆类，加金紫光禄大夫。燕申之中，谈诵为乐，历采竺典，尤邃《华严》。久之，谓所亲曰："吾梦想有异，大期非远。"因绝荤茹，殆更弦晦。一日奄遘微疹，退安丈室，凌晨澡颒，衣居士服，遍召近族，勖之治行。口占遗疏，以别宗姻。夜分命易新衣，尽祛左右，合手诵佛，凝然化往。乃九年孟秋之辛酉也，享年七十有三。

上闻讣嗟恻，为辍视朝一日，褒赠右揆。录其孙玘为将作监主簿；曾孙永锡试秘书省正字，弟之子仲良试秘书省校书郎。太常考行，举易治之典，以仲冬乙卯返真宅于合肥县之先茔，从吉卜也。

公首娶刘氏，摄尚书省校书郎诲之女，追封彭城郡夫人；继室朱氏，工部侍郎昂之女，封沛国郡君。皆以盛族绍恢中馈，先公而没，咸附隧埏。

男曰：仲宣，大理寺丞；仲容，太常寺奉礼郎；仲谋，大理寺丞；仲甫，大理评事。钦率忠教，足光系绪。仲宣以肯构之长，用裕承家，延世推恩，当践闺籍，能报冲退，让于族人，多士清论，嘉其令范。曰朝哥洎大理评事仲卿、三藏奴，或殇或夭。

元女英国夫人，以左相小君之贵，冠内朝命妇之班，象服斯煌，二宗有耀。退见长乐，延恩外门，先姈彭城之封，乃褒优之异等也。次曰堂涂，数龄而殒；次适太平州军事判官戴宏，太常博士永之子；次适殿中丞吕居简，旧相许文穆公之子；次适前进士张士惑，司封员外郎希颜之子；次适将作监主簿钟离景裕，龙图阁待制瑾之子；幼适太庙室长张去奢，亦希颜之子。

公之兄曰邕、彬，不仕。弟用，终宣州泾原令；测，终殿中丞；俨，今为虞部员外郎。皆有吏道，外分朝寄。自颜近属，荐绅曳组者二十余人，率由公之保荫。

公策勋疏爵，皆极等威。赋室三千四百室，真食八百户。儒臣清列，无不扬践。再牧庐、荆，四临秣陵，质于近古，罕有其比。角犀丰盈，神采秀澈，髭须美甚，盼视晔如。愤疾奸回，探汤而扼腕；尽伤穷困，据蓬而疚心。谈忠义也，或流涕而缘缨；誉美善也，必盱衡而击节。其御下也，始若严峻，而要存仁恕；其听讼也，初如疑误，而意在平反。手著符教，训齐官属，务敦公共，蔑去依阿。能断大事，不婴小节。理有盘错，谋成跬步，翰然而电霆振，騞然而髋髀解，兹实过人者已。夙重交契，不轻然诺，急难是拯，荣瘁罔逾。

戴永者，公之同年生也，出刺邕管，道经长沙，齿鲞家贫，忧形于色。公许以姻援，宽其郁陶。曾未数月，果闻殂谢。公遣迎槥椟，旋葬里闾。存恤其家，致于有立。

中人李怀谅本家南海，充使而还，常命郡僚会其茔域，众情瓦合，咸议枉车，公独介然，拒其越礼。

公之在蜀也，军须日急，乘驲宵征，导骑失途，误登废栈，径之斗绝，马不能旋。公自述忠勤，祷于上下，倒行数百，始得平衢。既而列寨攻城，中宵露坐，适与戎校询谋事机，俄顷如厕，命其季处，仅逾数步，飞石毙之。满秩言旋，乘舟下峡，长赢仲月，水潦方臻。俗传兹时不利沿涉，公又祈于山川曰："傥吾不欺于物，有惠于民，半月不雨，俾予善达。"泊夫经滟滪，历瞿塘，安若枕席。俄而大潦，回盼川路，无相继者。又虔川赣石亘三百里，非遇泛涨，不能寸进。

公赴南昌也，久属晴霁，稽于戒行，既登舳舻，潜祝冥佑。中夕水势暗长，川航尽浮，篙工验之，深已逾丈，未晓而霁，送车无及。是皆众所传信，谓之诚感。重慎徽缠，训严吏胥，晨兴视事，首阅缲籍，得其曲要，然后长居。社稷大祠，风雨常祭，牲牷器服，省视必躬，陟降献羞，耸兢如在，精纯所达，丰楙随焉。至性纯孝，加常一等，生辰讳日，时飨间祠，悲涕感慕，讫于终夕。

赴潮沟日，以公田米千斛，命赐白金数百两，获镪百万，视之泫然曰："禄不及养，此将安用！"持对亲像，誓追冥福，即致清凉佛寺，以助缮修。理余杭日，有梵僧妙德以舍利遗公，实有灵应，且曰"必兴佛事"。

公复典肥上，遇越僧怀谨，谋建塔于邦之永昌寺，适契前诺，为鸠众力，仍辍廪俸，资其崇构。九层之峻，数载而成，遂瘗灵骨，敕以"普慈"为额，赐相轮而宠之。

某羁贯之年，获拜隅坐，国士之待，颇逾侪伦，今也云亡，吾将安仰！曩接余论，备聆懿实，思效刊述，形于愿言。用移挂剑之诚，布在披文之作。寺丞泣撰风迹，邮传上都。得竭陋庸，冀垂悠永。老龙游矣，安用法于狂言，宣父呜呼，犹足志于君子。辞则非腆，而善其不诬。后之人如有传名臣良吏之为者，其取证于此也。姑系之以铭曰：

猗夫！仆射之德，备温恭正直：

沉毅威克，处烦不惑。文武该具，周行景式。

猗夫！仆射之功，佐二朝两宫：

极虑纳忠，班常有融。岳镇渊渟，妥绥四封。

二十三政，骞翊内外。刃解盘结，风生要会。

人之所难，我则违最。五十二祀，更尝险艰。

兵疠不侵，寿康以还。帝奖有劳，时瞻汝贤。

鹑首标扬，黄钟旅月。宰木摧阴，飞霜急节。

辂褒旅葬，辒袱成列。辕马悲局，虞歌惨咽。

陟彼印阜，南瞻陇阙。庶写敛翼，抑车回辙。

泉帐宵耿，松烟暮结。刻镂龟础，宣扬懿烈。

按：《马忠肃公亮墓志铭》见宋 杜大珪 辑《名臣碑傳琬琰集》一百〇七卷，中卷一，清文渊阁四库全书本。

马汉臣(仲舒)墓志铭

庆历六年(1046)

○王安石

　　合淝人马仲舒,字汉臣,其先茂陵人,父皋为江东拨发,置其家金陵。汉臣因入学,齿诸生。为人喜酒色,其相语以亵私侈为生。父母不欲之,又隆爱之,不能逆其意以教也。然汉臣亦疏金钱,急人险难,不自顾计。于众中尤慕近予,予亦识其可教,以礼法开之,果大悟,遂自锉刻,务以入礼法,从予学作进士。既数月,其辞章灿然,充其科者也。

　　汉臣长予四年,予兄弟视之,汉臣视予则师弟子如也。尝助予叔父之丧,若子姓然。庆历六年,汉臣冠五年矣,从予入京师待进士举,六月病死。死时予亦病,其叔父在京师,因得棺敛归金陵殡之。某年某月乃葬于某处。孔子曰:"秀而不实者有矣夫!"汉臣几是矣。噫!志其墓云。

　　按:《马汉臣（仲舒）墓志铭》见宋王安石《新刊临川王荆公先生文集》一百卷,卷九十六墓志,明嘉靖二十五年（1546）刊本。

庐山归宗禅院妙圆大师塔铭

嘉祐四年（1059）

○余靖

禅师讳自宝，庐州合肥人，姓吴氏。生有奇相，幼不同俗，弱龄出家寿州普宁禅院，智柔大师授以经律。初具戒腊，已抱出群之见，蹑履游方，遍参知识。蕲州五祖山戒禅师，驸马都尉李公遵勖素所友善，丛林匠石，禅流所宗。见师之来，则曰："大乘器也。"许其入室。置水投针，理存默识，得彼心要，声问翕然。寻至筠州洞山，自唐而来，谓之洞上长老。晓聪有名，江左龊师，通悟堪嘱后事，乃白于州愿，以法席传之。四方禅学，闻风远至。户外待次，每至宵分。擅施委积，库司常余百万。黄檗山者，唐相裴休所施庄田。旧赡五百余众，近岁僧才数十，而馔粥弗充。移师总之，清众日增而资用丰足，其为人信向如此。江南号为江山佳丽，甲于天下。其岩岫峻拔，磅礴千里者庐阜为最。梵刹相照，其间名古佛道场者，山之阳则曰"归宗"，据云水之都要；山之西则有"云居"，览泉石之幽邃，皆学佛者之所辐凑。统领苟非其人，则去者半矣。今丽正直院祖君无择、河东部宪程君师孟并著好贤乐善之名。继守南康军，祖召师临归宗，程徙师主云居，咸率群官列名而邀之。所至选择名僧，自随为其羽翼。故学徒加众，厨廪加丰。提唱宗乘，言出意表，啐啄之机，不涉名相，或纵或夺，遂至无言。嗣其法而居师席、处名山者不可胜数，其服人心如此。厥后，以舟楫往来衣冠之士至星子者咸欲见，故再莅归宗，从众愿也。其在峒山时，尝自甓寿藏，为终焉之计矣。后二十岁，凡四徙禅席而终于归宗。乃知有才德者，无意于隐显而人自归之名。自从之观师之出处，真无求于人古之有道者也。初以驸马李公荐其名，而赐紫方袍。皇祐中，特恩赐号"妙圆大师"。至和元年十月二十八日，示疾。十一月一日，斋毕，辞众，端坐示寂。十八日，全身入塔，俗寿七十七，僧腊五十一。既没六年，门人松思以状来乞铭，乃铭曰：

彼上人者，丛林独步。激扬宗旨，慈心广度。言发其机，俾之自悟。人得其要，直趋觉路。横杖而来，舍筏而去。吁嗟妙圆，人天仰慕。

按：《庐山归宗禅院妙圆大师塔铭》见宋余靖《武溪集》二十卷，卷七寺记，清文渊阁四库全书本。

宋故枢密副使、朝散大夫、给事中、上轻车都尉、东海郡开国侯、食邑一千八百户、食实封四百户、赐紫金鱼袋、赠礼部尚书、谥孝萧包公（拯）墓志铭并序

嘉祐七年（1062）

○吴奎

枢密副使、朝散大夫、左谏议大夫、骑都尉、濮阳县开国子、食邑五百户、赐紫金鱼袋吴奎纂。

朝奉郎、尚书屯田员外郎、知国子监书学兼篆石经、同判登闻鼓院、上骑都尉、赐绯鱼袋杨南仲书。

甥将仕郎、守温州瑞安县令文勋篆盖。

宋有劲正之臣，曰“包公”。始以孝闻于州间，及仕，从□□□□□□□□□立于时，无所屈。□举有明效，其声烈表襮天下人之耳目，虽外夷亦服其重名。朝廷士大夫达于远方学者，皆不以其官称，呼之为“公”。□□□□□□□□其县邑公卿忠党之士，哭之尽哀。京师吏民，莫不感伤，叹息之声，闻于衢路，□相属也。

公讳拯，字希仁，庐州合肥人。天圣五年进士甲科，初命大理评事，知建昌县。时皇考刑部侍郎家居，皇妣亦高年，乐处乡里，不欲远去，公恳辞为邑，得监和州税。和邻合肥，皇考妣犹不乐行，遣公之官。公□□□□□□□□□□□□□□□□□□□终养。积数年，皇考妣继以耆终，公居丧毁瘠甚，庐墓终制。□服除，又二年，方调知扬州天长县。□□□□□□□□□□□□□□□□□□□□□□□□□割牛舌，盗即款伏，进丞大理。代还，知端州，州岁贡砚，前守率数十倍取之，以其余□□□□□□□□□□□□□□□□□□□□东排岸司裁。数月，御史中丞王公拱辰援唐制，乞增置御史里行。遂拜公监□□□□□□□□□□□□□□□□□□□□□□□□□□□当选将练兵。国任宰相，系时安危，当取天□□议凡十数事，时边郡有□□□□□□□□□□□□□□□□□□□□□□□深然□□□□□□河北河东所籍民兵，以户上下，故多隐□。如约李抱真之法，以丁□□□□□□□□□□□□□□□□□□□□□□□□□□□治□矣。选使契丹国。房中神水馆之□舍，传有凶怪，人莫敢居，前此数日有三驺入其间，□□□□□□□□□□

□□□□□□□□□□□□□□□□□□□□□□□□□□为京东路转运使。未几，改工部员外郎、直集贤院、陕府西路转运使。诏许朝觐，既辞。□□□□□□□□□□□□□□□□□□□□□□□□□□□□□□□包拯任陕西，当得金紫。亟令赍赐，行次华阴受服焉。徙河北路，未行。擢为户部副使。尝奏事。上□□□□□□□□□□□□□□□□□□□□□□□□□持政之仁暴，惟在薄赋敛，宽力役，救灾患，慎知三者，则衣食滋殖，黎庶蕃息话。上深然之。

皇祐二年□□□□□□□□□□□□□□□□□□□□□□□□□□□□承祐贪暴不法。公力疏褫其宣徽使、南京留守。以散节为许州兵马都部署，典祀明堂。恩迁兵部员外郎。□□□□□□□□□□□□□□□□□□□□□□景灵宫、同群牧置，□领四使，群义凶凶，公与同列及御史偕上极谏。事未及改，疏复连入。遂罢尧佐宣徽、景灵宫□□□□□□□□□□□□□□□□□□□□其忠恩，因定□后妃之家，不得任二府职事。又写上魏郑公三疏及条七事。其论□奥，深补于时。四年，进龙图阁□□□□□□□□□□□□□□□□□□□□无事，时用不余，请移屯内陆，以省大费。事寝，不报。至是，复陈其数，欲诸州才足城守外，屯泊之兵□俾还营，或散处垒□□□□□□□□□□□□□□□之患。议者复谓戍兵不可骤损，则可训练。曩所置义勇十八万。教义勇以秋冬三月番休，按阅补以糇粮，岁费不过屯兵一月。用□□□□□□□□□□甚明。上意向之，大臣议不合，乃止。

数月，徙高阳关路都部署安抚使、知瀛州。自讲和契丹，北边为无事，守将以宴嬉馈遗为称职。□□□□□□□□□□□□□□□□□约其经用，罢公钱贸易，籍一路吏民所逋负积岁不能偿者十余万，尽奏除之。

以丧子，丐便郡，得知扬州。旋改庐州。公性严毅，□□□□□□□□□□□□莫不□服。迁刑部郎中。至和二年，坐保任非其人，降兵部员外郎，知池州。明年，还旧官，徙知江宁府。

俄召归。进右司郎中，权知开封府。府有□□□□□□□□□□□□□□□却不得径至廷下，因缘为奸。公才视事，即命罢之。民得自趋至尹前，无复隔阂。有讼贵臣逋物货久不偿者。公批状，俾亟偿。贵臣负□□□□□□□□□□□□□置对。贵臣窘甚，立偿之。中人有构亭榭盗跨惠民河表识者，会□诏书，废堰便河庐舍，完复旧坊。中人有言地契如此。公命□□□□□□□□□□□丈余，得河墙表识，即毁彻。中人自服。遂坐□官。

尝有二人饮酒，一能，一不能饮，能饮者袖有金数两，恐其醉而遗也，纳诸不能饮者，□□□□□□□□□□□□□□□曰："无之。"金主讼之。诘问，不服。公密遣吏持牒为匿者自通取诸其家。家人谓事觉，即付金于吏。俄而，吏持金至，匿金者大惊，乃伏。□□□□□□□□□□□□□□理检使。公之总风宪，法冠白□□立，□然有不可凌之势。其所排击，曲中理实，坏阴邪之机牙，□敢妄发。至于时事，多所建□□□□□□□□使提点刑狱，以职事御史府自举属官。谏官御史，不避二府。荐举之人，待制以上，得至执政私第。损休假之日，皆自公发之。理检例为空名，及公□□□□□□□□咸为□正。

四年，除枢密直学士、□□□使。异时，管利柄之臣，概以丰财为意。公所莅职，常急吏宽民，凡横敛无名之入，多所蠲除。剖析裁量，转虚为□□□□□□计□旧库，务所须官物，科于郡县，贾增数□□费称是。公为置官场和市，民□科调之忧，物无虚直之耗。剑南酒户，岁入□布四十余万匹，甚患其□□□□用之□□十余万，吏员失官缯帛，触罪罟械系，或数□□不能自存，或逃亡远地。其□□公皆释之。与为期以输。率如期至。三部诸司所举吏，承前判□□□□□用，公悉得当举之官，□□□得自举。

六年，迁给事中，充三司使。数日，迁拜枢密副使。公之举目，以义以正，达于几微，敷奏明辨，娄引大体，裁国论之当□□□□□□□□不□□□□□□假于人。正色昌言，时望弥洽。上所倚重。体念备至。

七年五月己未，方视事，疾作以归。上遣使赐良药，辛未，遂以不起闻。车驾□□□□□□□□□□□□□才五岁。上顾见，惨怆久之。谕左右曰：包拯公□□□□□□□□□□□御寺傍，吊赐交至。公幼则挺然若成人，不为戏狎，长弥勖厉操守，□□□□□□□交游□□书无所不览，至于辅世康民，致君立节，可以训臣人之失。公□□□□□□□为国家事，词严气劲，剖析明白，闻者莫不竦然服从。其□□□□□□□时尝令典客张宥，言雄州新开后门，诱纳亡叛，探□□□□□□□□□也。假令雄州欲刺此事，自有正门，何必侧门□□□□□□为言，本朝岂尝问涿州开门邪？虏意沮，不敢复言。

其□□□□□□伤□□□□□□□使，再以平□科输□□厚取于民，或水旱之灾□□□□□田租必改动之，裕于民而后已。广平两监牧地，占邢、洺、赵三州民田，万五千顷，多濒漳水。□□□□□□民得自占，岁入得粟六十余万。群牧司复视其□□□□□□奏言：为政，夺民膏腴为不牧之地，非仁厚之意，诏以还民。

庆历初，范宗杰奏榷解州盐，官自置场，列置县所鬻之。转盐诸郡，吏承其役。破产者不可胜数。□□□□□□议者皆言其非。诏公往视，且经画之。公请复通商旧法，迄今为便。又奏罢秦陇所科斜谷造船材木数十万，□□□所赋建河竹木亦数十万。□□□□□□□□□司专得天下逋负。公承诏，除数十年追胥未入者，总一千二百万。

公虽甚疾恶，至人有□□推以恕心，故其□严而无□□□□□□□君子□□□□□□□□前朝名臣，既没，其嗣亦陨。公少为笃所知，及亲近恳请以笃族孙，为其嗣之后，丐还田宅。从之。公言治乱兴衰之迹，与人论辨□□□□□□□□□□□□□□□。公守法持正，敢任事□凛凛然有不可夺之节，盖孔子所谓大臣者欤！前后奏议为十五卷，皆授据古谊，究□时病，□德者之言。

公曾祖□□□□□□□□□□□□□氏追封荥阳郡太夫人。祖讳士通，赠太子少傅。祖妣宣氏，追封冯翊郡太夫人。皇考讳令仪，赠至太保。皇妣张氏，追封□阳郡太夫人。初娶□□□□□□□□□□□□郡夫人。子繶，太常寺太祝，先公卒。绶，五岁儿也。天子念公之忠录绶为太常寺太祝，及官其族子若孙。□□□□□女适陕州硖石县主簿王向，一女适国子监主簿文效。以公之薨，朝命效为保信军节度推官，俾护丧归。即以嘉祐癸卯八月癸酉日，葬公于合肥县公城乡公城里。铭曰：

□□□□公□□□□□□□德行□躬。竭力于亲，尽瘁于君。峻节高志，凌乎青云。人或曲随，我直其为。人或善容，我抗其辞。自始及终，言行必壹。□□□□□□□□□□□□□□□□□□公忧国□□，视民哀恫。念虑所至，声乎无穷。维仁能力，维义能果。大奸必摧，不顾细琐。大义□发，每□□□□□□□□□□□□□□□止，能大其职。弗克远图，昊穹胡蔷。维公逝没，圣主咨嗟。多赐秩物，厚抚其家。都人感怆，及乎□□为臣□□□□□□□□□□□□□万□□□。惟令名之皎洁，与淮水而悠长。

按：《宋故枢密副使、朝散大夫、给事中、上轻车都尉、东海郡开国侯、食邑一千八百户、食实封四百户、赐紫金鱼袋、赠礼部尚书、谥孝肃包公（拯）墓志铭并序》见北宋包拯墓志铭。墓志铭为石质，一合两块。志盖长123厘米，宽122厘米，厚13厘米。四周盖顶斜坡，中部平整，阴刻4行篆书："宋枢密副使赠礼部尚书孝肃包公墓铭"16字。志石近正方形，长126厘米，宽125厘米，厚14厘米，刻文51行，每行59至63字不等，志文书体为楷书，全文约3200字。该墓志1973年出土于合肥东郊大兴集双圩大队黄泥坎生产队东北部北宋包氏家族墓群。出土时碎为5块，并有明显的打击伤痕，部分文字漫漶磨灭，已经辨认不清。1979年7月，该墓志被定为三级藏品。1994年，被国家文物委员会专家鉴定组鉴定为一级文物。现藏于安徽博物院，藏品号：2：22672。

宋故永康郡夫人董氏(包拯妻)墓志铭

熙宁元年(1068)十一月

○张田

朝奉郎、守太常少卿、直龙图阁、知广州军州事兼管内劝农事、□□提点□□□公□□□□□□兵马都钤辖兼本路安抚管句经略司公事、轻车都尉、赐紫金鱼袋张田撰。

朝奉郎、守殿中丞、监庐州酒务、骑都尉、赐绯鱼袋钱勰书。

外生将仕郎、守海州怀仁县令文勋篆盖。

熙宁元年夏四月十有一日，故枢密副使、赠礼部尚书、孝肃包公之妃、永康郡夫人董氏，以疾终。享年六十有八。其年十一月二十有八日，祔于尚书之茔。先期其婿常州团练判官文效状其事，谓田辱孝肃之遇厚，宜为之志。不敢辞，而书云：董氏之先，源浚流洁，良史著于春秋，大儒尊于西汉，厥后文武炬耀，世有显人。至夫人之曾大父希颜，始占数于洛。艺祖有天下，以军功累宁州刺史。大门廷浚，内殿崇班。父浩，鄂州武昌令。夫人早归孝肃公，公初中进士甲科拜棘，平得大邑，以亲不乐去州里，即弃官归养。夫人佐公，承颜主馈，内克尽妇道，外不失族人欢心者，盖十三年。孝肃渐贵，夫人与公终日相对，亡声伎珍怪之玩，素风泊然。嘉祐末，仁宗自用孝肃为枢密副使，夫人以恩进永康郡，当入谢，椒涂见未被命服，叹曰："此见包拯不邀阴幸也。"亟白赐之。孝肃薨，夫人扶丧归肥川。已葬，屏居阃廷，肃然若严。官府召老生笃行者，教子于外舍，未尝少假温色，期必能复门户。暇或阅佛书以适性理。包之中外亲，不足者，随宜赒之。非义相干，一丝不与也。初孝肃薨，有素丑公之正者，甘辞致唁，因丐为之志。夫人谢曰："已诿吴奎矣。"既而谓家人云："彼之文不足罔公而惑后世，不如却之之愈也。"此又识有出人远甚。

二子：长曰繶，早卒；次曰绶，大理评事。二女：一适硖石县主簿王向；一适文效，皆士族佳器。繶妻崔氏者，□幼卒，且无子。孝肃与夫人意其盛少，将俾还宗。崔闻，泣拜堂下曰："舅，天下名公也。得□□□□毕身足矣！况污家祠奉蒸尝于先庙之末乎？"由是卒不去。田尝为《崔节妇传》，言之详矣。

文效妻尤纯孝，夫人寝疾，与崔未始离席间，药食不亲调不敢进。逮此，哀瘠有不识之者。绶方幼，二人素助母姑，鞠爱之若己出，然虽发于天性，抑亦公夫人教之致欤！铭曰：

孝肃之道，天下不得非。夫人梱法，孝肃为宜。孝肃以为宜，人其可知。乃妇乃子，渐渍有徽。作兹铭考，实亡愧辞。

南阳张友直男振同刻字。

按：《宋故永康郡夫人董氏（包拯妻）墓志铭》1973年4月出土于安徽省合肥东郊大兴集双圩大队黄泥坎生产队东北部北宋包氏家族墓群。董氏墓志，石质，一合两块。志盖与志石均长113厘米，宽85厘米，厚10厘米。志盖出土时碎为7块，并有明显的打击伤痕。中部阴刻4行篆书："宋故永康郡夫人董氏墓志铭"12字。志石刻文24行，满行35字，全文773字，少数文字辨认不清。1979年，该墓志被定为三级文物。1994年5月，被国家文物委员会专家鉴定组鉴定为一级文物。现藏于安徽博物院，藏品号：2：22673。

宋故尚书刑部郎中、充龙图阁待制、赠兵部尚书钟离公夫人寿安县太君任氏（钟离瑾妻）墓志铭并序

熙宁五年（1072）正月

○ 马仲甫

朝散大夫、给事中、充天章阁待制、纠察在京刑狱、擢知通进银台司兼门下封驳事、曹州提举、进奏院、判尚书礼部、改勾当三班院、柱国、扶风郡开国侯、食邑一千二百户、赐紫金鱼袋马仲甫撰。

朝散大夫、右谏议大夫、集贤院学士、史馆修撰、宗正寺修玉牒官、判秘阁秘省兼礼仪事、权判尚书礼部贡院、护军、常山郡开国侯、食邑一千二百户、赐紫金鱼袋宋敏求篆盖。

夫人姓任氏，曹南人，曾大父光辅，赠太师中书令，封兖国公。大父载，赠尚书令兼中书令，封徐国公。父中行，任兵部员外郎，赠工部侍郎。夫人既笄，归钟离尚书瑾之夫人。尚书初娶宋氏，生三男三女。夫人既至，舅姑皆不逮事，而岁时享祀，必尽其诚。母诸子慈爱仁厚，虽钟氏密亲，不以为非己出。其御事不平而肃，左右女府，未尝见愠色，而乐其法度。尚书之子多幼，夫人亲教以诗书孝悌，诸子温温然，能蹈夫人之训，皆□□成人。夫人累封寿安县太君，由子贵也。享年七十有五，熙宁四年二月六日，以疾终于宣州次子景融之官舍。明年正月二十有九日，葬于庐州合肥县神龙乡南平里，祔尚书之茔。

任氏，大族也。夫人之伯父康懿公□□□□公，当仁宋朝继践二府，阀阅盛大，耀于一时，夫人隐而不言，若寒家子。晚尤嗜浮图书，平居乐易，视一切物无纤毫厚薄之间，岂□□□□□至理者欤？男十人：曰景献，真州六合县主簿；曰景倩，庐州舒城县尉；曰景裕，太常奉礼郎；曰景裔，三班奉职；曰景融，供备库付使；曰景俭，越州□□县□；曰景伯，水部郎中；曰景圭，殿中丞；曰景行、曰景华，并将作监；景倩、景裕、景裔、景行、景华皆先卒。女六人：长适都官员外郎宋俅，封永宁县君；次适和县团练参军刘珣；次适太子洗马李伯昂，封德安县君；次适给事中、充天章阁待制马仲甫，封灵昌郡君；次适鼎州司理参军梁宗望；次适大理寺丞崔□□。孙十四人：闻礼、闻道、渊、涣、湍、深、淑、汶、泾、况、

沫、沂、潺、演。孙女十人：长适进士□；次适太子中舍致任徐宗臣，封永康县君；次适进士侯璙；次适进士邵常；次适怀州修武县令王古；次适进士吴子冉；余未能行能状。夫人之行，以属□□□□□诸子也。仲甫忝姻门下，而尤知夫人之行详，义不敢辞，故为之序，铭曰：

　　□□□□，车服煌□。夫人之生，淑柔静庄。嫔于德门，弗远遵章。□□□□，虔于享尝。夫荣子显，封邑之选。洗马在庭，福禄繁衍。□□□□，祔由礼兴。刊此铭诗，以告幽远。

　　男景伯书丹。

　　昭信军节度推官刘忠填讳。

　　张振刊。

　　按：《宋故尚书刑部郎中、充龙图阁待制、赠兵部尚书钟离公夫人寿安县太君任氏（钟离瑾妻）墓志铭并序》见宋故寿安县太君任氏墓志铭，合肥市文物保护中心藏。该墓志1973年夏出土于安徽省合肥市大蜀山东边柏树郢生产队。墓志一合两块。志盖呈正方形，边长96厘米，厚10厘米，上刻："宋故寿安县太君任氏墓志铭"12个篆字。墓志边长84厘米，厚15厘米。

宋故安康郡君杨夫人（马仲甫妻）墓志铭

元丰四年（1081）八月

○钟离景伯

朝议大夫合肥钟离景伯撰。

朝奉郎临江李演书。

朝议大夫致仕、洛阳杨公度篆盖。

夫人姓杨氏，其先汉太尉杨震之后。在唐为三杨望族，家长安修行坊。五代之乱，徙居同安，又徙洛，今为洛阳人。曾祖讳克让，尚书刑部郎中，赠光禄少卿。祖讳希鲁，赠驾部员外。父讳日章，孟州温县主簿。母李氏，故相国昉之族女。

夫人幼渊懿颖出，宗族称贤。通议大夫、天章阁待制马公仲甫，先娶夫人族姊，贤德蚤世。通议公追悼阅九年，无娶意。于是夫人年浸长，通议公既旧闻夫人能贤，谓必宜吾家，乃礼聘焉。夫人既归，事通议公犹父，御宗属，抚幼稚，一均于慈爱，内外得其欢心。勤于治事，织悉修举，终身不见愠色。善女工音律，居有余力，则诵经史诸子，阅医药阴阳算术之书，至数千万言，皆通其大义，惟不喜惟辞章。尤深佛学，悟性命之妙。年未三十，绝人事，屏荤血，晨夕躬治佛事，汲水焚香，诵经禅寂，积二十年未少懈。初封寿安县君，后封安康郡君。元丰三年冬，通议公既寝疾，夫人周旋奉侍，忘废寝食。逾年，以勤致疾，然犹自力不已。通议公既薨背，夫人益摧毁。由是疾日以加亟，后六月而逝，实元丰四年六月一日也。临化，泊然不乱，享年四十九。男六人：玗，奉议郎；玿，宣德郎；珹，太常寺奉礼郎；瑄、瑞、瑧，皆将作监主簿。女二人：长适宣德郎曹渊，早卒；次适秘书省正字滕祜。孙男十四人：永修，滁州全椒县主簿；永逸、永易、永履，皆举进士；永老、永正、永忱，皆假承务郎；永中、永服、永亨、永言、永序、永谊、永叔。孙女十八人。曾孙女二人，并幼。以元丰四年八月十八日，祔葬扬州江都县西兴乡东棚村通议公之墓，铭曰：

于美夫人，天秉渊德。作配君子，佐佑维则。推爱以均，惇诚于一。游心苦空，妙悟超物。怡然委化，安祔泉室。

按：《宋故安康郡君杨夫人（马仲甫妻）墓志铭》见 钱祥保等修、桂邦杰纂《续修（民国）江都县志》三十一卷，卷十五，民国十五年（1926）刊本。

宋合肥包氏旌表门闾故永嘉郡君崔节妇(包繶妻)墓志铭并序

绍圣二年(1095)十月

○钱勰

翰林学士、左朝议大夫、知制诰兼侍读、上柱国、会稽郡开国侯、食邑一千一百户、赐紫金鱼袋钱勰撰。

朝奉郎、充集贤殿修撰、权管勾西京留司、御史台、骑都尉、赐紫金鱼袋文及甫书。

承议郎、充福建路转运判官、飞骑尉、赐绯鱼袋文勋篆盖。

节妇,淮阳崔氏女,年十有九,嫁为枢密副使包孝肃公长子太常寺太祝繶妻。二年而寡,有一子,文辅,守将作监主簿,五岁卒。初,哭昼也,舅姑以其妙龄,俾左右询其意。节妇即蓬首雨泣,以死自誓,遂尽志于孝养。孝肃晚得幼子绶,其母出,节妇慈养之如己子。孝肃薨,侍姑夫人归合肥。节妇母吕氏,故相文穆公之家,时其除服也,至自荆南,曰:"今荆州吾兄龙图之子,年三十,为信州幕,其人足依也,吾已许以汝为妇,必往无疑。"妇与返复曰:"母不谅乎!倪欲嫁者,不俟今也!"母曰:"夫死守子,子死何待?"节妇曰:"舅丧姑老,有小郎,如儿子,其门户待我而立。"母怒,迫胁之甚力。又曰:"吾老,数千里而来,使我独归乎?"节妇曰:"送母省舅,犹之可也。"悉留其橐装而行,姑及里人,犹不之信。节妇曰:"苟不如志,即以尸还包氏。"至荆,见其舅,义之,亦不逼也。及还,姑夫人请于朝,特封寿安县君。知庐州事张田公载,豪士也,为著《节妇传》。元祐初,州以状闻,有诏旌表门闾,特封永嘉郡君,其制曰:"使我嘉祐名臣之后,有立于世,惟尔之功。"当姑夫人捐馆舍时,绶犹童孩,节妇迎师教导之,以至成人。为择取良妇,又艰关求访,得其所生。绶事节妇如母,复为立族子永年,为祝史嗣。因绘像恩官,假承务郎、调无为军巢县主簿。噫!终始之节备矣,节妇以绍圣元年七月戊申卒。享年六十有二。孙男一人,女二人。绶今为国子监丞,将以明年十月甲子合葬于庐州合肥县公城乡公城里先茔之次。□永年传来丐铭。铭曰:

少寡自誓,□□□□。诗于国风,世固无有。□□□□,□□□□。如烈丈夫,呜呼节妇。

肥川张拱摹,杜规刊。

按:《合肥包氏旌表门间故永嘉郡君崔节妇（包繶妻）墓志铭并序》见北宋崔氏墓志铭，安徽博物院藏，藏品号：2：23673。墓志铭，为石质，一合。志盖长125厘米，宽118厘米，厚16厘米。上阴刻4行篆书："宋节妇永嘉郡君崔氏墓志铭"12字。志石长124厘米，宽126厘米，厚14厘米。阴刻楷书共23行，满行30字，约650字。该墓志1973年出土于安徽省合肥东郊大兴集双圩大队黄泥坎生产队东北部北宋包氏家族墓群。1994年6月被国家文物委员会专家鉴定组鉴定为一级文物。

宋故蓬莱县君文氏(包绶妻)墓志铭

崇宁二年(1103)十二月

○王璆

奉议郎致仕、赐绯鱼袋王璆撰。

新授临江军新淦县丞张忠思书并篆盖。

蓬莱县君文氏，世为河东汾州人，河东节度使守太师潞国公讳彦博之季女，今朝奉郎包公名绶之夫人也。天圣初，夫人王父赠太师尚书令兼中书令讳□，与朝奉公王父赠太保讳令仪，同官阁中，时潞国公与皇舅枢密副使孝肃公讳拯，方业进士，相友甚厚。未几，同登天圣五年甲科。逮嘉祐间，继以才猷，直至参知政事，而包氏、文氏，仕契亦再世矣。尝愿相与姻缔，故以夫人归焉。夫人幼淑敏，事亲以孝闻。既归朝奉公，虽不及□□舅姑而□□□□□朝奉公先娶直龙图阁张公讳田之女，生子□，夫人鞠养成，视之与己子不异。待亲族和而有礼，蓄妾媵正而有仁，喜于周急，于财无所吝；薄于自奉，于物无所玩。以奉祭祀则勤，以相君子则宜，由是闺门雍肃，而上下顺从。初，潞国公以将相之才，佐命天子，而孝肃公又以嘉言直道，显名天下，皆为当世荣耀。夫人虽兼而有之，曾不以是自居，未尝有矜大色也。赋性寡俗，尤□□□□常不茹荤，以清静自将，行之终身不少懈。以朝奉公封蓬莱县君，崇宁元年正月庚申卒于京师。享年三十□，子男四人：松年、耆年、彭年、景年，皆习进士。女二人：长适国学生□□，先夫人而卒；次尚幼。以崇宁二年十二月庚申，卜葬于庐州合肥县公城乡东村。铭曰：

舅姑早世，孝不克施。以正承家，闺门是宜。鞠养幼稚，贤哉母职。逮于诜诜，德其均壹。禀性之良，宜寿而昌。命期不长，□□□伤。

合肥杜规刊。

按：《宋故蓬莱县君文氏（包绶妻）墓志铭》见北宋文氏墓志铭，安徽博物院藏，藏品号：2: 24673。石质，一合。长方形，志盖长114厘米，宽98厘米，厚13厘米。上部有一深4厘米，宽6厘米的凹槽，上、下、左三边刻缠枝卷叶图案，阴刻篆书"宋蓬莱县君平阳文氏墓志铭"12个字，志盖碎为7块。志石长101厘米，宽99厘米，厚12厘米，碎为2块。上、下、右三边刻缠枝村卷叶图案，刻文楷书，共24行，满行25字，约520字，少数字迹模糊不清。1994年5月被国家文物委员会专家鉴定组鉴定为一级藏品。

宋故宣德郎签书峡州判官厅公事冯君(安国)墓志铭

大观元年(1107)九月

○许光疑

承议郎、试给事中、直学士院、实录修撰、武骑尉、文安县开国□、食邑三百户、赐紫金鱼袋许光疑撰。

承议、试尚书礼部侍郎、学制官、同编修官、武骑尉、陇西县开国男、食邑三百户、赐紫金鱼袋李图南书。

左中散大夫、充显谟阁待制、知拱州□州事、提举本州军事兼管内劝农使、充东辅马步军都总管、轻车都尉、长安县开国男、食邑三百、赐紫金鱼袋孙馨篆盖。

君讳安国,字志甫,其先金陵人。四世祖谧,仕江南官至礼部侍郎。李氏归朝,逮事太祖皇帝,赠尚书、左仆射。曾祖□,国子博士□屯田员外郎。妣李氏,福昌县太君。祖玤,太常博士,赠礼部尚书。妣龚氏,永嘉县太君。父洵,光禄卿,赠左光禄大夫。妣张氏,广陵县太君。自尚书公两世葬惟扬。今为惟扬人。君以光禄荫授将作□□主簿转太常寺奉礼郎,大理评事,官制行改承事郎,两迁宣德郎。初兼杭州龙山酒,异时官吏为奸,课数□□,君至后方略革弊□,岁增数百万。转运使□之,荐婺州酒。是时,吴中大饥,旁郡县率减课十四五而婺独□丰,于是人益以为才知。庐州慎县吏素滑,舞文□俗好讼,牒委山积,号为难治,君以法绳吏,以□弟仁恕遇民有辩争者,立延下委曲开谕之,其不得已者□□之否以属吏。期年民大化,道相与语曰:"公德厚如此我等宁忍为恶?"□其意。尝有盗剽夺杀人,捕得之,君固以为非是,纵去,吏执不可,君弗听,已而果获真盗,人以为神明。居四年,以广陵夫人忧去,官民遮道留弗□,因相与图像祠之,至今思之不忘。服除,签书峡州军事、判官厅公事。峡为郡僻远,俗好巫,疾病且死不近医药,往往杀人祀鬼以祈福。君至,严立购赏痛锄之,闻名其父老素为乡里所推信者,晓以仁义祸福之理,俗大盛萃。自武陵至秭归,上连巫山陆行□,其会有以新路为请者,部使者主其说,委君直治之。君相□□绝,以新路滋险且扰民不可开。使者奴□其役,君力守前说,使者不能夺,乃止卒。以此知君□郡疑狱赖以平反者甚多,方期君大为时所用,而君既病矣。元祐二年闰八月廿三日终于惟扬,享年五十一。

君性孝友，乐易与人交兴町畦□，人不见喜愠，宾客不问有无，尤喜周人之急，或坐上解袍衣之，平生不诣权门，不发贵人一书。善为七律诗，尤精于书翰，为吏洁廉自持，□世泊然，当退食休闲，惟清谈□棋以自娱而已。娶张氏，继室周氏，殿中□□□之孙。子六人：曰之元，早卒；曰存，曰希，曰有，曰尹平，皆举进士，推荐礼部；曰温舒，中崇宁五年进士第，调汝州鲁山县主簿。女一人，适尚书礼部侍郎李图南，早卒。诸孤以大观元年九月一日，葬君于庐州合肥县小蜀山太平乡柳河村，从广陵夫人之兆。初光禄公仕宦四十年，班三品，清苦一节。殁之日，家无余资。君能世其风，然位不得通朝，年不得中寿，百无一试，天遽夺之，可为叹息也已。铭曰：

烨烨江左，冠蝉联兮。奕奕天朝，复世传兮。显允君子，艺且贤兮。宜达而寿，福履全兮。胡为不淑，报且愆兮。既系其驰，又去啬兮。吾将谁尤？命与天兮。诸子秀出，才巆然兮。垂庆厥后，方蔓延兮。蜀山嵯峨，松柏挺兮。永矣一立，谷无迁兮。式昭来者，视铭镌兮。

合肥杜归模刊。

按：《宋故宣德郎签书峡州判官厅公事冯君（安国）墓志铭》见于1954年安徽省合肥市肥西县小浦乡出土的宋代墓志，志盖上刻："宋故宣德郎冯君墓铭" 9字篆书，现藏于安徽博物院。

宋朝奉郎通判潭州军州事、赐绯鱼袋包公(绶)墓志铭

政和六年(1116)十二月

○□休

中奉大夫、提举兖州岱岳观、咸阳县开国男、食邑三百户、赐紫金鱼袋□
休撰。

朝散大夫、提点成都府玉清宫王磐书。

朝散郎、前提点筠州妙真宫宋□篆盖。

公姓包氏讳绶，字君航，世居合肥。故赠太子少傅讳士通之曾孙，故任虞部员
外郎赠太保讳令仪之孙，故枢密副使赠开府仪同三司谥曰"孝肃"讳拯之子。孝肃
学富才超，□天圣甲科，早以孝行著乡里，终以直节闻□□□□为天下归重。子二
人：长先卒，公其次也。嘉祐中，孝肃公薨，天子录元臣之功，奠于其家，公方五
岁而孤，天子闵然，以遗表授公将仕郎、守太常寺太祝，俾承其胄，而以不绝功臣
之世为念。服除，加承奉郎，覃恩转大理评事。未几，以丁母郡太夫人忧，居丧尽
孝，毕葬成礼，乡间为之叹伏。服除，又加承事郎，初调官任濠州团练判官，公事
郡守严毅，僚属畏惮。公下车奉公守法，倬有盛誉，守爱重之，遂不以势位自居，
凡议事必咨公而后决。事有不可行，公则毅然面折，不苟从。其有补于郡事，不可
一二数。秩满解官，人称廉洁，思惠爱，异口一辞。再以覃恩转宣义郎，赐绯鱼，
授少府监丞。公夙夜尽心，裁制有序，若素宦于朝者。当涂巨公，剡书称荐，不求
自至。咸曰："名臣之后，得是举，宜矣！"迁国子监丞，公一提按，典籍遍举。复
视公厨，饮食苟且，积弊为甚。一日，发其事而正之，诸吏肃然，弊亦顿革。磨勘
转宣德郎，移将作监丞，营缮事，伙而领之，以勤济应期办事，为当时称。旋除通
判瀛州，以家贫累重，丐免其行。复以通直郎授少府监丞，视事不异前日。年余，
丁所生母孙氏太室忧，公归乡居丧，杜门诲子弟，家虽贫而无一毫有干于乡里，至
有未尝识公之面目者。服除，授通判汝州，磨勘转奉议郎，加武骑尉，又以覃恩转
承议郎。方位汝阳，寇贼为民害，公视事未几，闻公之清德，往往皆化而为良民，
是必有以服人者。汝人正以得公为幸，岁余，受代，州人扶老携幼，争先出郊而饯
之，且拜而言曰："请公善归，台阁今待公矣！"逮至阙下，监进奏院，磨勘转朝奉
郎，加云骑尉，复出通判潭州。承命拿舟而行，距黄州十余里，感疾逾旬，寝车怡

然而逝，时崇宁四年十一月初七日也。公既终，发遗箧，诰轴著述外，曾无毫发所积为后日计者，益知公生平清苦守节，廉白是务，遗外声利，罕有伦比。孝肃以清白劲正光于青史，公可谓能克家者。孝肃之风，至于公而益炽也。公有寡嫂崔氏，素以节义闻，公以母礼事之。及其亡也，不远千里，助成丧事。崔氏有子，相与义居，至于终无异意。公初娶职方员外郎张公田之女，县封南阳，再娶故相太师潞国公之女文氏，县封蓬莱，皆先公而卒。公两娶贵家，视荣耀如蚊虻过目。尝率文氏，受上清法箓，洒然有方外趣。甫自童稚，御事有法。不喜苟佞，取友必端。博极群书，罔不通悟。壮年远仕，蔚有能声。所至民爱，所去民思。历官数任，卒乎位卑而不获骋，议者为公起淹回之叹，而公以命自处，盖恬然也。

公享年四十八。子男四人：曰康年，曰耆年，曰彭年，曰景年，皆有学问。康年、彭年，后公数年卒。余二子处学校，力求进身计。女三人：长早夭，次适提点刑狱张公之子，幼亦不育。

公之亡也，自士大夫至于穷闾陋巷之间，无问其识与不识，悉能道公之姓氏，相与咨嗟曰："善人去世，良可哀也。"其子耆年、景年，以政和丙申十二月庚申日，用葬公于合肥县公城乡东村，实先茔之次。泣血持书来乞其铭以荐，顾休敢固辞乎？铭曰：

趣尚不凡，操履不移。此道寥寥，克之其谁？公有遗迹，施于史册。盖嗣厥家，而传清白。弗累于位，弗志于利。终焉益贫，中也奚愧？德则罔愆，寿亦宜永。而已于斯，犹不得骋。淮水悠兮！淮山修兮！□绪长存，铭诗墓□。

汤元功刊。

按：《宋朝奉郎通判潭州军州事、赐绯鱼袋包公（绶）墓志铭》见 北宋包绶墓志铭，安徽博物院藏，藏品号：2: 22675。北宋包绶墓志铭，1973 年 4 月出土于安徽省合肥东郊大兴集双圩大队黄泥坎生产队东北部包氏家族墓群。墓志石质，一合。志盖呈正方形，长宽各 98 厘米，厚 15 厘米。盖上阴刻篆书："宋朝奉郎包公墓志铭" 9 个字，四周雕饰花边，其中左右两旁阴雕 6 只仙鹤，翩翩起舞，嬉戏缭绕，翻飞在祥云瑞气之中，姿态各异、栩栩如生。上下两边则阴雕缠枝牡丹，布局巧妙，取姿优美，手法夸张，镌刻精细。志石长 97 厘米，宽 96 厘米，厚 14 厘米，刻文楷书。共 32 行，满行 50 字，1223 字。同墓出土的还有包绶妻文氏墓志铭。1994 年 5 月被国家文物委员会专家鉴定组鉴定为一级藏品。

故文水伯淑人吴氏(王能甫妻)墓志铭

政和八年(1118)五月

○杨介

都梁山杨介撰。

外弟蔡仍书并题盖。

述古殿直学士致政王公讳能甫之夫人吴氏,其上世居建安,后徙开封,遂为开封人。故丞相讳充,乃其祖也。故宝文阁待制讳安持,乃其父也。故丞相、舒王,乃其外祖也。用夫尚书恩进封淑人。政和八年四月六日寝疾卒于泗州所寓之舍,是年五月卜葬于庐州合肥县。

夫人赋灵韶异,资性婉穆,自其幼时,舒王称而异之,常以诗寄文安郡君曰:"女复知女工,婉嬺有典刑。"文安实舒王之女,夫人之母也。夫人尝侍祖母秦国夫人入觐,裕陵闻其舒王外孙,愀然改容,因命至皇后阁。后解簪珥以赐,闻者歆艳之。及长,笃好诗书,博闻强记,通古史诸子说。年十七,归于尚书公。时公方占太学上舍籍,而阅礼明诗,韵宇宏深,为时所重,其于夫人,尤致睦焉。

崇宁元年,公初为左正言,就迁司谏。时作谏稿,夫人在侧,公顾谓曰:"今陈直道,触权贵,得罪非吾惧也,荆湖监当或不可免,奈何?"夫人曰:"至方则碍,岂复能逃?虽岭表亦愿偕行,况荆湖耶?"公释然。

崇宁四年,迁刑部尚书。属疾,累上章丐闲,止给宽假,仍锡以请给人从。公谓夫人曰:"上恩优渥,宁无恐愧乎。"答曰:"卧家养疾,非义也,再请为宜。不惟行义,亦可以纾灾。"公竦然感悟,再请弥坚,遂许之。

夫人生二男了、二女子。男与季女早夭,仲女及笄而亡,长女适右司外郎崔瑶。二女素雅,发于天资,不幸相继而卒,且嗣久未立,夫人辰烟暮霭,未尝忘怀,乃谓尚书曰:"公其老矣,嗣续之大,不可不虑,第自图之,无所忌也。"既而复经数载,嗣犹未立。乃共叹曰:"为之后者为之子,古今皆然,岂自生耶。"公思以弟之子为子,夫人曰:"公能安我,幸矣。"于是训爱拳拳,过于己出,母慈既著,子孝以成,巍然有立而克嗣其世焉。

夫以清言究微,协赞有道,或自绮迹,洞见人才,及闻风俗,商攉贤否,其行已也,实多此类。是以家刊宰执,地连王侯,夫贵身荣,珠翠满座,方丈盈前,于斯为盛。而夫人食不求甘，居不求丽，曾不以富贵累乎心。至于输怀写意，采藻及苹，贤壮美诗，了不容思，皆根道以自乐，余无他嗜。而又光谦庶类，降心细物，笾豆尽诚，德充内则，懿溢外姻，昔之贤妇能事，夫人咸臻其极焉。呜呼！宜其寿考，春秋五十有一，悲不获偕老耳。尚书公哀托之勤，且曰："吾妻忍死而来属公丐铭，其可固辞。"因摭其实，而为之铭曰：

穆穆夫人，展彼硕媛。法度生知，德容独善。夫爵虽高，居然勤俭。阃雾之益，边豆之荐。冰洁霜操，斯义可见。视化如归，神色不变。知彼空华，了无流转。勒铭沉础，昭幽示劝。

按：《宋故文水伯淑人吴氏（王能甫妻）墓志铭》于2007年安徽省肥东县店埠镇农机二厂建筑工地出土。墓志字数844个，书体为行书，竖32行，每行6至32个字不等，现藏于肥东县博物馆。

宋宣教郎知鄂州崇阳县事包公(永年)墓志铭并叙

宣和二年(1120)七月

○牛际可

宣教郎、新授江州司录事牛际可撰。

宣教郎、新差知宣州宣城县管句学事、管句劝农公事冯若德书。

修职郎、新授信州玉山县尉、管句学事马清臣篆。

宣和二年四月十一日，宣教郎、知鄂州崇阳县事包公，以疾终于家。其弟耆年、景年，卜以是岁七月十一日，奉公之丧，归葬于合肥县公城乡东村祖茔之次。

公讳永年，字延之，世为庐州合肥人。曾祖讳令仪，故任虞部员外郎，累赠太保。祖讳拯，枢密副使、累赠开府仪同三司，赐谥"孝肃"。父讳绶，故太常寺太祝。包氏世有显闻，实自孝肃公始。元丰天子念孝肃忠烈，当追荣无穷。诏登绘像，春秋从享，俾若嗣若孙，加以恩赉。于是公之叔朝奉，上章沥恳乞官其侄。朝廷喜，从所请。粤七年，公受命未仕。元祐七年，始试法预选。初调官无为军巢县主簿。将行，丁母节妇太室忧，杜门终丧，哀毁尽礼，乡间称其孝。服除，任开封府咸平县主簿。咸平，剧邑也。公至邑，廉勤自守，蔚有政声，吏民爱思。久之，建中靖国改元，授袁州分宜县尉。在分宜，会与邑宰论事不协，以故毅然解秩退休，凡阅岁有六。大观二年，复调官授将仕郎，试处州遂昌县令。才一考，丁所生母萧氏忧。萧氏自公幼稚出从人，义不能夺。公既长，萧氏夫亦亡。公乃恳切请归，朝昏侍奉，益敦子职。逮萧氏去世，公居丧如礼。服再阕。政和二年，用荐者改通仕郎，任金州司工曹事。公到任，同曹事有不决者，皆画谋于公。则知公之材能设施，固不在人下。岁满，州人愿留公不可得，攀辕噎道，相与瞻望叹嗟，咸曰："包公之后，信乎有是贤孙也。"八年，改宣教郎，知鄂州崇阳县事，礼上之明年，以疾告朝假归治，已而果不起疾。公享年五十有一。初娶朝请郎致仕、累赠朝议大夫李公庭玉之女，再娶宣教郎、知凤翔府郿县事成公抗之女，晚又娶吏部林公邵之女，林氏亦先公早卒。子一人，曰完，尚幼。女三人：长适同郡俊士赖持正，即故亳州鄤县主簿扩之侄也。次适无为军庐江县俊士文贯。二婿皆以才行称于时。余一女，尚幼。公天资谨畏，乐善好学。视荣贵如□□者。故凡厥莅官临事，廉清不扰，而孝肃公之遗风余烈犹在也。公早孤，奉母至孝，先是母崔氏以节义□朝廷旌表，妇训姆则，畀于其家，则知公之行谊，禀绍有自矣。朝奉有子：曰康年，曰耆年，曰彭年，曰景年。□□□□□□□□□□□□□为学校上游，抑公率励之力也欤！惜乎康年、彭年，不幸未禄而卒。公之既亡，发所私，了无遗蓄。故丧葬之具，皆公二弟力营之。于是益知公生平刻苦，自筮仕以迄于终，曾无贪求苟得于下也如此。噫！其行己大节，可谓贤人远矣！是宜有铭，以彰其德云。铭曰：□□孝以奉亲，义以检身。不苟于得，不戚于贫。凡厥莅官，罔替祖烈。所至民誉，曰贤之杰。德则克全，寿胡弗腆。唯善有福，没也□显。

按：《宋宣教郎知鄂州崇阳县事包公墓志铭并叙》见 北宋包永年墓志铭，安徽博物院藏，藏品号：2：22676。石质，长方形。长136厘米，宽81厘米，厚14厘米。志身左右两边刻缠枝叶图案，额上阴刻篆书："宋宣教郎包公墓铭"8个字。志文刻字24行，满行50字，共939字，少数字迹漫漶不清。该墓志铭1973年4月出土于安徽省合肥东郊大兴集双圩大队黄泥坎生产队东北部包氏家族墓群。1994年5月被国家文物委员会专家鉴定组鉴定为一级藏品。

宋故左中奉大夫致仕柳公(瑊)墓志铭

绍兴十年(1140)正月

○孙觌

　　绍兴六年五月丁亥，左中奉大夫、德清县开国男、食邑三百户致仕柳公讳瑊，字伯玉，以疾卒于衢州江山县之寓舍。明年，其孤右从事郎滋，载其柩归平江，以十二月庚申葬于阊阖门外同泾原上。既葬三年，左朝散大夫、权发遣信州军州事张公彦，状公爵里治行，属余铭以闷诸幽。呜呼！余故人也，遂次其语，序而志之而系以铭。

　　柳氏自河东节度使公绰，以功德显于唐，而将相名臣之族多出于京兆。唐末，子孙散处河、岱之间，故仍世为魏郡人。曾祖灏，故任宣德郎，累赠通奉大夫。自开府公三世皆葬于庐州合淝，今又为合淝人。

　　公英妙骏发，记诵过绝人。属文辞，方布纸杼思，而数千百言已就，与李釜俱驰声场屋间。举崇宁五年进士第，调淄州淄川县主簿。秩满，授苏州观察推官。知州事盛章去为开封尹，而宋康年代为州，颇变更章故时约束，其僚不悦公者，阴讦章以康年所为多公助之。章怒，诉于上，有旨移公泰州司仪曹事。朝廷城四辅，徙康年拱州，又以公为干当公事。寻差详定九域图志所编修官，改奉议郎，除陕府西路转运判官。故时，以关陕解盐钞权铁钱轻重，百贾欣赖，刍粮集塞下如山积，而县官无馈师劳民之费。自博折务增收钞贾以为羡余，榷货务渔夺解盐之入共京师，币轻货重，商旅不至，于是始铸大钱，又更为夹锡。宣抚使童贯又创平货务，法益密而物价日以腾踊，公私病之。公语贯曰："祖宗之法故在。公请于上，出片纸行之，转败为功，如反覆掌耳。不然，徒纷纷无益也。"贯不悦。会移利州路提点刑狱，且入对，贯始怒。俄有旨送吏部。久之，授在京西抵当所。

　　宣和四年，除知濬州。河朔盗起，洺州不治，诏公代之。公至，则缮治戎器，增浚城池，料兵算食，弥月而办。名贼张迪者，聚党数万人掠鸡泽，进薄城下，度不可攻，遂引去。手诏嘉之，进公两官。而中贵人陈宥遣小校于演部胜捷兵次鸡泽，而盗已去，辄驰入青城栅，执杀社人数百级以捷闻，老幼随之号呼系道，群躁谯门下。公大惊，悉敛所纳给付其家，给棺衾瘗之；尽拘解恶以属吏。胜捷者，童贯所部也。狱具方上，而贯驰骑檄还所隶军籍，公曰："杀人者死，又何待焉？"即日论杀之。贯怒，劾公专杀，朝廷不得已，夺所进两官，自是官军过州境敛迹无敢犯者。

有顷，公被疾，司录事李承励权州事，州兵闻公病，唱言仓粟恶，逐庾官，嗾聚为乱。公闻变，力疾披衣出谯门，坐宣诏亭，饬二校率其属捕杀首乱者，释其余，已乃复卧。承励逢贯之怒，以公病不任，移书驰告贯而自为功。居亡何，公黜三官免归，承励进五官，而郡豪纳粟贺就者亦进七官，人莫测其故。久之，始悟承励书所荐云，是岁宣和七年也。明年复故官，当靖康元年，遂告老，以朝奉大夫致仕。

建炎二年，诏起公知蔡州，称疾不拜。三年，落致仕，诏赴行在，又以疾辞，差主管台州太平观。绍兴元年，除福建路提点刑狱，未赴，改两浙东路，寻提举台州明道观。于是，积官至中奉大夫。六年，感疾，又请致仕，遂不起，享年六十有六。

公迈爽开济，知世务之要，尤长于议论，计一时利害，论人物臧否，词辩锋起，听者竦立。居官任职，有所施舍，问义如何，未尝顾望少贬以求合。既屡触童贯被斥，朝廷趣其谅，而贯方用事，权震天下，虽宰相亦惮其为，公所至又辄与之遇，故终徽宗朝留落不偶，命矣！

公娶章氏，故相申公惇之孙、奉议郎持之女。封令人，恭俭守家法。生一男子，即滋也，监饶州商税务。滋幼时，令人手钞《孝经》《语》《孟》授之。解悟过人，不自标显。年五十六，以绍兴九年十二月己未卒，十年正月甲申，祔于中奉公之墓。孙男一人，曰楸，右登仕郎。公弟斌，家淮阳，建炎之乱，盗据其城，挺身南走归公。公时方上书以郊祀恩任子，斌至，遂改荐斌，今为文林郎、徽州军事判官。

公好古博雅，于传记无不通达，遇古法书图画，至解衣辍食求之。尝登慈恩寺塔，顾见唐进士题名，人物风流，笔迹奇丽，慨然怀想，至徘徊其下不能去，遂捐橐金命工刻石，属隐士主持第其岁月，离为十卷。书出，一时贤士大夫争得之。建炎南渡，图书燔灭，公所刻又在长安数千里之外兵火战场中，只今一二尚存者，尤为世所宝云。铭曰：

呜呼，世衰道丧兮，阉人用事。指鹿为马兮，欺君之不忌。謇謇柳公兮，孤立一意。孰挤之于险兮，又推之于将坠。怀奇负气兮，百不一试。埋玉树于土中兮，赍恨永已。万木如茨兮，阖门之趾。是为公藏兮，子孙受祉。

按：《宋故左中奉大夫致仕柳公（瑊）墓志铭》见宋孙觌《鸿庆居士文集》四十二卷，卷三十三，清文渊阁四库全书本。

宋故左朝请大夫直秘阁致仕张公(宇)墓志铭

绍兴二十八年(1158)

○孙觌

晋陵张氏，有赠太傅讳彦直者，生七子，多知名，其学以父兄为师，共传一经，不杂他术，故学问渊源、议论根柢、文章关揵、笔墨畦迳无间然，如出一手。自崇宁癸未至大观己丑六七年间，相踵四人擢名第。当是时，太傅与越国夫人尚无恙，岁时伏腊，翁媪坐堂上，诸子环侍，袍笏盈前，进卮酒为寿。州刺史荣之，取冯瀛王所赋常山窦氏"丹桂五枝，灵椿一树"之句表其间，曰椿桂坊。其后四人者：曰宰，卒官左奉议郎；曰宿，左中大夫，历秘书少监、吏部侍郎、敷文阁待制；曰宇，四入尚书为郎，典大州，刺一路，以左朝请大夫、直秘阁致仕；曰守，建炎、绍兴间被遇今天子，由签枢参大政，终资政殿大学士、左金紫光禄大夫。于是张氏一门，为江左衣冠之冠。惟直阁公字泰安，居四人中独寿。寿七十八，以绍兴二十八年十月癸卯感疾，终于椿桂私第之正寝。将葬，公季弟右奉朝郎置公世次爵里始卒为书属余铭。余与公同生于辛酉，尝为国学舍同，又同年登进士第，比余投闲，归宿田里，公亦倦游而归。聚散离合五十年间，相得欢然如一日。而公奄忽下世，宜著铭以舒余哀，乃次其语为志而系之以辞。

张氏先世本合肥人。七世祖训，仕吴为太傅，与杨行密俱起淮南，三十六英雄，太傅其一也。太傅有赐田在常，子孙多徙家焉，故今为晋陵人。至宋兴，张氏比比以儒学显，而二卿最贵，第筑两相望屹然，里中人号东西卿是也。至是，公伯仲又以辞艺崛起诸生，或践台省，或登侍从，或持国柄为丞辅，舃奕蝉联，尊宠一时。而七兄弟之了著仕籍者，又十数人，而张氏益大。

曾祖处仁，故太常博士，赠太子太保。祖杲，故郊社斋郎，赠少傅。考，即赠太傅公也。

大观初，公以太学内舍生试上舍，中其科。三年，释褐为员州司理参军。代还，以最升从政郎、开封府陈留县丞。未赴，丁太傅公忧。忧除，调信州上饶县丞，就差太平州州学教授。会朝廷更州县学三舍法，复科举旧制，例罢为楚州淮阴县丞。宣和七年，用举者十人，改宣教郎。又遭越国夫人王氏之丧。免丧，授福建路茶事司干办公事，俄改本路提刑司，又改充检法，已而复还本司干办公事，转左奉议郎。绍兴二年，秩满再任。时闽盗范汝为据建州叛，诏遣参知政事孟公庾为宣抚使，督诸将捕诛，辟公福建江西荆湖南北路宣抚使司干办公事。建盗平，第功进左承议郎。三年，转左朝奉郎。大资公帅福，就差福建路安抚使司书写机宜文字。四年，除将作监丞。五年，转左朝散郎，迁驾部员外郎。大资公复知政事，公请避，出守抚州。不拜，除提举两浙东路茶盐公事。岁课增羡，法应迁，公曰："此吾职也，不敢赏。"七年，遇明堂恩，赐五品服。召为司勋员外郎，俄改祠部，再迁吏部郎中。岁余，请补外，除直秘阁、福建路转运副使，移知湖州，是岁绍兴十四年也。

公属时艰难，久仕州县，民之休戚，事之利害，常欲有所兴除，而以非职不得行其意。其在驾部，一日请对，奏言："朝廷降本钱和籴，而贪吏倚法干没为奸，有一户输粟数百斛而不得一钱之直者，是借寇兵纵之使为盗也。"又言："比岁县令所至贪暴，人不堪命。祖宗之法'官吏抵赃罪并坐举'者，今法令明具，宜诏有司申严监司、郡守缪举之罚，以戢贪赃。"又言："国家承平日久，将不知兵，士不知战，一旦遇敌，奔散为盗，靖康覆辙，可以为鉴。今宜复武举以搜选将帅，驭众之材，设勇爵以招募奇材剑客骁勇绝伦之士。"其领闽漕，以使事入见，又言："天宁万寿寺改报恩广孝，为徽宗皇帝谥号，宜诏礼官改避。"今更"光孝"云。又言："吏部官冗甚矣，非足国裕民之道，必欲有所变更。杜侥幸，清流品，课功罪，考殿最，在上与执政者所为，非三铨之所能独任也。"又言："县令虽卑，最近民，百里之内，讼牒数百，日至前执笔熟视不能下，则入吏手矣。可诏吏部应县令先注曾任丞、簿者，人材能否，虽有定分，彼尝佐县，校之懵然不知事者，则有间矣。"上每嘉纳。

其在吴兴，治道清净，不事声华，整齐大体，阔略细故，不治苟且奉贵权，不饰厨传称使客，奉法循理，期于不扰，至今以爱利为人所思。久之，谓家人曰："仕至二千石，亦可以已乎。"上书请宫祠，得主管台州崇道观。筑一堂于舍西偏，榜曰"宜休"，以见吾志。至是，又三请宫祠，四转至左朝请大夫，皆以年劳告老。二十七年，守本官致仕。

公大度长者，慈恕乐易，不立崖堑。与人交，初持一心而不以贵贱少长，侃侃然，恐不得当其意矣。虽奴隶，亦不以辞气加焉。胸中甄别人品如泾渭，而臧否不出诸口。出入中外数十年，适去悦来，宠辱得丧，所阅多矣，而不见喜怒。非意之干，猝然加之，如虚舟之触，未尝辄色，盖其气博积厚，不可澄挠，虽古佛之徒分灯遣魔，立雪求道，莫能过也。文章温丽古雅如其为人，不务琢雕为奇，以眩世俗耳目，而奏议之文，叙事详实，皆世务之要，故多见施行。尝曰："吾未尝与人争而立于争地，不去，惧有后悔。"故在朝则请外，治郡则丐闲，凡更二十官而无丝发过差挂吏议。呜呼！可谓纯明笃厚之君子也。

公配宜人同县吕氏，有贤行，治家教子，不以累其夫，皆巍巍自立，遂丰其家。公归矣，宜人选饬妾御，调护食饮，所以娱侍公者，惟其意之适。宾至，即宜休治具，击鲜置醴，吹竹弹丝，酣醉歌呼，竟日而罢。里长老称颂太息，以谓宜人宾敬其夫，当著之史，为世范。公喜振乏之急，有孤女未嫁、死而无以葬敛者，宜人先意损金币赒之，无秋毫计惜。以绍兴二十七年十月壬寅遇疾不起，寿六十七。明年三月壬申，葬于武进县怀德南乡后暑原上。甫及祥祭，公亦逝矣。十一月甲申，诸孤奉公之柩，合祔于宜人之墓。墓距太傅公里所，公所自营也。置屋十数楹，以舍守冢者，号"休休庵"。莳松柏，疏池沟，治墙垣，植藩篱，不侈不陋，裁处具当。公夫妇岁一再过，策杖按行，瞻顾徘徊，退而命酒相对，薄暮而返，率以为常。木已拱矣，公于是息焉。

公没后，诸孤类次公平生所著诗文、奏议、歌词三十余卷藏于家。

生五子男：大成，右从政郎、新监淮东总领所户部大军库；友成，右迪功郎、监泰州海安买纳盐场、兼本镇烟火公事；士成，右迪功郎、新严州桐陵县主簿；求成，右从事郎、新监临安府排岸兼修船场公事；时成，该公致仕恩而未命。一女，适右宣教郎、新知湖州乌程县事鲁可封。孙男女十人：男掀、扩、排、掖、拚、拟，女尚幼。公本六子，第四子自成者出继公通判兄寅，为主后，今任右从事郎、新监婺州都税院云。铭曰：

在昔张氏，相韩五世。留侯挺生，嬴秦之季。蹶楚安刘，傅王相帝。孝宣中兴，富平代起。七叶蝉联，旷不绝史。嘉正仕唐，祖孙父子。号三相家，鸣珂之里。历宋二百，益大而昌。东西二卿，门戟煌煌。繄公伯仲，高辞擅场。射策君门，一发如望。番番二老，既寿而康。行扶坐侍，手笏腰章。扶疏绕屋，椿老桂芳。一时盛事，门表巍昂。有如我公，白眉之良。盛德容貌，如珪如璋。内阁耆儒，中台望郎。意有不适，去如宿桑。归侎吾老，宜修之堂。有酒有湦，客至举觞。倒冠落佩，以醉为乡。师心而行，与道翱翔。孰云逝者，有化非亡。乘云跨箕，至于帝旁。后暑之原，公岂其藏。

按：《宋故左朝请大夫直秘阁致仕张公（宇）墓志铭》见宋孙觌《鸿庆居士文集》四十二卷，卷三十七，清文渊阁四库全书本。

高侍郎夫人（高卫妻）墓志铭

○张孝祥

余乡历阳有孝子曰高祚，字子长，故吏部侍郎江都公讳卫之子。侍郎薨时，子长尚幼，凡子长学行卓然，能自揭立不坠其家声，母夫人实教之也。太夫人年高，乐荆州之风土，子长因家焉。以太夫人之乐夫此也，子长仕宦不敢复远荆州以去。盖于武昌者六年，于荆州者二年，于沅州者二年。自沅州罢归，太夫人于是七十有七矣。子长请于朝，愿奉祠禄以养，闭门不复出。荆州牙城之东，有屋数十楹，其傍凿池植花竹，筑室其中。子长夫妇日奉太夫人携子若孙游焉。内外千指，敬爱雍穆，大夫士慕之者纪于歌诗。凡称事亲，皆于子长乎取法。盖如是者又二年，而太夫人以疾不起。子长呕血骨立，亲负土筑坟。葬之日，有鹤飞鸣其上，讫事乃去。夫以太夫人享上寿，其封邑，康宁好德，五福备具。子长平时未尝违膝下，生也敬以养，死也礼以葬。于今之世，可以无憾。而子长每言及太夫人，涕泣辄随之，悲怨罔极，若未尝一日得奉承其亲者。呜乎！终身之慕有若子长，谓之孝者非耶。

太夫人讳静明，庐州梁县人，姓王氏。年十有二归高氏。生三男子：祐，承务郎；机，修职郎，前死；季则子长也，今为右朝请郎。始，侍郎公及与元祐诸公游，嘉言懿行，太夫人悉能记之。侍郎为太平州判官，摄州事，山谷来为守，谪久贫甚，既入境矣，复坐党事免。侍郎得堂帖，不以告，迎候如礼。山谷既视印，已，乃知之侍郎为治归装，甚饬备，过于久所事。曾丞相子宣过郡下，时公卷葬母事欲起，部使者得风旨，遣州都监围其馆胁之。侍郎徒步往，挥其众曰："此前宰相，坐怨家暧昧事且白，汝何敢尔？且我摄州事，事当关我。"即留馆中不去，丞相以安。既狱具，公卷犹坐贬。丞相泣语诸子，当事侍郎以父礼。凡此皆子长不及知，太夫人以告，曰："汝父不顾身以徇义，汝宜勉之。"太夫人葬以其年十月十四日，在江陵县白湖龙山之原。太夫人有三男孙：埻、塘、垮；三女孙。铭曰：

八十一年，子孝以贤。我铭实然，龙山之阡。

按：《高侍郎夫人（高卫妻）墓志铭》见宋张孝祥《于湖集》四十卷，卷二十九，清文渊阁四库全书本。

葛征君（闻孙）墓表

至正六年（1346）

○余阙

君讳闻孙，字景先，姓葛氏，累世皆隐合肥巢湖之上。有少田，力耕以为学。至君祖嗣武，始补太学生，迁桐城县主簿。宋亡，遂归隐。淮安忠武王录宋官，授龙泉县丞，辞不受，而自放于诗酒以终。父天民，亦隐德弗耀。君生十九年而孤，能自策厉为学。天性警敏，日诵数千言，辄终身不忘。居家孝友，待朋友有信义。每旦，冠衣诣母束夫人问起居，躬视食饮。惟夫人色所欲，即趋为之。凡物夫人未食，即弗御也。亲旧知其然，每食亲，必先以馈君，使奉夫人。尝以贫出为顿文学，既而曰："此非养志之道也。"寻不复仕。其后宰相荐君文行可用，擢翰林国史院编修官，复辞，不赴召，而教授于其家。诸生不远齐楚之路，皆来从之。余尝谒君湖上，升堂拜束夫人，君侍侧，须鬓皓然，进几捧觞，进退旋辟惟谨，为好言温藉之。母夫人年八十余，耳目聪明，泄泄然乐也。食下，始出坐馆中，为诸生谈先王之道。诸生环列修整，皆若有得焉者。间以亲故入城中，城中人无少长争候迎谒，以不至其家为耻。君与人言，无贤不肖，率依于忠孝。其语切至，初若不可亲，及徐就之，乃甚有味，久而不厌也。里中有斗讼，官府所不能折者，君以一言决之，其见重于乡如此。以故，乡人夫有大政与大狱，多以询君，君亦通练诚恳，问无不言。诸大夫阴用之，乡人多蒙其利，此余之所知而乡人未尽知也。至正五年，母夫人以寿终于家。予往吊之，君衰绖羸然，众以为君若不胜丧如此。是年冬，余还京师，而君遂以死矣。呜呼！圣人之道犹天然，而一本于卑近，精粗本末无二致也。而世或骛于高虚，若德合一官、行庇一乡者，往往薄之，以为不足为。君平生不事大言高论，而行事皆圣贤之实用，其用以教人亦必以此。虽不肯出仕以尽其所学，而其学之可用，盖不待出而后见也。其文章平实，称其为人。有文集若干卷，藏于家。配倪氏。子男一人：桢，黄冈县教谕。女六人，皆适士族。君之殁，以至正五年九月癸巳，其葬在十二月癸酉，年六十一。明年，其友余阙表其墓曰："昔予登第，还里中。里中长老言：'朝廷召君时，合肥之学甘露降于松。明年，又降于柏。占者曰：'国家养老之祥也。'君得于人者如此，而得于天者又如彼，非笃于孝友、积诚而不已，其能然乎？乡之人士，过君墓者式之！"

按：《葛征君（闻孙）墓表》见元余阙《青阳集》六卷，卷四，清文渊阁四库全书本。

金华卫指挥副使王公(瑛)墓碑

洪武二年(1369)十一月

○苏伯衡

　　明威将军、金华卫指挥副使王公,既没之六年。其夫人遣其故吏袁仁致言于伯衡曰:"惟吾夫以忠事上,以恭承兄,以材勇自见。旧身行伍,列职环卫。虽天不假年,而劳烈则多矣。圣天子是用悯恤遗孤,锡之土田。恩眷之隆,班于勋旧。使无文守,镵之神道,奚以焯勤训嗣。先生太史也,敢属笔焉。"伯衡辞不足以知公,则又遣仁携其六岁孤僧家奴,奉事状再拜,固以请。乃为序曰:公讳瑛,字君宝。世为庐州梁县人。元至正中,盗起汝颍。公与兄故右副元帅玉,俱以良家子从军。右副用捕虏功,补义兵千户,公常从之不去。上起兵于濠,右副灼知历数有在,与公率所部来归。上嘉其诚,俱留卫帐下。右副由千夫长升万夫长,由万夫长升元帅。其夷缪家山,蹂黄墩,荡湖口,铲彭祖寨,取滁、和两州,夺采石,举太平,破溧阳、溧水,克宣城、台城,覆南徐,捣毗陵,击常熟,擒张士德,戍严陵,下金华,拔诸暨,战临浦,掀萧山,镇三衢,掇广信,俘李明道,虽曰:"善阵善战,以济厥勋。亦惟有若公者恒在左右,以资羽翼,相为犄角也。"公白皙长身,挥戈跃马,先士卒以赴,敌矢石交下,意气弥振。坚城勍将,身至力取,一军皆下之。右副自广信征入朝,公提其师,从平章邓公复临川,援南昌,有锦袍之赐。右副还金华,谢再兴犯义乌、东阳。公力战却之,授千夫长,则甲辰六月也。七月,右副卒。廷议以公久在兵间,声望素着,立命统其众,加领兵官。明年二月,张士诚尽锐侵我新城,从平章李公出战。独当一面,引伉健善击士,舞槊冲其中坚,生擒伪官陈德等三十四人,斩首七十八级,遂夺其气。大众乘之,贼大败,横尸蔽野。委弃资仗,举之数日不尽。受上赏。因与元帅何世明攻沿山,捷于紫溪。遂从参军胡公进汶浦城,阵于古秋桥,于西阳岭,于景江桥,于南峰寺,自闰十月五日至二十二日,大小之战数十。夺名马十五,破寨二,斩首二千余级,虏将校五十余人,降卒八百余人,凡赍银碗十有四枚,米百有八十石,颁之麾下。又明年,从李公取桐庐、富阳、余杭,遂入钱唐。宠以袭衣。又明年,录其前后功劳,升指挥副使,仍镇金华,实指挥使徐公为之请云。洪武改元之春,李公移兵建宁、延平,拔公以从,就命抚安汀州。还,从左丞胡公捕寇海中之兰秀山,歼之。分兵略将乐、朝天、明溪、白云、虎头、黄龙、青龙等寨，悉降其众。二年，加明威将军，从李公北征。行至通州，病内热。平章鄂国常公俾舁归金华，就医药。六月七日，竟殁于毗陵，得年三十有五。上闻而悼之，命赐衣廪，存恤其家。是年十一月廿四日，祔于右副墓左。县曰当涂，乡曰姑孰，原曰李家界。夫人夏氏，侧室魏氏。子一人，僧家奴也。公没后四月，乃生女一人，尚幼。自古帝王之兴，命世之材应期而出以弼成大业，匪直股肱重臣，凡厥登阵陷陴、搴旗斩将之士，皆其流匹也。百世之下，尚论造周兴汉，知有十乱三杰而已。其策勋行阵之间，不在封侯之列。或名存而事功无征，或身没而姓氏俱泯。夫岂少哉！然则，王公之勤劳国家，虽简在上心，如之何可无述也。夫人之请，可谓贤而有识矣！庸弗让而铭之。铭曰：

桓桓右副，如鹰之扬。纠纠明威，参翱参翔。天实生之，以赞我皇。我皇膺运，起义濠梁。缨冠自献，咸怀忠良。被坚执锐，齐驱戎行。左顾右眄，淮壖江乡。孰为险阻，孰为悍强。孰敢负固，孰敢醒狂。伯骑其项，中斧其吭。夷凶殄丑，斥广土疆。膺功未奏，右副奄亡。明威曰嗟，我死后兄。兄志我究，乃分所当。拊厥士伍，敢有不臧。敌王所忾，敢有不覆。既锄漠蘖，于彼南昌。亦剸越浙，于此东阳。献馘连连，锡予穰穰。闽峤齿齿，鲸波汤汤。蹂以突骑，抗以余艎。山貙海蜃，载廓载攘。椎结鴂舌，来庭来王。南服既清，皇威用张。乃卷斾旌，旋指翔方。奄甸漠北，昭我天明。匪公自矢，亦金所望。天何二坚，潜穴膏肓。药投罔效，中道沦丧。施丰报啬，命短名长。况也阀阅，烨其有光。宸衷简在，何日而忘。树碑表阡，国有兴常。震其休声，勒此铭章。

按：《金华卫指挥副使王公（瑛）墓碑》见 明 苏伯衡撰《苏平仲集》十六卷，文集卷十二，四部丛刊景明正统本。

故荣禄大夫、同知大都督府事、赠开国辅运推诚宣力武臣、荣禄大夫、柱国、东胜侯、食禄一千五百石汪公(兴祖)墓志

洪武四年(1371)六月

侯讳兴祖,姓汪氏,庐州巢县人。童幼时失怙恃,遭天下乱,转徙至和州,金枢密院事张德胜子养之,遂姓张氏。岁庚子夏六月,陈寇犯龙江,德胜战以死。上悯其劳,追封蔡国公,俾侯为枢密院判官。辛丑,攻安庆及江州、蕲黄,皆下之,进攻湖广。岁壬寅正月,克南昌。癸卯七月,大败伪汉陈氏兵,升授湖广行省参知政事。甲辰,克武昌,取庐州。乙巳,授大都督府副使。是年,复泰州。丙午年春三月,破高邮;四月,取淮安、武安、安丰;七月,攻浙西,取旧馆,破湖州。吴元年六月,取苏州;十月,授荣禄大夫、同知大都督府事。时蔡国公子宣已长,授怀远将军、同知、宣武卫亲军指挥使司事,上命侯复姓汪氏。侯往定中原、山东、河洛,次第尽平。洪武元年,克西京、大同,屯兵守御。洪武三年冬,征还。会命将往征西蜀,俾侯前驱自效。四年夏,既取文州,复乘胜逐北,中飞石死焉。讣闻,上嗟悼久之,追授开国辅运推诚宣力武臣、荣禄大夫、柱国、东胜侯,食禄一千五百石,仍赐铁券,给禄养其家,命有司迎其丧,所过州县皆设祭,俾善相地者卜兆京城西北,官营冢圹,以六月丁酉葬焉。侯生于戊寅七月十九日,卒于洪武四年四月初六日,享年三十有四。配夏氏,侧室邓氏。生子男一人,甫四岁;女三人。于戏!侯以功臣义子特受主上知遇,而能以才自见,显著勋绩,及生兼将相、位列通侯乃至捐躯殉国,亦可谓烈丈夫矣。独天不假其寿,惜哉。谨述其梗概,并记其卒葬岁月云。

按:《故荣禄大夫、同知大都督府事、赠开国辅运推诚宣力武臣、荣禄大夫、柱国、东胜侯、食禄一千五百石汪公(兴祖)墓志》见明朝汪兴祖墓志,南京博物院藏。该墓志1970年10月出土于江苏省南京市北郊中央门外。长70厘米,宽67.2厘米,盖厚15.5厘米,底厚19厘米。志盖篆书:"故荣禄大夫同知大都督府事赠开国辅运推诚宣力武臣荣禄大夫柱国东胜侯食禄一千五百石汪公墓",7行42字。志文书体为楷书,23行,满行23字。

大明敕赐开国辅运推诚宣力武臣、征南副将军、靖海侯谥襄毅吴公（祯）神道碑

洪武十三年（1380）

○刘崧

洪武十一年戊午，前征南副将军、靖海侯吴祯，奉诏出定辽。是秋，以疾闻。上遣医驰驿视之，弗能愈，遂舆疾还京。车驾幸其第，问劳有加。明年己未五月，疾革，以其月二十有六日薨。讣闻，上为之震悼，辍朝二日。诏赠特进光禄大夫、柱国，追封海国公，谥"襄毅"，仍赐窆钟山之阴，俾官给其事。葬之日，车驾临奠，加赠赗焉。又明年庚申，上追念其劳，爰敕儒臣礼部侍郎臣崧撰文，刻诸神道之碑，以昭不朽。臣崧奉诏不敢辞，乃考公牍纪载，第而书之。

谨按：公初名国宝，后赐名祯，字干臣，姓吴氏。世为濠之定远人。自少时，已卓荦有胆略。及天下大乱，从上起兵里中，即能知天命有在。与兄江阴侯良，俱隶麾下，悉心委事焉。自岁甲午乙未，西克滁和，东渡大江，扬威振锐，所向无敌。由帐前都先锋为总管，升建兴翼院判转分院元帅，寻为天兴右翼副元帅，与良同守江阴。每寇至，辄击走之。首破伪吴张士诚水寨，擒其枭将朱定。甲辰，授英武卫指挥使。丙午，寇出马驮沙，上亲督战，追至巫子门。寇乘潮逆拒，首尾相失，公纵兵急击之，俘获无算。是秋，从大将军魏国公徐达率马步舟师由港口取湖州，公勒奇兵出旧馆，掎之战，大捷。事平，遂留戍焉。吴元年丁未九月，复从大将军攻围苏州，连破胥葑二门，士诚就执。公奉令抚循，秋毫无扰，进金大都督府事。时方谷珍据明州未下，上以公为征南副将军，从御史大夫、信国公汤和往平之。公引舟乘潮，夜入曹娥江，通道夷坝，出其不意，直抵车厩，会降者言，方氏已潜挈家入海。公领兵，追于煴屿，与合战。自申至夜，三鼓败之，尽获其战船、人马、辎重而还。未几，国珍降。有旨由海洋进取福州。不数日，奄至城下，围其西南水部三门，一鼓克之。时伪平章陈友定，据延平作乱。明年洪武元年戊申，进破延平，擒友定。闽海平，公归次昌国。会海寇叶、陈二姓，聚劫兰秀山，公调兵立剿之。三年庚戌，朝廷定功行赏，进开国辅运推诚宣力武臣、荣禄大夫、柱国、吴相府左相、靖海侯，食禄一千五百石，赐以铁券，使子孙世袭焉。五年壬子，诏大发兵，东成定辽。公总舟师数万，由登州转运以饷之。海道险远，人用艰虞，公

调度有方，兵食充羡，折冲风涛，如履四达，寻召还。七年甲寅，海上警闻，公复领沿海各卫兵出捕，至琉球大洋获倭寇人船若干，俘于京，上益嘉赖之。常往来海道，总理军务，至是归自辽东，而疾作不起矣。公生以天历戊辰六月二十一日，葬以薨之闰月十三日，享年五十有二。曾祖三七府君，赠镇国将军、金大都督府事护军，追封颍上县子。妣周氏，追封颍上县子夫人。祖十一府君，赠骠骑将军、都指挥使护军，追封延陵伯，妣刘氏追封延陵伯夫人。考似龙府君，赠荣禄大夫、同知大都督府事、柱国，追封渤海侯。妣叶氏，追封渤海侯夫人。配李氏，封靖海侯夫人。子男五人：长坚，西安护卫镇抚，侧室陶出也；次忠，羽林左卫镇抚，夫人李出也；次端，次洪，五十，皆庶出。女十人。其第五女，许为湘王妃，尚在室。惟公以骁勇之才，际兴王之会。钟英淮甸，立勋辽海，致位公侯，而不矜不伐，尽瘁所事，真古之名将哉。是宜铭。铭曰：

赫赫景命，大明当天。帝业所基，公侯出焉。桓桓吴公，有仡其勇。顾瞻在廷，玉立山耸。元政不纲，帝悯下民。爰挥天戈，扫除妖氛。始克滁和，旋拔采石。飞渡大江，曾不终日。公时在行，兄弟齐一。莫不率从，于城是力。帝命汝祯，言守江阴。邻敌授首，远人归心。南收丹阳，东略无锡。建兴策功，英武跞职。寇窥海口，纵兵击之。风从潮生，彼逆不支。从攻吴兴，机略周布。捷出旧馆，扼其归路。进拔葑门，东定姑苏。擒厥大酋，献于京都。帝念尔劳，升秩督府。不日四明，亦肆违拒。遣厉戈甲，往贰征南。挟潮而飞，飚旗电帆。摧金伐鼓，壁其城下。寇穷而逋，胆落万马。蹑景追风，执讯凯还。鲸奔鲵伏，海济云鲜，张方告平。闽海方急，千艘南驰。歼彼勍敌，三山既隳。延平遂通，麾旄所指。列郡来同，公归自南。兰秀连梗，锄而辟之。海道眇眇，帝曰"靖海"，实汝之功。兹命汝侯，往承其恭。煌煌铁券，翼翼命秩。恩延子孙，功翼王室。载授征虏，督饷定辽。白㲾连云，飓风不摇。倭童跋扈，出没大洋。爰兽狝之，皇威以张。茫茫辽海，烈烈英勇。式弘将略，茂对天宠。方召元老，曹周世庸。气应德符，千载一逢。维天祐贤，公宜永福。何疾之婴，遽此不淑。仪曹考行，赠谥有光。钟山佳城，天设地藏。神道之左，有石巍巍。儒臣作铭，昭示无极。

按：《大明敕赐开国辅运推诚宣力武臣征南副将军靖海侯谥襄毅吴公（祯）神道碑》见明 程敏政 编《明文衡》一百卷，皇明文衡卷七十二，四部丛刊景明本。

大明开国辅运推诚宣力武臣、荣禄大夫、柱国、同知大都督府事、江阴侯、追封江国公谥襄烈吴公(良)神道碑铭

洪武十五年(1382)二月

○吴伯宗

　　洪武十四年十一月二十六日，开国辅运推诚宣力武臣、荣禄大夫、柱国、同知大都督府事、江阴侯吴公以疾薨于青州。十二月，讣闻。皇上为之悯悼，辍朝三日。诏所司定赠谥，加赠特进、光禄大夫、上柱国、中军都督，追封江国公，谥曰"襄烈"，遣使者迎枢以归。洪武十五年二月丙子，赐葬钟山之阴。上念其功不已，命词臣撰文，勒诸丰碑，以垂不朽。伯宗职居翰林，属当执笔，谨叙而铭之。

　　公讳良，姓吴氏。凤阳定远人。初名国兴，后赐今名。气岸雄伟，性质刚直，与弟祯俱以勇力称。元末群雄并起，海内鼎沸。皇上以聪明神武，仗大义奋起布衣。公兄弟委身相从，服勤左右，上深器焉。甲午秋，从上取滁州。乙未春，从克和阳。常为先驱，战皆有功。六月，从渡大江，与元兵战于采石。拔其营，乘胜克姑孰，寻下溧水、溧阳。丙申，从定建康。战功为多。又从今大将军、太傅、魏国公徐公达克镇江、下常州，屡著功勋，历升军职。丁酉，下江阴，命公以指挥使领兵镇守。时伪吴张士诚据姑苏，跨有淮东浙右。地大物众，兵食富强，实江南一劲敌。而江阴正当东南要冲，喉襟之地。士诚又多变诈，动以金帛唉诱将士。公行，上谕之曰："彼以其诈，我以吾诚。尔为边将，慎守封疆，约束士卒，毋外交，毋纳埔逃，毋逐小利，毋与争锋，惟保境安民而已。"公奉命，惟谨缮城池，远斥堠，利器械，严部伍，士卒无敢逃亡，无敢出境生事者。敌亦畏公之威，不敢侵犯数年。上亲将兵下江西、克湖广、平伪汉，陈友谅大军屡出而无东顾之忧，皆以公之扞蔽也。丁未，大军克姑苏，士诚面缚。上以姑苏承士诚割据之余，力战乃服，必得刚毅有智略者镇其地，遂以命公。公至，奉宣皇上盛德，纪律严明，号令整肃，军民辑睦，咸得奠安。洪武三年，天下大定。论功行赏，以公有守江阴之功，封爵为江阴侯，食禄二千五百石，赐以铁券，子孙世袭，恩至渥也。广西右江诸州，僻处炎徼，去中国远数千里。前国号为要荒，乍臣乍叛。唐宋以来，羁縻而已。元都北方，相去益远，姑息尤甚。夷俗纽于仇杀，数侵盗边境。五年春，命公将兵讨之。公率兵深入，跋履崇山，践历险阻，剪除荆棘，冲冒瘴雾，勤劳特甚。数月尽

平其地，俘获不可胜计。自是溪洞夷僚畏威怀德，革心向化，输租赋，奉法令，同内地焉。先是，上稽古制，建亲王为盘石藩屏。齐王受封青州，命公营建王府宫殿、社稷。公经营区画，部署军卒，并手偕作，功成而民不知劳。公留青州二载，得疾而薨，享年五十有八。公自起身行伍，至为将帅受封爵，始终一致，有功无过。故其薨也，上深惜之，恩礼有加焉。公存时，以公贵，推恩三代。曾祖三七府君，赠镇国将军、金大都督府事护军，追封颍上县子。姒周氏，追封颍上县子夫人。祖十一府君，赠骠骑将军、都指挥使护军，追封延陵伯。姒刘氏，追封延陵伯夫人。考似龙府君，赠荣禄大夫、同知大都督府事、柱国，追封渤海侯。姒叶氏，追封渤海侯夫人。配高氏，封江阴侯夫人。子男二人，长曰高，神策卫试指挥使；次曰寿安。女三人，在室。公弟祯，亦以勋封靖海侯，追封海国公，先公三年薨。呜呼，古今豪杰之士，际风云之会，攀龙附凤，竭忠勤树勋烈以名世者多矣。未有如公兄弟，同遇圣朝，同立大勋，同膺高爵，辉映赫奕，若斯之盛者也！是宜勒诸贞石，以光前古，传后世而垂无穷，岂止照耀泉壤而已哉。铭曰：

天启洪运，大明肇兴。豪杰率从，雾拥云蒸。桓桓吴公，刚毅英烈。异才间出，万人之杰。天戈义旗，飞渡大江。争先鼓勇，敌莫敢当。既定金陵，亦下京口。公俱在行，厥绩多有。江阴崇墉，东南要冲。屹若砥柱，维公之功。姑苏新附，命公绥靖。纪律严明，大小从令。炎荒僻远，命公徂征。历代羁縻，慕义来庭。功成汗马，名载竹帛。兄弟二人，并著开国。河山赐誓，列侯疏封。庆延后嗣，与国无穷。生荣死哀，富贵终始。进爵上公，锡谥具美。钟山之阴，有碑穹然。勒铭纪功，何千万年。

按：《大明开国辅运推诚宣力武臣、荣禄大夫、柱国、同知大都督府事、江阴侯、追封江国公谥襄烈吴公（良）神道碑铭》见明程敏政编《明文衡》一百卷，皇明文衡卷七十三，四部丛刊景明本。

虢国夫人于氏(俞通海妻)墓志铭

洪武二十一年(1388)

　　虢国夫人于氏，赠虢国公俞通海之妻也。年十九岁，归于俞氏。勤俭不二，循循有妇道。时元末，政化不行，天下兵起，所在骚然。田野之民，□不弃耒耜，执戈矛以为保身，□妻子□□。虢国公亦与邻里团结，以护乡间，久而势不可释，遂因大明之兴而委身焉。东征西伐，岁无宁居。夫人治家凛然有法，虢国公亦自以为不及也。吴元年，虢国公战死于苏州，夫人寡居，依于今南安侯俞通源。侯，虢国公弟也。洪武二十一年夏六月己未，夫人以疾卒，享年六十岁。以是年九月廿六日葬于聚宝山之原。呜呼！世降道微，礼义不立，□夫人之始终一姓而无变者，甚不多见。谨刻于石，□藏诸幽，以告于后云。洪武二十一年。

　　按：《虢国夫人于氏（俞通海妻）墓志铭》见虢国夫人于氏墓志，南京博物院藏。该墓志1978年11月出土于江苏省南京市戚家山北坡俞氏家族墓群。青灰石质，志盖已不存。墓志长77厘米，宽76厘米，厚10厘米。志文书体为楷书，16行，满行18字。

南安侯俞通源墓志铭

洪武二十二年五月（1389）

南安侯俞公讳通源，字佰川，凤阳临淮人，虢国公通海之弟也。公之兄当元季之乱，起兵来和阳，效忠于国，大勋方集，不幸而逝，乃追封为虢国公。公始年少时，亦从兄于戎伍间。至丁未，克苏州有功，命为平章，守江淮省。洪武己酉，同总兵官取燕赵、齐鲁之地，克西京汴梁、陇西诸郡。三年之间，悉定中原。旋师之日，定功行赏，因世其官，授以开国辅运推诚宣力武臣、荣禄大夫、柱国、南安侯，食禄一千五百石，仍使子孙世袭其爵。自是而后，征西蜀，征沙漠，征甘肃，皆有功焉。洪武癸亥，命守云南，征广南。戊辰，征蛮夷。八月有诏回京师，至己巳三月二十九日以疾薨于家，享年四十有四。夫人吴氏，子男一人，曰祖，女三人。以是年五月初二日葬于江宁县聚宝山之原，纳诸圹中。呜呼！兄能立功于前，弟□□悉授封爵□于乡里，以显祖宗，传之子□□可□□□□□□哀。何憾焉千万。

按：《南安侯俞通源墓志铭》见 南安侯俞通源墓志，南京博物院藏。该墓志1978年11月出土于江苏省南京市戚家山北坡俞氏家族墓群。墓志为青灰石质，长78厘米，宽78厘米，志盖厚7厘米，志盖厚8厘米。质盖上篆书："开国辅运推诚宣力武臣荣禄大夫柱国南安侯俞通源之墓"24字。志石缺右上角，志文书体为楷书，18行，满行19字。

敕赠开国辅运推诚宣力武臣、荣禄大夫、柱国、安陆侯、追封黔国公谥威毅吴公（复）神道碑铭

洪武三十年十月（1397）

○刘三吾

上之洪武二十六年冬十月二十九日，安陆侯吴公薨于云南军中。讣闻，上为之震悼，辍朝。明年春正月晦，枢车至龙江，遣官祭奠，赐宅兆钟山之阴。翌日，诏礼曹定议，追封黔国公，谥"威毅"。其葬之二月二十二日，驾出太平门，高冈望祭。既襄事之三年，洪武之三十年十月己亥，皇上御奉天门，以工部奏公碑已具，惟文未有。敕词臣臣三吾等文之，镵诸石焉。臣职在扬厉，不敢控辞。谨按其状，叙而铭之。

公讳复，字伯起，姓吴氏，庐州合肥人。贵由公始。曾太父伯七公，追封句吴子，妣严氏句吴子夫人。太父省三公讳虎，赠昭勇将军、亲军指挥使，追封保信伯，妣朱氏保信伯夫人。父万一公讳海，赠镇国上将军、金大都督府事，追封安陆侯，妣耿氏安陆侯夫人。

公生而沉鸷，少言笑，勇略过人。当元季，宇内幅裂，群雄蜂起，念不能坐受鱼肉，必有真主方得拔迹。至正甲午，首自梁县仗剑伏谒今上于淮右。上察其底里无他，俾领前驱，克滁州、下汤泉、六合等寨。乙未夏六月，从龙济江，取采石、太平，继当句容、溧水。丙申春二月，破台中丞蛮子海牙水寨，进攻台城，功先诸将。授管军总管，调之镇江、丹阳、金坛，兵至即下。丁酉三月，授元帅，击江阴、无锡，下之，还守常州。戊戌夏四月，姑苏张士诚军奄至，致死力争，公跃马手矛追奔之。己亥夏四月、九月、十月，连攻士诚军于高桥，于太湖，于常州。庚子夏五月，破常熟西门。辛丑夏四月，张盛气取偿所丧，败于太湖。冬十有一月，又败于长兴，俘斩五千余，张愤屡衄。癸卯春三月，悉众围刘福通于安丰，公随驾往击，率先陷阵，大崩其军，俘获士马资仗无算。嗣是，张为之夺气矣。甲辰春二月，领战舰哨江，败敌于黄山，杀伤过当。三月，从徐公今中山王围庐州，五阅月未下，手枪大呼先登，挫敌楼儿张前锐，擒其渠帅，连士马，遂克之。时常公今开平王已南定荆湖，有旨授公指挥同知、振武卫，镇沔阳。元同金任亮者栅安陆，拥兵肆疏。五月，开平总大军复襄汉，公将其先锋，自沔倍道径诣安陆，州兵大溃，

生缚亮以归。上命留镇其地，威谵德怀，款附日至。雍荆蓁，宇公私舍，栖堞隍堑、粮储甲仗无不毕具，兵民倚赖焉。

戊申春正月，上即皇帝位，国号大明，改元洪武。其秋，拔麻张寨洪山。冬十月，克汝州、鲁山，以功真授怀远大将军，同知安陆卫指挥。二年春正月，取勋县、均州、房州诸栅，险以自豪者悉就削平。三年春正月，踣易文通寨，卤伪官及寇三百余。二月调征陕西定安州，元大将扩廓帖木儿逆战，走之，擒李、区二平章等官、兵士七百余、驰马七百二十蹄。夏五月，征吐蕃，克河州，袭元豫王卜纳王马速院使，至西黄河，抵黑松林，杀阿撒秃干乃还。秋八月，拔南郑，回安陆。冬十有一月，受世袭之命。四年夏五月，从颍川侯平西蜀。五年夏四月，从卫国公平九溪、柿溪、辰州诸蛮，俘峒酋、没则蜓蛮三百余。秋八月，帅各卫兵会王都督夹击散毛峒。九月，回本卫，进官镇国将军，金大都督府事。十年，授世袭昭勇将军、指挥使。十一年，从西平侯再征吐蕃。十二年，振旅京师，赐钱券，号开国辅运推诚宣力武臣，阶荣禄大夫，勋柱国，爵安陆侯，食禄二千石。十三年，徙镇北平。十四年，从颍国公征云南。冬十一月，破阿贾榜土者月等寨。十二月，得普定城。之十五年春正月，破西保、阿驴等寨，城水西守之。夏五月，破客里硬、华楚硬、木冈硬等寨。秋八月，取关索岭。九月，赴援盘江。十六年春正月，克墨定苗寨。秋八月，克比纳寨，而旧病金疮复作。驿闻，亟遣尚医医之，已无及，竟薨于水西矣。

最公自结发从军，三十有余年。马蹄所至，由淮而浙、沔汉，穷梁雍以西，前后俘馘诸蛮峒七百四十有五，招捕华楚硬等寨三百有一，户四千七百有九。往往冒险矢石，体无完肤。平居同辈中，语及征战事，一不自口其能。至临敌对阵，则气机横发。是故所至，无坚不溃，无攻不克，斯其树立之俊伟者也。于乎！天以我皇上人是一统，再造斯世，则必笃生名将为之恢廓。徐、常两王开之于其前，黔国诸贤佐之于其间，此其事业相望，忠义所贯，岂不与我国家河山带砺同亿万年无疆之休也哉！公生至顺辛未某月某日，薨之年春秋五十有三。室采氏，从封安陆侯夫人。男六人，长曰杰，试骁骑右卫指挥使，袭封安陆侯；次曰佑、曰仪、曰伟、曰伦、曰重喜；女六人，长为齐王妃，次纳赘谭信，次适昌乐侯子智，次适前军都督子谨，余尚幼。公在普定买妾杨氏，年甫十七。当公殒时，恸哭已，即沐浴更衣，自经以死。事闻，上叹异久之，锡封贞烈淑人，从公葬墓下，仍旌表其门云。铭曰：

圣皇受命，龙兴凤阳。风云庆会，神灵效祥。徐常两王，功臣第一。继有吴侯，奋自梁邑。委质以来，戮力输忠。由淮而浙，屡衄寇锋。振武开卫，沔阳驻节。民资以绥，兵藉之辑。元有余孽，邈在西陲。公鼓其勇，彼窘于追。旋师未几，云南肆伐。威风所暨，莫不震怛。掉鞅之遥，九围半周。一疾水西，竟是弗瘳。人之盖棺，旋踵朽息。公有哀褒，于黔之国。谁谓蛮姬，以死从公。谁谓公死，不磨者功。惇史勒铭，征诸尔后。尔后克炽，我铭孔寿。

按：《敕赠开国辅运推诚宣力武臣荣禄大夫柱国安陆侯追封黔国公谥威毅吴公（复）神道碑铭》见明刘三吾撰《坦斋文集》二卷，卷上，明万历六年（1578）贾缘刻本。

故推诚辅运宣忠效力武臣柱国后军都督府左都督西宁侯宋公(晟)神道碑铭

永乐五年(1407)七月

○杨士奇

永乐五年七月某日，推诚辅运宣忠效力武臣、柱国、后军都督府五都督、西宁侯宋公终于肃州。讣闻，天子悼叹，遣官赐祭，敕有司给传，还其丧。明年夏，至京师，葬聚宝门外其考之茔之次。

公讳晟，洪武中所赐名，其字景旸。宋世家凤阳之定远。元季，我太祖皇帝龙兴。岁壬辰，公随父朝用兄国兴来归。明年，从克濠州，又从战败贾鲁，父兄并以功授万户。甲午，从张天佑克五河、泗州、盱眙，又并进总管。乙未，从上克和州，渡江下采石、太平，总管邵荣等潜有异谋，国兴察知以闻，荣等伏诛。从克溧阳，进攻南台，国兴战没，命公袭兄职。丙申，从攻陈额森水寨，克之，遂从克南台，公父升广德元帅。丁酉，随广德公克宣州还，改广德公天宁翼元帅，以老，留建康。公从邓愈克徽州，受功赏。戊戌，召入侍卫。己亥，袭天宁翼元帅。庚子，调征饶州及江西诸郡，以次平。赐袭衣文绮，命充统兵官，平诸山寨。洪武元年，克建宁，遂留守御。新定官制，实授武德将军、建宁卫正千户。四年，升怀远将军、建宁都指挥使司都指挥同知。冬，召还，升江西都指挥使。九年，调大同，授龙虎将军。十一年，调陕西，所至治兵抚民，不严而肃。十二年，掌凉州卫。十三年，逐北兵至白城，获其人马甚众。十五年，父病，诏公还侍。又三年，父没。既襄事，复镇凉州。寇时数为边患，公率兵讨之，追至额齐讷之地，斩其凶渠伊苏尔沁等，及其众无算，余悉生絷送京师。时又招降敌伪国公吴巴都等万八千人，而送其酋长衮布达喇等百五十人诣京师，简其壮者傅卒伍，余悉处之善地，俾耕牧自便。驿召公还京，奖谕再四，赐赉甚厚，复镇凉州。十九年，召还，升骠骑将军、右军都督府督都佥事，赐钞文绮，以其官赠其三代，仍镇凉州。二十三年夏，遣中使就赐白金及钞，至秋，复三遣赐钞文绮，授制谕充总兵官，征哈密，勒破之。哈密者去肃州千余里，敌所城也，时诛其王子伯勒齐尔等三十余人，获虏众千三百人及金印一、银印二，悉送京师，所获马、牛、羊咸给将士。二十五年，复充总兵官，征罕都西番叛寇，诛擒七千五百余人，获马二千五百，牛羊十万，遂还京师。

二十七年，调中军都督府。是岁敌寇辽东，命充副总兵，率兵讨之，遇战嫩江，获敌众千余，马倍之。明年，广西岾幪诸寨连结为乱，命充右副总兵，往征之，诛擒七千余人，贼平，还京。又明年，总羽林八卫兵往平五开龙里十三洞之寇。三十一年，率师城万全诸卫。归二年，出镇甘肃。

太宗皇帝初临御，公朝京师，升后军都督府左都督。永乐元年，授平羌将军充总兵官，仍镇甘肃。三年，寇日益聚近边，公遣人谕以朝廷德意，其酋长巴图特穆尔、娄图尔函率部众五千，马驼万六千来归，边境底宁。事闻，敕赐奖谕，命都督徐膺绪、尚书赵羾持节，即军中封西宁侯，赐推诚辅运宣忠效力武臣、柱国，仍后军都督府左都督，食禄千一百石，加赐田若干顷。又二年，以疾终享年若干。公曾祖某赠某官，妣某氏赠某夫人。祖某及考皆再赠某官，祖妣朱、妣陈皆再赠某夫人。公之配丁氏、许氏皆封西宁侯夫人，子男几人：某某；瑄，府军右卫指挥使，先公卒；琥，驸马都尉，尚安成公主；瑛，驸马都尉，尚咸宁公主。永乐中，琥袭西宁侯，仁宗皇帝嗣位，琥坐事，改命瑛袭西宁侯。孙男几；某某；杰，金吾左卫指挥使；伟，羽林左卫指挥同知；俊，天策卫指挥佥事；俨，旗手卫正千户；佐，龙骧卫正千户。呜呼！公勋着国家，贵联戚里，庆泽被于后嗣，名声施于无穷，固本于际遇圣明，千载之幸会，亦必其忠义之行，闳远之材，克勤始终，有以迓承之矣。故既述其事于碑，又系之铭曰：

天建皇明，龙兴淮土。魁智杰能，如云从附。定远密此，犹汉沛丰。父兄偕来，有伟宋公。义旗所向，仗剑先驱。神武不杀，迎降权呼。长江飞渡，金陵定鼎。分命股肱，出绥四境。于宣于歙，于番于闽。公从总戎，声威日振。瓯宁既靖，公留奠之。进奠藩垣，大江之西。云中在左，分陕在右。公来镇抚，煌煌旌栾。敌窥西陲，公往遏之。斩絷其渠，招怀其余。击寇辽阳，薙薙岭表。如燎灭枯，如铁摧朽。马迹所历，几周四遐。桓桓之志，无康于家。文皇临御，亲任旧老。自西来朝，苍颜白首。天子曰："嘻！卿宜在廷，纾予西顾，孰乎愈卿？"公曰："臣职，及臣未衰。"西人忻忻，迓公复来。鞠躬尽瘁，遑敢怠宁。边人恃公，屹然长城。宣上德恩，洽于遐外。毫倪毕归，如川赴海。天子曰："嘻！维时茂勋，崇爵丰禄，予慰乃勤。"维公遭际，实多父兄。伟绩贤称，晚而益闳。存没荣哀，归从先兆。来世莫京，由公所肇。墓道有石，其崇九尺。太史述铭，永耀无极。

按：《故推诚辅运宣忠效力武臣柱国后军都督府左都督西宁侯宋公（晟）神道碑铭》见明杨士奇撰《东里文集》二十五卷，卷十二，清文渊阁四库全书本。

奉天靖难推诚宣力武臣特进荣禄大夫柱国前军都督府左都督永康侯追封蔡国公谥忠烈徐公(忠)神道铭

永乐十一年(1413)十一月

○杨士奇

公讳忠，字仲达，姓徐氏，世家庐州之合淝。父讳用，元季守宣城。我太祖皇帝兵至宣，率众归附，命仍其职，遂从征讨，以功实授管军百户。从守南昌，进武略将军、河南卫副千户。洪武壬戌，自陈老疾，命公代之。丁卯，从征北边至喀尔喀之地，还城大宁，无几，调大宁备御。戊辰，从征金山之寇之为边患者，屡战败之，获其牛马辎重，赐白金钞币。庚午，运兵饷数十万斛赴温口，遂从征乃儿不哈。大败敌众，俘获其人口万余。总兵遣公护送入关，公悉心抚恤，俘者如归。升济阳卫，世袭指挥佥事。乙亥，城怀安、万全。丙子，率兵从征北边，至驴驹河而还。丁丑，往镇开平。己卯，太宗皇帝举北平之师，公首从义旗。克密云，克雄县、真定，取永平，克大宁，还战郑村坝，取广昌，蓟州，战白沟河，皆奇功。进攻济南，克沧州，大战东昌及夹河。攻彰德，破西水寨，克东阿、东平、汶上，大战灵璧，遂从渡淮及江至京师。公临战奋勇，百夫莫当，出入敌阵，率在众先。白沟之战，敌挥刃斫公两指未殊，公自断指掷地，裂衣帛裹创，仍奋进战。其驭士卒，抚恤诚至，人人归心，而号令严明，所过无扰。上行师，恒饬诸将毋枉杀，曰："吾奉天吊民，厉民违天，何望有济?!"公承命惴惴，惟执兵迎拒者不容，而诱谕招徕，绥抚降附多效力焉。其以功进官，自指挥同知历都指挥佥事，授奉天靖难推诚宣力武臣、特进、荣禄大夫、柱国、前军都督府左都督、永康侯，食禄千一百石，子孙世袭，赐诰券，追封曾祖六二、祖七九及考皆永康侯，曾祖姚陶、祖姚王、姚康皆永康侯夫人。永乐己丑暨癸巳，车驾巡狩北京，仁宗皇帝兼国，上以公敦厚老成留之，南京兵政一以任公。公小心寅畏，清静简易，上下咸宜之。一日夙兴，盥栉衣冠坐都督府，得风疾遽卒，癸巳八月二十四日也。上在北京闻讣震悼，辍视朝一日。遣官赐祭给赙，命有司治丧葬，追封蔡国公，谥"忠烈"，并加封其三代考皆蔡国公，姚皆蔡国夫人，配亦蔡国夫人。仁宗皇帝在东宫遣祭赉赐甚厚。公沉毅质恪，有孝行，旦暮出入，必诣见家庙。事继母敬爱，兼至小有训责必跪受，虽贵不变。所得上赐，必谨视之，约己守法，未尝有过。接人恭谦，和气满容，语简而诚，洞见底里。春秋五十有二而卒，卒之岁十一月二十七日，葬江宁县安德乡长岗之原。子男二：安、山寿。安，袭侯爵。女二，长适指挥使孙竑，次适沐俨。安奉国子祭酒贝公泰所述事状，求文刻神道之碑。士奇与公，同朝十有余年，后同侍监国相厚，知公之行加详，故为序而铭之。铭曰：

桓桓徐公，为时虎臣。袭家之勋，奋武以振。天启圣明，义旗爰举。挺诚来从，股肱之辅。皇麾所指，公迅前驱。谁抗谁御，拉朽折枯。神武不杀，公行圣志。来迓来归，抚绥勤至。仁施如春，义行如秋。公实左右，威怀并流。黿鼍既安，氛翳咸廓。宗社再隆，褒功命爵。悃愊无哗，厚重靡迁。貂蝉充庭，孰愈公贤。銮舆北狩，圣储监国。峙武以卫，孰优公德。肃肃小心，温恭靖嘉。岿焉老成，为国之华。维孝维忠，在公允蹈。宜贵宜富，曷不耆耄。都门之南，聿崇起坟。过者下车，视兹刻文。

按：《奉天靖难推诚宣力武臣特进荣禄大夫柱国前军都督府左都督永康侯追封蔡国公谥忠烈徐公（忠）神道铭》见 明 杨士奇撰 《东里文集》二十五卷，卷十三，清文渊阁四库全书本。

故西宁侯夫人叶氏(宋晟妻)圹志

永乐十六年(1418)六月

永乐十六年六月初七日，故西宁侯宋公讳晟之贤配叶氏卒。讣闻，赐祭文、赐诰，追封为西宁侯夫人。恩至隆也。宋公少随父兄事太祖皇帝，以军功累官至建宁、江西、大同、陕西四都司指挥使，遂升右军都督府签事。皇上正大宝之初，又升后军都督府左都督，制授平羌将军总兵镇甘肃。永乐三年，封西宁侯。永乐五年，于甘肃终焉。夫人世家建宁，父文复。夫人天资温柔端重。年十七，归宋氏。恪勤妇道，综理家政，悉有礼法，德惠所及。族姻咸宜，闺庭之间，以肃以和。生子男二人：长琥，尚皇女安成公主为驸马都尉，袭封西宁侯；次玘。女一人，嫁肃州卫指挥张镇。孙男四人：长福寿，上所赐名；次智坚、智满、吉祥。孙女四人：长善祥、次善财、次福奴、次海福。夫人生丙申正月五日，享年六十有三。以卒之年八月二十五日，祔葬城南雷家山之原先侯兆次。惟夫人躬秉淑德，才于勋贤。用生令子，克笃孝敬。为国至亲，家享贵富。哀荣之典，光贲始终，何其盛也。用志其概，于幽堂垂不朽焉！永乐十六年岁次戊戌八月壬寅日志。

按：《故西宁侯夫人叶氏（宋晟妻）圹志》藏于南京市博物馆，出土于南京市雨花台区郎家山明永乐十六年西宁侯宋晟夫人叶氏墓。

故西宁侯夫人丁氏(宋晟妻)圹志

永乐二十二年(1424)三月

　　夫人丁氏，世家凤阳之寿州。父总管以善行著称乡里。夫人年十三，归同郡宋侯晟。时，侯之父朝用、兄国兴方从皇帝渡江，征伐四方。侯居行阵间，数着劳效。洪武初，累功升怀远将军、建宁都指挥同知，继升骠骑将军、江西都指挥使，又调大同、陕西、凉州都指挥使。久之，还京师，升右军都督府佥事充总兵官。仍守御凉州，剿捕西北余寇，由是功烈益懋。天子嗣位，升后军都督府左都督拜平羌将军，总兵镇甘肃。永乐三年，封西宁侯。时家益贵显，而夫人克谨礼法。闺门之内，严而有恩；亲疏长幼，罔不顺适。又二年而侯终，越十又一年，叶氏夫人卒，追封西宁侯夫人。其所生男曰琥，驸马都尉袭封西宁侯，尚皇女安成公主。许氏所生男曰瑛，驸马都尉尚皇女咸宁公主。夫人皆爱之过于己子。妇行纯备，姻族罕比。春秋八十有四，其生之日辛巳九月十九日也，卒之日永乐甲辰二月晦日也。以次月二十一日葬城南雷家山先侯墓右，丧事皆琥主之。夫人丁氏，生男一人曰瑜，早逝。孙曰胜保。女适甘州右护卫指挥历真。于戏！夫人秉案顺之，德自节发，归宋遭遇，享有富贵，终以寿！考其荣盛，可谓至矣！是用备书其实，刻石以垂永久云！永乐二十二年岁次甲辰三月丁酉日志。

　　按：《故西宁侯夫人丁氏（宋晟妻）圹志》藏于南京市博物馆，出土于南京市雨花台区郎家山明永乐十六年西宁侯宋晟夫人丁氏墓。

追封西宁侯宋公(朝用)墓碑

宣德元年(1426)

○杨荣

　　自昔帝王之兴，必有英贤之辅翼，然后戡定祸乱，以成大业。我太祖高皇帝，膺受天命，龙兴濠泗。于是，虎贲鹰扬之士，乘时而出，云合景从。不数年间，芟夷群雄，荡平宇内，遂正大统，何其盛哉！方其时，凤阳之定远，宋公隐约田里，抱负才气，慨然欲自见于当世。适元政不纲，四方骚动，因窃叹曰："国事如此，将必有真主受命而兴乎。"及闻太祖兴兵，远近咸附，即偕其子国用、国兴及晟上谒，时得参豫谋议。是岁壬辰，随军克濠州，复征贾鲁，败之，即授总管万户。甲午，从克五河、泗州、盱眙等处，并子国兴俱授总管。乙未，又从征和州，渡江下采石、太平，遂攻溧阳。丙申，从征蛮子海牙水寨，破陈也先营，克复建康，授广德元帅。丁酉，克宣州，遂留守御。改授天宁翼元帅，以年老还建康。晟累征伐有功，先以兄国兴殁于王事，命袭兄职。己亥，始得代公为元帅，公即以耄疾闲居，每奋曰："吾父子幸际圣明，以开万世太平之业。惜吾老不能效尺寸，然犹有望于吾儿竭尽忠尽耳。"厥后，晟积功累至龙虎将军、山西大同都指挥使。洪武乙丑，公以疾没，上命治坟茔于京都聚宝门外雷家庄。葬焉，给赐其家甚厚。岁丙寅，晟为右军都督佥事，遂得推恩以其职，封公阶骠骑将军。晟即调中军，累充总兵，征伐迤西及辽东五开诸处，临机决胜，茂著勋绩。太宗皇帝入承大统，晟朝京师，升后军都督府左都督。是年，选晟之四子琥为驸马都尉，尚安成公主。继而兵部言晟之第二子瑄，先任府军右卫指挥使，而战死于灵璧。为请上，特命晟之第六子瑛袭瑄职。永乐甲申，瑛复选为驸马都尉，尚咸宁公主。晟既佩平羌将军印，总兵甘肃，号令严整，奠安一方，而西北部落相率降附，赐敕褒谕，由是进封西宁侯，食禄一千一百石。丁亥七月，晟以疾没。官归其丧，葬南京之祖茔。以琥袭爵。甲辰，仁宗即位，琥以事削夺。洪熙元年春正月，命驸马都尉瑛袭父侯爵，并署宗人府事，给予原禄，子孙世袭。公讳朝用，今上即位改元宣德，始加公及公之考壹皆为西宁侯，妣朱氏，配陈氏皆为西宁侯夫人。男七人：长曰国用，早世；次国兴，以功授总管，殁于王事；次国祥；次晟，累官至后军都督府左都督，进封西宁侯；次昱，任山西布政使；次晔；次旻。女，若干人。孙男七人：茂、瑄、瑜、琥、玘、瑛、瑾。孙女若干人。曾孙男若干人：曰杰，任金吾左卫指挥使；曰伟，任羽林左卫指挥同知；曰俊，任天策军指挥佥事；曰俨、曰佑，俱任正千户。瑛间尝告余曰："惟瑛菲薄，叨承祖父遗烈，得以联姻戚里，享有封爵。斯实先德敷佑所致，其奚敢忘？然夙夜思，惟吾祖当草昧之初，遭遇太祖皇帝兴王之运，与吾父两世戮力，屡从征伐，茂著勋庸。而吾祖不幸年迈，负疾家居，厥功弗显。瑛邱荷余荫，叨有厚禄，今蒙国家恩荣盛典，宠贲九京，而墓碑无文字何以示后？幸赐一言，以褒拂之。非惟足以彰朝廷之厚恩，尤足以昭先德于无穷也。"予弗获词，因为叙其梗概而系之，以铭曰：

昔在太祖，受命而兴。天戈所响，莫之敢婴。贤豪景从，云龙凤虎。经营四方，罔不顺附。维时宋公，默识事机。发迹田野，真主是依。岂惟公能，公又有子。竭诚效忠，折卫御侮。群雄剪除，公亦年耄。负疾家居，辞荣履道。子既克肖，懋建厥功。诸孙实贤，爵位益崇。九京茫茫，不可复作。龙光昭回，以慰冥漠。雷庄磐磐，有威斯阡。铭以昭之，永世其传。

按：《追封西宁侯宋公（朝用）墓碑》见明杨荣《文敏集》二十五卷，卷十九，清文渊阁四库全书本。

故奉天靖难推诚宣力武臣、特进荣禄大夫、柱国、中军都督府左都督、武安侯、追封漳国公谥忠毅郑公（亨）神道碑铭

宣德九年（1434）二月

○杨荣

宣德甲寅二月乙丑，奉天靖难推诚宣力武臣、特进荣禄大夫、柱国、中军都督府左都督、武安侯郑公薨于大同。讣闻，上嗟悼，辍视朝二日，遣官致祭，赐棺及赙命有司营葬。追封漳国公，谥"忠毅"。某年某月某日归葬北京之西山婆里。其子能，既袭侯爵，遂具公平生之概来求神道碑铭。予尝叨总史职，不获辞，乃为序次之，曰：公讳亨，世家庐州合肥。曾祖五乙、祖大几、父用以公贵，俱追封武安侯，曾祖母刘氏、祖母张氏、母英氏俱追封夫人。昔我太祖高皇帝龙兴淮甸。公之先君子自和州率先应募，积军功授平阳右卫百户升大兴卫副千户。岁癸亥，公始袭父职。公天资刚毅纯笃。壬申，出使漠北至鄂诺河抚辑鞑靼还，以劳升密云卫指挥金事。乙卯秋，太宗文皇帝举兵靖难，命公攻蓟州。时都指挥马宣城守不下，公百计破克之，遂生擒宣归。旋攻雄县，讨真定，俱大克捷，升指挥使。及辽东军围永平，上亲率诸将援之，公贾勇奋进，敌遂披靡，旋师收大宁，升北平都指挥金事。未几，战郑村坝，克紫荆关，复广昌，所向无前。明年庚辰，取蔚州，下大同，大战白沟河，乘胜逐北，直抵济南，升都指挥同知。沧州之役，公军北门。北门刍粮所聚，两军必争之地，公力战破之。又明年辛巳，败顺德军于深州夹河，决战剿戮尤盛，藁城，西水寨连战俱捷，遂耀兵广平，略地彰德，所至皆下。是冬，升中军都督金事。岁壬午，从上南向历取诸县及东平、汶上等堡，对敌小河，鏖锋灵璧，捣泗州，取镇淮，渡江克金川门。内难既平，上正大统，策勋颁爵，封公武安侯，阶勋如前，白金文绮袭衣，前后赐赍不可胜计。永乐癸巳夏，奉命出关巡视山川险易，抚辑军士。时关外军卫，统摄无纪，遇有边警，猝难制敌。公因奏调大同前卫带管东胜等卫，措置得宜，自是各卫皆从所隶，以听调用。寻奉敕领士卒筑长安岭城，规画有方，人不知劳，未逾月而城成。岁庚寅以来，上屡亲征朔漠，公扈从每著劳绩，仁宗皇帝嗣位，念公旧德，特赐佩征西前将军印，充总兵官镇守大同。严斥堠，固屯守，敌人远遁不敢窥边。居常以清介自将，服食之奉，泊如也。用是下人毋扰，边境辑宁。宣宗皇帝倚任尤重，屡降玺书褒异之。公生元至正丙申，至是

享年七十有九。配夫人张氏，子男三人，长即能，次熙，次嘉。女二人，长适王友贤，次尚幼。孙男一，孙女一。于戏！自古帝王之兴，必有才雄智勇之臣为之左右。以裁靖大难，垂不刊之功，故其子孙亦世有爵邑。与国咸休，永无穷之。闻若公遭遇太宗，竭诚效力，奋不顾身，崎岖战阵，以佐助翊戴，奠安宗社。追扈从北征，镇安边陲，其奇能伟绩，辉映后先者，何其盛哉！是宜勒铭丰碑，昭示后世焉。铭曰：

于皇太宗，有臣忠毅。克殚心膂，助顺举义。崎岖战阵，奋不顾身。祗奉神谋，用成大勋。皇帝曰：吁！有臣如是。惟天所生，皇考所遗。从征漠北，屡效驱驰。出镇边陲，敌不敢窥。长安之岭，其城万堵。营之筑之，士不知苦。盛福遐龄，逮事四朝。功成不有，位高不骄。天不慭遗，殄伤元老。时论兴嗟，圣情悲悼。圣情悲悼，慨念元功。式昭褒典，赐谥追封。婺里之原，西山之麓。郁郁松楸，佳城是卜。纪行有史，铭功有词。后百千祀，视此丰碑。

按：《故奉天靖难推诚宣力武臣特进荣禄大夫柱国中军都督府左都督武安侯追封漳国公谥忠毅郑公（亨）神道碑铭》见明杨荣《文敏集》二十五卷，卷十七，清文渊阁四库全书本。

大明故平江伯陈公(佐)墓志铭

正统元年(1436)十二月

○王英

中宪大夫、詹事府少詹事兼翰林侍讲学士、国史总裁兼经筵官太原王英撰。

儒林郎、大理寺左寺副华亭张黻书丹并篆盖。

正统元年八月丁丑，平江伯陈公卒。讣闻，上辍视朝。□日遣官赐祭，命有司治丧事，公之弟仪述公事。行请铭，以卒之年十二月庚申日葬公于应天府大山之原。按状，公讳佐，字叔辅，世居庐之合肥。曾大父讳宗政，大父讳闻，父讳瑄，奉天翊卫推诚宣力武臣、特进荣禄大夫、柱国、平江伯赠平江侯，谥恭襄。母夫人汤氏。公端重颖敏，酷好书史。从师授学，不专于记诵，必探究义理，往往发为文词。至于韬略之书及古将帅传记，皆博览不遗。

永乐初以功臣子弟练武京师，扈从北征沙漠，而恭襄则出镇淮南，总漕运之师。已而公自京往淮，侍恭襄朝夕承教训惟谨。凡有政务当裁决者，恭襄辄以试公，公剖析皆善。江淮将士暨南北士大夫往来者皆知公之贤。大父年逾八十，丧明，公奉之弥谨。恭襄晚有足疾，公扶侍未尝离侧。及疾笃，吁天请以身代。恭襄没，公袭伯爵，承命往顺天诸府理马政。初，武臣往者暴，刻取民财。公往，携二童，乘一马，饮食亦皆自给，道路为之称颂。上以即位改元，择廷臣分祀百神，公往武当。过淮，故部曲皆迎拜，恨不得公之镇淮也。公自恭襄没，哀毁得疾，至是竟不起。

生洪武丙寅十二月初六日，娶马氏，封夫人。子二人：豫、祐。孙男一人：陈镐。公谨直廉正，而敦于孝行，处诸弟和。诸弟中，仪有才学勇智，授官为勋卫，善事其兄。一门之内，蔼然雍肃。虽本于恭襄之训，亦公之善继其志如是也。惜未享其年，茂建功伐。然论公平生，可无愧作。墓宜有铭，以示永久。铭曰：

伟哉陈公，恭襄之子。笃于孝友，诵习书史。嗣有名爵，克绍元志。宣力效劳，方大其施。年止于斯，孰不增唶！大山之阳，佳城峙峙。刻兹铭词，垂耀永世！

按：《大明故平江伯陈公（佐）墓志铭》现藏江苏省南京市江宁区博物馆。

2003年4月出土于南京市江宁开发区秣陵党家村静龙山工地明陈瑄家族墓。大明故平江伯陈公墓志铭，青石质，方形。长宽各46.4厘米，厚7.4厘米。志盖残损严重，可见朱文篆书："大明故□江伯陈□墓志铭"8个字。志文刻字27行，满行28个字。

故驸马都尉西宁侯宋公(瑛)墓志铭

景泰五年(1454)十二月

○王直

荣禄大夫、太子太保兼吏部尚书泰和王直撰。

奉议大夫、兵部郎中、前中书舍人东吴沈为忠书。

嘉议大夫、太常寺卿兼经筵侍书广平程南云篆。

宋氏，凤阳定远人。公之祖朝用，初从太祖皇帝起兵定天下，以才武见称，为总管，大功未成而卒。公之父晟继之，南征北伐，皆有劳绩，而在西最多，遂进封西宁侯。公其第六子也，讳瑛，字文辉。自少聪敏，颖然出侪辈。其才足以有为，太宗文皇帝奇之。公之兄瑄，尝从征伐，积功至府军右卫指挥使以卒，乃命公袭其职，综理军政，统驭下人，不畏且爱者，上益以为可用。永乐元年，选尚咸宁公主。时兄琥亦有尚主之命，俱授驸马都尉。当时荣之。然公之宠眷特深。五年，遭先公丧，葬祭无违，上益欲充其才器而用之。凡有重务，必以任公。勤劳出入无宁岁，而其见于事为者，皆翕然有誉于上下。及巡幸北京，遂以公自随。十九年，丁母许夫人忧。哀恸之至，几欲无生。躬营葬地，必尽其诚。二十二年，敕公以家来北京。仁宗皇帝嘉公之行，曰："是必有令子。"赐其五子名而授以官。长杰，金吾左卫指挥使；次伟，羽林左卫指挥同知；次俊，天策卫指挥佥事；次俨，旗手卫正千户；次佑，龙骧卫正千户。各赐以所服金银带、纱帽、靴袜、白金五十两，食其禄不事其事。惟杰则赐带视二品，盖异恩也。又命公掌宗人府。宗人府，主宗室之政令。旧制必以亲王领之，否则命亲戚之贤者摄焉，不轻以畀人，至是特以命公。洪熙元年，命袭封西宁侯，食其父□禄，追封三代，皆西宁侯，锡之诰券，子孙世世承袭。遣行人卫恕，致命于其家。赐祭其祖考，赐公白金八十两，彩币四表里。寻命往祀，赐钞五千贯。宣德三年，皇帝初正位东宫，遣公告□命。公持节行礼，赐白金五十两，彩币四匹，有副□，封成国。命公持节，赐白金彩币，如东宫之数。凡□朝廷有事，当告天地宗社，及诸王府册封，车驾巡边谒陵，择大臣留守京师，五军都督府事，当有所付属，公必首被命。益其才德足以当之也。正统十四年六月，边报虏入寇。上命大同守将皆等夷，不足以齐众，命公总督其事。公至，整肃诸军，严守备，下令曰："寇来当慎重，勿与战。徐察可否，待命而后动。违者斩。"俄而寇至，什什伍伍，且前且却。诸将谓其可乘，遂进兵。公亟传令止之不及，反为贼所乘，遂陷焉。七月十五日。文武吏士凡知公者，皆哀之。上即位，悼念不已。命杰袭封西亭侯，而待之加厚。杰兄弟以景泰五年十二月初八日，奉葬于应天府溧水县长寿乡团山之原，与咸宁同兆，而相与谋曰，吾父德烈显于世久矣，葬而不得铭，则何以传世久远。介前府经历项□来请焉。夫君子之事，上也必以忠义为本，而敬慎行之，不以生死祸福易意，然后能卓然有所立。虽或不幸，不克如其志，而其所立，盖有不随死而亡者矣，若公是也。直尝从公留守京师，知公德为详而真，亦辱爱于公，则今之墓铭，奚可辞。铭曰：

宋氏之先，实从太祖。父子相继，□□□□。遂启侯封，以及于公。联姻戚里，孰比其隆。公在朝廷，敬恭□□。……维公可属，边尘茫茫。公往视师，公归无时。怆以其悲，德□不□。公则多子，多子多孙。□□……公墓在焉。□此铭□，以永其传。金陵□□镌。

按：《故驸马都尉西宁侯宋公（瑛）墓志铭》现藏南京博物院，1974年出土于江苏省南京市溧水区北10公里原乌山乡团山西麓明咸宁长公主及驸马宋瑛墓。墓志长92厘米，厚13.5厘米。

明南京尚宝司卿从祀祠乡贤理学拟谥肖谦蔡公(悉)墓志铭

万历四十八年(1620)

○沈㴶

赐进士第、南京礼部侍郎、前翰林院侍讲学士乌程年侄沈㴶撰文。

赐进士第、南京刑部员外、前特授吏科给事中吉安友弟邹元标书丹。

万历乙卯，符卿蔡年伯八十考终，小子㴶得讣南都，不胜泰山梁木之感。越五年，己未，蔡君慎大等持状以志铭相属，小子㴶尝典史牒，矧辱世谊，何敢谢弗文，孤千里命？

按状：公讳悉，字士备，别号肖谦，世居庐之合肥。盖蔡氏之德肇于始祖福，衍于高祖小乙，而大于曾祖清公，其祖裡则隐□□倍焉。裡之子七，次六曰廷用，是为公父，□□□□□不妄动，不苟颦笑，忠信孝友兼数世之德而传承之，以公贵，敕封推官，加封吏部主事，配张氏，封孺人，加封安人。先是，张安人孕公，夜数红光现□□，占象者云："当有异人生。"一夕，安人梦月入怀□□□□□七岁就外傅，不喜作嬉戏，日授千言，过目辄成诵。十六岁补郡弟子员，督学黄公目公曰："□□□□当是宇内第一流人物。"公亦毅然以圣贤为己任。戊午，举于乡。己未，上春官成进士。授常德司理，清风直道，吏畏民怀，荆襄间咸呼"包老复出"。闻胡庐山倡明良知之学，北面事之，因悟"毋自欺"三字为孔曾衣钵。开讲院于大善寺，率门人姚学闵等数十人，日究《大学》蕴奥，盖闵等即公辛酉充同考试所论佳士也。三年，奏取擢南考功主政。养病，起验封，复补考功，升祠丞，□□应诏陈言，忤江陵，坐浮躁，降临清州同，改汝州。公浩然曰："道不行矣。"挂冠还里，构草堂，闭户著述，为终焉计。会科道交荐，起判处州府，未任，调泉州。寻升南冏丞，告养回籍，依依两尊人膝下二十余年。于是公之孝思愈笃，德业愈富，东山之望振海内矣。迨司封公服阕，起光禄丞，不两月疏进《大学解》，疏请视朝，疏请皇太子婚礼，疏改南就养，升南光禄少卿，抵任，疏进皇极数言。复以母病乞归，迫未及候旨，被科参，奉圣旨："蔡悉准免究。自古求忠于孝，今后内外大小官有亲老愿求终养者，你部里毋得一概强起留。以示朝廷孝治天下之意。"今外官得例终养，自公始。丁内艰，服阕，起南玺卿，禁地凛凛，勋戚无敢玩法者。闻冯慕岗触楚珰被逮，公欲公疏往救，不得，遂独参珰，附疏乞骸骨，未经部覆，钦准致仕，举朝无不惊讶曰："公去，国不支矣。"公飘然归，有司为增茅舍二楹，前匾曰"大学堂"，为同志论学之所；后匾曰"大学正宗"，奉孔子、颜、曾、思、孟及二程像，朝夕瞻礼，示所愿学。四方负笈者数百人，至如罗近溪、耿天台、邹南皋、方本庵及先尚书公辈，则皆公辅仁友也。一日，公读史，见高皇行事在在与《大学》吻合，手编实录进览。奉圣旨："知道了，书留览。礼部知道。"噫！斯时也，公年八十矣，值圣明货色之余，获此温然天语，固公事业之所以结局、道果之所以圆成也哉！"宇内第一流人物"，黄公岂欺我乎？大抵公之学以"毋自欺"为宗旨，不逾矩为究竟，眼开于致知，脚立于格物，孔曾而下，直与程朱诸君子相伯仲。说者谓"位不满德"，于公何憾焉？公逝日，素衾布服，潇焉以往，吊者莫不叹服。即今去世仅五载，乡贤被祀，不旬日，见报而易名特祠之请，且后先继起，此更可想公之大概矣。公著述甚富，如《高皇实录》、《圣师年谱》、《宪章纪》、学、庸、孟子诸解已刻行世；至《圣易全经》《礼乐大略》及奏疏、诗文则犹未付杀青焉。公生于嘉靖丙申年四月初三日午时，卒于万历乙卯年正月廿七日巳时，享年八十岁。妻孙氏，大使浥川德三公女，封孺人，加封安人。子三：长惇大，邑庠生，娶秦氏，副使秦宠女；次慎大，邑庠生，娶侯氏，挥使侯铎女、徐氏；次性大，郡庠生，娶张氏，学正张桥女。女三：长归赵元为；次归周道明；次归余绍忠，具庠生。孙九：世道，以公祀乡贤，奉礼部衣巾世祀，娶张氏；世通，娶孙氏；世荫，娶张氏；世庄，聘夏氏；世芝；世藻；世仁，娶余氏；世和，聘王氏；世传，聘靳氏；世杰，聘余氏。孙女三：一归庠生周之杰；一归王世芳；一许庠生苏至元子。重孙五：向阳、六阳、振阳、启阳、丕阳。重孙女三：一归监生苏善言；一许监生吴朝弼子；一许庠生胡来朝子。兹公以万历四十七年十月念一日祔葬于祖墓，小子潍谨述其概，而铭之曰

江之北，淮之西，五百昌期，斯文在兹。皓皓乎，毋欺心印。磨不磷，涅不淄，庙廷俎豆皆其余，万年厌于乃德，谁之贻？

按：《明南京尚宝司卿从祀乡贤理学拟谥肖谦蔡公（悉）墓志铭》现藏安徽博物院。文本内容由安徽省档案学会档案文化研究委员会张彦峰先生提供。

明故荣禄大夫辽东招练胜兵节制前屯等处地方总兵官前军都督同知继山黄公(惟正)墓志铭

崇祯七年(1634)九月

○陈祖苞

赐进士出身、奉政大夫、兵部职方清吏司郎中、盐官陈祖苞撰文。

赐进士出身、奉政大夫、户部山东清吏司郎中、奉敕专理山海等处新饷荆南刘在朝书丹。

文林郎、直隶永平府抚宁县知县晋太平卢以岑篆额。

公黄氏，讳惟正，号继山，其先为庐州合肥人。始祖文举以后，圣祖佐命功授指挥同知安辽东辽海卫，世袭凡五传，而至曾祖贡，贡生恩，恩生金，皆世承厥职。诰封昭勇将军，今俱赠如公官。公生十四岁，承父职，初任卫捕寻掌卫篆，迁开原兵宪标下千夫长，历士官二十年。万历己未，开原陷，公适提兵出防，得不与难，全兵归辽沈，度时势不解，兵柄间关而西旅食津门间，不二年，而辽广沦没。

诏下，招复辽官寄俸通州定边卫。天启癸亥，山石道袁公崇焕辟草莱，恢复八城，徐将军敷奏荐其才与何将军可纲偕来，为亲兵千夫长。丙寅正月，守宁远，擢兴水县备御。丁卯六月，援锦州，擢都司。戊辰，拜杏山，游戎出塞，养善木大捷，己巳，擢中后所游击。是年冬，奴越辽犯蓟，公以信守不与西援，西房图秉瑕抵隙两入犯，公两设奇邀击斩三十一级，虏远遁，不敢近边。时奴直薄都城下，督师逮辽师奔枢辅再征援兵，公违众奋袂，首先入关，未至抚宁县，而北平围，县士民遮道强，公入城时庚午之元日也。越四日，北平陷，又二日，奴大至，楼橹炮火一未有具，公大呼登阵，环攻六昼夜，城赖以完。奴大掠四野，袭深河，围昌黎迁滦，一时陷贼，公轻骑出，夜砍奴营，追及于孛罗岭，斩百四十九级，奴自是不敢东越抚宁一步矣。三月十三日，公遣游骑直抵北平，诱其精锐过双望，大击之，斩其枭帅二十三，夺银纛三。奴兵大哭，锦裹焚尸瘗于城东者凡九十三焉，事闻擢公都督佥事。奴穷蹙枢辅乃得厚集援师，攻复滦州，公雨夜伏兵偏梁亭，奴果夺围过其地，公一旅先登，大兵逐北，一日而复滦永，上其功，擢署都督同知凯歌出关，会奉旨出剿马头山，斩级六十六，加实授都督同知。辛未秋，城大凌长山败绩，公时目青，偏师独全，上平台诏对，谘将才之忠义者，大司马以公对。

上嘉纳之，寻有招练胜兵之，命开镇前屯简募搜讨，甫十月而兵已七千计，马已四千计。壬申八月，目青益剧，奉旨予告准于病痊奏用，盖异数也，公侨居北平养疴于盘山。明年八月，目大愈，仍返山庄。方晚食，闻旧裨之统铁骑亲丁者有哨斩功，对客大笑，忽中夜中痰侵，晨告殒矣。国家方叹乏才，中外咸属望。公克济时艰而奄忽中殒，悲夫。

公十六丧父，事母至孝，每出入必禀命，恪遵礼法。驰骤蹶张之余，辄搦管习草圣法帖，熟诵通鉴纲目，考订古今得失，即寒暑不辍卷也。遇文人韵士敬礼有加，临军御下绝无骄矜之色。每陋边鄙介胄之习，诚将士曰："武胄家凭籍世禄持梁刺齿，惟忠义乃克报称居。"尝书"清慎勤"三字于座右。修挺白皙，恂恂如书生，人咸以儒将目之。至于临战开，撄锋冒刃，直前不顾，而神色依然平日也。治兵务严肃，犯过者必无贷，人或劝其稍宽，公辟以子产水火之喻，犯者果少。所至有爱戴声，抚宁之役，其下多畏沮，公拔剑起，点兵演武场，一卒后至，立杖杀之。疾驰入关，关人士讶以为空谷跫音也。谒枢辅于城头，慷慨泣下谓："主忧臣辱，遑恤其他。"固请兼程就道。除夕过深河，明日为抚宁遮留，叛将麻登云系书射城上，公大骂焚书射贼退，获其炮也，还以击贼，城赖以完。戍抚五关月，兵士曾不敢扰民间，抚人德之，图生祀公，乃祠未成，而公殂矣。

公少孤贫，家徒四壁泊如也，或谓若盍称贷略当事何难美官，公叱之曰："而陷我为债帅耶。我忠义，天不终我贫也。"后贵显至总帅，廉介凛凛自奉，一从俭约。或以为言公，曰："今视我流离孤旅时何如耶？"公长厚，不宿睚眦，平生一饭必酬至，闻一善言善行辄诵不去。□昔中丞丘公禾嘉有云："公圣贤之品，豪杰之才。"公其无忝也已。公素少病，当征尘中，惟目断墓庐，泪浑银海耳，器度宜受。中兴芋土性情宜寿，厚德宜多男，而年方登艾位，不究材血胤遽绝，悲哉天乎。

公娶于周再娶于李，辽阳世胄女，皆赠夫人。生一女，李夫人出，字何太保可纲。季子甫七龄，先公夭殇。其生万历壬午三月二十六日，卒崇祯癸酉十二月二十八日，以甲戌九月十七日卜葬于抚宁城西，邑人祀祠之旁。其旧中军宋游戎纪乞铭于余，余向使于关，习知公生平，且有道义交，安忍辞铭。铭曰：

兔山苍苍，洋水泱泱。碑泪岘首，冢邑桐乡。游夜台兮黄龙何在，魂归来兮骊城之阳。维骊城兮永□尝，千秋百世兮馨香。

按：《明故荣禄大夫辽东招练胜兵节制前屯等处地方总兵官前军都司知继山黄公（惟正）墓志铭》见闫乐耕、王红利《明末黄惟正将军墓志铭考略》，《大众文艺》2016年第11期。原碑现藏河北省秦皇岛市抚宁区文物管理所。原碑长125厘米，宽87厘米，厚18厘米，青灰石质。

明故荣禄大夫辽东招练胜兵节制前屯等处地方总兵官前军都督同知继山黄公（惟正）墓志铭

皇清诰封一品太夫人李母瞿太君(李天馥母)墓志铭

康熙三十二年(1693)十二月

○张玉书

赐进士出身、光禄大夫、户部尚书、文华殿大学士、加二级年眷侄张玉书顿首拜撰。

赐进士出身、光禄大夫、经筵讲官、兵部尚书、加一级年眷侄杜臻顿首拜篆盖。

赐进士出身、通议大夫、经筵讲官、户部右侍郎年眷侄王士禛顿首拜书丹。

康熙三十二年六月癸未,吏部尚书武英殿大学士容斋李先生之母瞿太夫人,殁于京邸内寝。讣闻之日,举朝卿尹以及四方人士,街衢耆稚,靡不咨嗟流涕。盖其德重当世。而世之知太夫人者,或推其孝敬、或高其礼法、或多其勤俭,至其教爱之宏,臻此纯厘景福,为千百年来所不多觏,则天下之称太夫人者,未必尽知之。

太夫人始祖能,明建文时以军功封都指挥使,遂家庐州之合肥,世有闻人,为邑右族。太夫人生负至性,幼修内则,晨昏仪度,习若成人,暇诵诗书,无烦姆诫。父敬川公心颇钟爱,为之相攸。而容斋先赠公李老年伯,刚决明敏,倜傥具大志,虽系勋旧,抑退处绝去绮纨近习,及见义有为,则奋力无所逊逡。敬川公见而异之,遂以太夫人归焉。时姑舅在堂,太夫人与容斋公嫡母张太夫人,爱同胞挛,辄佑其不逮以事,二人孝谨备至,鸿案庄穆如宾,举动惟礼,抚御有法,尊卑长幼咸相钦畏。明崇祯乙亥正月,举容斋公。先是江淮流寇剽掠合肥,孤城被围者七日,邑人无不惶怖。太夫人综理家事,一如平昔。城垂陷,则据银床挽绠跌坐,惟以义命自安,非有深识定力,能若是乎。追击渠帅围解,而容斋公生。生七龄,贼复大至,城遂陷。赠公偕太夫人挈家避乱,自肥而巢、而苏。东西播迁,应机弭变,涉险履危。太夫人长于料事,悉出人意表,为伟丈夫所不及焉。

皇清诞受宝录,世祖章皇帝龙飞之日,首重漕运,简用贤能,赠公特膺是任。不数载,以都金转输上江各卫,鞭算驰驱,弗遑家食。太夫人内外倚办,躬亲操作，尤以教子为急务。常抚容斋先生昆仲曰："汝父勤劬王事，旷岁一归，父道、师道交属吾职，吾安敢以一母道塞责乎？"故当转徙艰辛，必严课督。先生发未燥，克体亲心，虽其天资高迈，尤自力学，嗜古琅琅，日诵数万言，或至丙夜不息。每一为文，辄冠侪偶。华年获隽举，进士上第，官翰林，承直史馆。时张太夫人于辛丑冬殁，赠公以太夫人继体，专管家务。抚张太夫人所生一女，暨他母子女无异己出。先生急思迎养官署，而赠公倦勤，适志丘壑，乃就里开辟宜园，以娱老，高人雅士过从不休。太夫人治食馈酒，醴醴果核，备极精凿，如是者十年。

赠公捐馆，少子少女悉未婚字，太夫人亲诣吴越，拮据经营，事事手办，咸能成礼。于是，容斋先生仲弟主政君，季弟别驾君，日侍家园，披经论史，识敏才超，声华籍甚，而尤孝友，谦抑得诸太夫人训延为多焉。太夫人于婚字既毕，板舆北上，先生喜承色笑，无日不瞻依膝下，一堂四世，颇极天伦之乐。而太夫人耳提面命，视昔有加。先生每进一阶，必申饬谆谆，故自读书中秘，课士成均，涖历阁学两官卿，二四莅尚书，以至枚卜登庸，晋阶台辅三十余年，肩弘任巨，殚心竭力，如美玉良金，无轩毫可议者，固先生笃棐性成，亦皆教奉慈尊，禀受闱训。期于家，为孝子，国为忠良，以无负君上者，无忝所生，小心敬慎以将之，而不使几微遗憾者也。则太夫人成其子为贤宰相者，匪伊朝夕之故矣。

太夫人居恒节俭，衣必浣涤，尽斥绮绣。而于施济则无所吝。每盛暑祁寒，多置茶水姜汤，遍饮路人。岁复缝制棉衣百袭，以给贫窭，盖自家居以迄京邸，无少易也。庐阳叠遭大祲，太夫人闻之恻然，思为拯救，遂语先生："此吾乡里宗族也，顿苦饥馑，心何安乎？"遣急足归，命发囷，远迩分赈，全活甚众，则又积德累仁如此其至也。太夫人生有褕服之荣，殁有异香之瑞，岂偶然哉。顷灵輴出都，天子震悼，遣侍臣赐奠，宸翰亲洒，额赐"贞松"。既归里门，复遣官谕祭，盖深念先生之能辅助丁君，而太夫人能成教于子也。王公下及卿士、门生、故吏、四方名宿争为诗歌文词以相挽吊，而门庭以内哭泣失声，道路闻之，舂者不相有由然矣。

太夫人生明万历癸丑年十二月初八日辰时，卒于康熙癸酉年六月十一日巳时。即于其年十二月十三日卯时，祔葬于瑶英寺之原赠公之墓癸山丁向。赠公讳万化，先太夫人二十四年卒。累赠光禄大夫、经筵讲官、兵部尚书加二级。太夫人累封一品太夫人。男子子三：长即容斋先生天馥，顺治戊戌进士，见任吏部尚书武英殿大学士加四级；次天□，候补主事；次天□，福建泉州府通判。女三：一适贾尔祺，正阳门千总；一适李廷鲥，一适王景，俱太学生。孙男七。天馥出者二：孚青，康熙己未进士，见任翰林院编修；莩苍，岁贡生。天□出者二：孚彤，太学生；孚蔚。天□出者三：孚绛、孚绀、孚颢。孙女九：一适候补主事许梦麒；一适候选通判张植；一适教谕陆守埰；一陆，一李，一宋，俱许聘，未字；三尚幼。曾孙三：昉楸，岁贡生；昉彬、昉琳。曾孙女二，俱孚青出。

余谓太夫人德懋桁璜，徽柔淑慎，富贵寿考，子孙振振。极生荣死哀之盛，爵哉尚已，蔑以加矣。忆客蜡八十，悬锦绤玉轴，欢溢门间而称觞者多焉。余言用为乘韦及其葬也。先生不以铭属他人，而致书谆切，岂非以书与先生同举于乡，同馆、同官、又同政府，其佩太夫人之教至深，稔太夫人之德至悉，而所言有可信欤。然则铭之又曷敢辞。铭曰：

翼翼太母，系出松杨。曰嫔于李，凤飞锵锵。笃生贤嗣，珠树齐芳。相国翊运，黻黼隆昌。鸣鸠有训，颙颙卬卬。文孙齐美，辉映玉堂。裕垂曾耳，兰桂成行。德洽周党，惠贻维桑。岂惟士夫，仰慕呼怆。天子曰咨，朕辅惟良。推原母教，蔚此圭璋。皇矣显命，翰墨题将。贞松赐额，令誉重光。义蕴遥深，永被无疆。曷能有词，谬侈恢张。敬勒幽宫，祚庆灵长。千秋万祀，彤管馨香。

按：《皇清诰封一品太夫人李母瞿太君（李天馥母）墓志铭》现藏长丰县文物管理处。1993年出土于安徽省长丰县土山乡桃山村孝子墩。青石质，正方形，边长85厘米，厚24厘米，分为志盖和志身二部分。志盖篆书："皇清诰封一品太夫人李母瞿太君墓志铭"4行17字。志文书体为楷书，43行，满行59字，共1802字。

皇清诰封奉政大夫刑部主事加一级邑庠生显考庆庵府君（李殿华）墓志

道光十三年（1833）

○李文瑜　李文安

　　先府君讳殿华，字瑞廷，号庆庵，姓李氏，庐州合肥人。诰封奉直大夫曾祖讳汉升，妣孙氏。祖讳仕俊，举乡耆，妣王氏。考讳椿，字凤益，太学生。妣裴氏，貤赠奉直大夫，太宜人。伯讳占鳌，郡庠生；叔讳嵩，早丧；府君其仲也，生于乾隆二十九年八月丁亥日。生有至性，能得祖父□□武，年十八，补博学弟子生，年二十□侍凤益公疾，衣不解带□十余日。事裴太宜人怡怡色养，老而不渝。友爱兄弟至笃，持躬俭约，居家有法度。吉凶往来之数，酌礼称时，悉必大礼。敦睦族戚，惆恤□□□物无□□□自化。百家之书无不读，尤为论□孝经及朱子小学，案头□□□阅，身体力行，并以训示子孙□□精神荣健教养，不出里门，至是□遂不起，以道光乙巳岁七月二十四日卒于家。配先妣氏周，处士肇荣之女，内□□□□□□□□□□□诰赠太宜人□道光丙戌岁先□□□□□袝生□辛丑岁卒。文瑜，候选从九品；文球，前丁亥岁卒；文玕，以戊戌进士充刑部主事。二女：长适张廷槐，次适唐在璇。孙男：章民、章慎，太学生；章启，煜出；章培、章锦，瑜出；章蕃，球出；章锐，郡增公；鸿章，甲辰顺天举人；章镜，太学生；章钧、章铨、章昭，玕出。曾孙男□□□桂□□□俱幼。始，府君为周太宜人卜茔地得于宅之西北数百步，田宅原为赓廷公，柩尚浮厝。府君□□□恶可君妻有地而吾兄无地也，随丁癸巳春同日列葬□□□东百步一冢。姑夫王文起暨姑母李氏初合葬处也，以贫无地，府君曰："吾妹也，岂我乎？"殡不丞值，与之券，以杜后人事端。余府君以乙巳十一月二十日合葬于周太宜人之墓，癸山丁向。瑜、玕攀慕□□痛穿心骨，愧不能有以显扬万人，敢次叙梗概，刻而掩诸幽，且将请作文者以表其隧。昊天同愁，呜呼痛哉！

　　子 文瑜、文玕泣血谨志。

　　孙 鸿章抆泪□书。

　　赐进士出身、资政大夫、工部□□□、前安徽学政、加三级、通家愚弟沈□□顿首拜填。

讳大清道光十三年岁次□巳仲冬　徐书。

按：《皇清诰封奉政大夫刑部主事加一级邑庠生显考庆庵府君（李殿华）墓志》文本内容由肥东县博物馆彭余江先生提供。

族兄静远征君(蔡邦霖)墓志铭

道光十六年(1836)

○ 蔡邦甸

夏四月，余晤兄于趣园，倾谈竟日。临别依依，执余手曰："余有古文若干篇，愿烦点订。"余诺之，及五月来郡，闻兄已先数日殁矣。呜呼！兄以老明经，主持风雅四十余年，乃竟白首不遇，徒屈抑困厄以死。此固吾宗之不幸，而余于兄弟师友间，又常抱离别死生之感，可哀也。夫兄讳邦霖，字熙万，号静远，先世自邑东移居郡城之西隅。祖讳殊英，邑增生，有文行。考讳应选，候选布政司理问。妣氏王，例封安人，以苦节旌于朝。兄生六岁而孤，太安人抚之，训戒无少贷。幼师大父攻经，外复教以作古文法。长从里中徐崟屿、周海樵暨家族祖毅斋诸先生游，文日进。又学于左杏庄、蒋香杜两先生，故文章宗法咸得其奥。年二十余补诸生，后学使至，屡试辄冠其曹，食廪饩。大父殁，太安人益督课维严，恒使人邀士之有文望者，与之会课，相砥砺。兄痛太安人苦节，益奋发攻苦，思得一第，以慰太安人心。太安人稍不怿，则长跪受责。每事先意承志，曲尽色养，如是者数十年。年三十余，太安人劝其游学，不得已束装至栖霞山中读书。流连胜境，吟诗清绝似王孟。时桐城姚姬传太史主讲钟山，兄以文进质，目为清才。太史负灵光巍望，不轻许与人，而独喜得兄。以故大江南北间，咸知有平梁蔡静远云。兄屡举优行，不得一充乡贡。壬申徐少鹤先生督学院中，试优生于姑孰，阅兄文，击节叹赏，谓能迥拔流俗。兄自谓甫得知己，可稍报太安人之德于万一矣。归过金陵，忽闻太安人讣音，徒跣南归，昼夜号泣不辍声，入门抚棺恸，几晕。泪尽，继之以血，每以不得亲视含殓为恨。居丧三年，休皆骨立。人谓高子之至性，兄近之矣。兄性疏放，不屑屑留心于生计，惟刻意诗歌，以故家稍落。日与里中赵响泉孝廉倡诗社。响泉者，亦豪于文者也。视诸显贵不屑意，而于布衣中有名一艺者，辄称道不置。故人虽目两生为狂，未尝不喜其爱才也。丙子被放，后侨寓白门。与寿春曹云卧子龙结生死友，有《白下联吟集》。子龙殁，兄为位哭之恸，益郁郁不乐。闻两浙多佳山水，因买舟至钱塘，酬林逋墓，徜徉南北两峰间，成《西湖吟稿》一卷，梓其诗。然后归，闲居，伏腊修理祠祭。遇族党有贫困者，辄周恤之。岁大饥，上书邑侯白云陈公，劝其议赈，利甚薄。辛巳开制科，因大府荐举孝廉，方赐正六品衔，时人荣之，然非其本志也。兄屡战南闱，辄败北。而四方贤达来官庐郡者，时造庐过访。德清陈白云、无锡薛画水、汉川刘海树诸公，尤爱兄诗、古文辞，谓深入唐宋之室。壬午，膺岁荐，思应京兆试。入都，谒山阳汪文瑞公。兄为文瑞公督学时所赏识士也，一见即待以国士，用此名震公卿，如颐园初公、云崖顾公、蕉堂朱公暨顾南雅、聂丰阳、蓉峰诸太史，均心折其文，试成均辄第一。居五载，试京兆，不售。兄谓文章有命，自是绝意进取，浩然有思归志，文端公为叙赠之，亦以命为慰，劝其守道贞遇。此可以见公爱惜之深心矣。兄诗有云："受知宰相犹言命。"盖实录也。归里后，以课徒教子为务。经其指授者，皆卓然有所成就。郡守庄年刘公，雅重兄，称其文不绝口。暇日欲搜辑家乘，未果。兄少负奇气，以为功名可立就，及偃蹇不遇，益恂恂恭谨。与人言每屈体下之，有犯己者不屑校，其气象类有道者，非耶？今岁兄年六十，作自寿诗八章，中有"林下放怀穷作达，花时生日老犹春"之句，颇自喜其旷达，每属余和之。孰意诗未成而兄竟死矣，呜呼！吾宗自文毅公以道学儒林彪炳史册，至兄又以文章重望，辉映于数百年之后。人谓兄宜起家甲科，式廓先绪，乃仅以明经终，卒不得一第，而后生小子，多掇巍科以去。此可喟然太息，而为天之位置斯人者憾也。然兄孝显于家，名立于外，且有诗与文章，传之身后而无穷，以视彼生前之富贵赫奕而死伤湮没者，果有所不及耶？兄亦可以无憾矣。著有《浴兰斋》诗集十四卷，赋集四卷，制艺四卷，文集四卷行世。兄生于乾隆丁卯年三月初十日，卒于道光丙申年五月十五日。配宋安人，贤而有妇德。子三：长家驹，次家骥，皆郡增生；季家骆，俱有文名。孙男二人。今将葬，先期其子家驹等乞余为文以铭之。余与兄为族兄弟，又以道意相契合，其何可以辞？天能穷其遇，而不能斩其称。君固一视乎得丧，又何问乎死生。呜呼！君之身死兮，而不死者乃在身后之荣名。铭以揭之千万龄。

族弟邦甸谨撰。

按：《族兄静远征君（蔡邦霖）墓志铭》见《合肥蔡氏禋公支谱》，民国九年（1920）刻本。

诰封一品夫人亡妹张夫人(张绍棠妻)家传

同治六年(1867)

○李鸿章

　　呜呼,自吾妹之亡,吾母无与承欢者矣。吾闺门之内诸妇,无相助以德者矣。吾兄弟六人,女弟二人,妹居长。先后宛若,或不相得致勃磎,吾母常蒿然不怿。妹归,辄侃侃出正言为处曲直,开解而和调之,咸帖帖俯首敬受,靡有牴牾,吾母乃大欢。初,先侍御公与吾母留京邸,吾与三弟从,伯兄将嫂远宦,独妹留家。四弟、五弟、六弟、小妹以肩随,其浣濯烹纫暨内事皆身任,无不治办。诸弟妹得所依倚,吾父母忘弱小之累,皆妹力也。既归张氏,逾年君舅寝疾,妹在视食饮随妹夫庀药物得宜与节,犁旦深夜入厨下,躬治馎饦糇粗之属,授傅婢以进。时有身,气力不任,然靡昕宵懈也。舅病亟,医者云:"得乳,可已。"长甥免身,即朝夕捅潼坐盂于汤,伺温以奉舅,儿终日嗄,不之顾。舅姑以是愈笃爱。吾兄弟宦学,家屡空,奔走称贷。妹之舅以妹贤,又伟视吾兄弟,不待求请,辄资给之。吾兄弟婚宦之需,张氏之伙居多。逮舅卒家析,妹夫故孝,愿奉母出分,母亦曰:"中男介妇事我谨,必能奉事我。"时粤逆肆扰,妹夫以异军苍头特起,从侍御公、袁忠愍公治贼于淮南北,恒不家居。后从曾文正公于豫章,又别将与吾会师吴中,妹斩斩持门户,于倾侧扰攘中奉君姑,教诸子,使不废学,家以不落。吴会平,板舆迎吾母养,妹侍行焉。继室未谙姑起居,颇虑不得吾母意,妹左右导迎之,妇姑相得尤欢。故妹之殁也,吾哭之痛,而室人亦哭失声。妹生平静穆专一,居恒默默,不苟訾笑。每归宁,诸嫂弟妇会坐,咸平息下气,从容语笑,无儳言扬声者,下至婢媪亦肃然旅进退。吾每谓妹静正,有须眉丈夫风概。且曰:"妹恨不为弟,为弟助吾家事内外治矣。"孰意年甫四十而遽殁也。吾挽云:患难提携,满树荆花独先折,折吾妹实折吾弟也。呜呼,伤矣。爰挥涕粗述一二,授诸甥,俾长毋忘其母。妹以同治丁卯二月六日殁,春秋四十。子三:席珍、士瑜、士珩。女一,适方氏,夫名绍棠,字又堂,偕吾平吴,积功授都督。鸿章曰:"又堂之会师于吴,或甚妹兵凶战危宜尼行者,妹曰:'仲兄在难,谊无坐视,且死生命也。'迨吴会平,又堂总师干焉。有降将隶部曲,新馈重金千,又堂却之。降将不自安,介密亲献之妹,妹亦却之。密亲为固请,厉色以谢,终不受。鸿章谓妹有须眉风,非謷言也。"

按：《诰封一品夫人亡妹张夫人（张绍棠妻）家传》见 清 李国杰 辑《合肥李氏三世遗集·李文忠公遗集》，卷四，清光绪三十年（1904）合肥李氏刊本。

皇清诰封通议大夫晋资政大夫吴公(璠)墓志铭并叙

同治八年(1869)

○何绍基

公讳璠，又讳文焕，字倬章，号蕴堂，姓吴氏。先世籍宣城，宋宝庆中迁合肥东乡六家畈，为邑巨族。五世镒，当明宣德时由进士为御史，知南阳府。六世玺，由岁贡生为浚县县丞，皆名宦有声。祖钟，以懋迁起家，好施予，临终焚券数万金，乡人至今称"毅斋先生"为长者。父之泉，有隐德。

公生而颖慧端悫，师事范琴楼先生，得修身之要，遇事内省，不苟言笑，少读书日二千言，博览强记。以国子生屡踬乡闱，弃举子业，专意侍父疾。藏书数千卷，丹铅点勘，一字之误，必考正之，手抄书至等身。作诗由香山入王、孟，清矫淡远，脱尽尘俗。性好游，足迹遍皖、豫、燕、齐、梁、雍，所至有吟咏。构"未园"，与名宿唱和，有《未园诗集》毁于兵火，诸子检存遗稿百余篇而已。见义必为，道光辛卯大水，郡守刘公煜请主东乡赈务，李玉荃比部创建节孝总祠，请专综采访事，得数百人。宗祠族谱，咸独肩其劳，族党化其笃行，数十年无讼事，有刘子相、王彦方之风。遇缉私盐者，立矛露刃队百人过市，叹曰："天下将有事。"课诸子于经史外，兼治兵家言。

军兴以来，毓芬由廪生带兵江苏，以道员加按察使衔，赐"御勇巴图鲁"名号，赏孔雀翎；毓芳由进士为甘肃知县，以军功升同知，未及补官而殁；毓蕙以廪生率团练杀贼死；毓兰统兵剿捻，得布政使衔，记名简用道，赏孔雀翎。占毕世家，乃以武功竞爽，烜赫一时，与同邑李姓相辉映，可谓奇矣。

每儿辈将从军，谆谆以"邀功妄杀"为戒。有捷音至，见贺客辄愀然曰："一战功成，郊原流血，何以贺为？"毓芬收复嘉善城，降众数万，感其不杀之恩。公适就养至苏，降将等次第酿金为寿，咸固却之。毓兰驻兵扬州，勖之曰："地当冲要，贼所必争，宜常如寇至，不可一日忘备。"后果有悍骑数千突至，毓兰截击之，生擒首逆赖汶洸，东捻遂平。仁心为质，沉几度务，虽非亲冒矢石，何异身在行间，为国家戡乱乎。

二子既先逝，毓芬、毓兰望云情切，先后解甲归侍。公喜曰："时事渐平，吾志稍慰。尔兄弟能恬于仕进，日在左右，吾可以婆娑风月矣。"优游皖福，年届古稀。粤宛所钟，得天何厚也。以同治八年己巳正月二十一日终于家，距生于嘉庆四年己未正月初三，年七十有一。配梅夫人，以淑慎称。生子四，女十，孙男九，既葬公于席家冈之新阡。长孙兆楣，以知县需次江苏，进退不苟，为今抚部丁公所奖任，持状来乞铭，铭曰：

确乎其质，渊乎其文。劲正以和，施予不恩。庭诰所彰，为国树勋。阶庭茂实，归美于君。终返其宅，席家古原。幽光不坠，玉润兰薰。

按：《皇清诰封通议大夫晋资政大夫吴公（璠）墓志铭并叙》见清何绍基《东洲草堂文钞》二十卷，卷十七碑志，清光绪刻本。本文原标题为《封资政大夫吴公墓志铭》，现标题据吴璠墓志铭拓片录入。

大潜(刘惠夫妇)墓表

同治九年(1870)

○ 徐子苓

　　大潜山之西隅，望之有隐然隆起，蟠屈而深秀者，是为吾友刘军门省三之赠公与太夫人合葬之阡。其地曰黄泥山，盖大潜山支麓云。曩余避兵山间，既交省三。省三与余善，每道赠公与太夫人恒泣，顷以表墓之文相属。谨为表曰：刘氏兴于夏商之间，位列侯服，族巨而蕃，散布州郡。自元之季，由紫溪卜大潜而居焉。赠公讳惠，字怀刚，性仁厚乐施。每岁暮寒沍，馈粥之资，衣褐之费，待公而具者数百家。守田奴获盗树者，公酾奴以酒而释盗。其生平慈祥而恢阔，多此类也。太夫人周氏，贤明慈惠，以耕织勤俭佐其夫，以孝友任恤勉其子。赠公卒，太夫人拮据家事。于时适有官亭飞语之祸。刘氏家素饶，岁大歉，邻富人闭粜，群无籍者聚而哗。比闭粜者家被劫，众指目君。官索贽不得，遂火其居。方是时，省三读书山寺中，太夫人就养伯子家。亟归视，仰而号呼曰："市有虎，曾参杀人。恶马踶群，酷吏灭门。冤乎哉！余又何云。"时咸丰六年七月二十一日也。

　　居无何，江淮贼四梗。省三以谓大潜险可扼，归而力耕，合徒击贼，日益有名，由是士多归者。方贼之初起也，跨粤西，踞江宁，游弋于吴、越、楚、豫之间，淮北盗互相犄，势大张。同治元年，湘乡曾公督两江，兵既拔安庆。吴人士合词吁师。公临食太息，以谓将帅之难其人。比奏起今相国李公，出抚吴中。君亦感痛太夫人畴昔相劝之言，椎心誓死，躬率精卒数千人，推锋直前。遂平三吴，荡楚麾豫，爰奠京畿。帝用策功，晋爵五等。吁！观于此，赠公之所以刑于家，太夫人之所教其子，省三之孝于亲而忠于国者，积善必昌。天人感符之速，盖即是而均可见矣。赠公有子六人：长铭翠，次铭玉、铭盘，早卒；又次铭鼎、铭彝，皆后太夫人卒，省三其季也。诸孙总若干人。赠公之先世名位具此家牒，皆以省三贵赠建威将军，妣皆赠一品夫人。赠公卒年五十有八，太夫人年六十有一。追赠皆如例。先是赠公洎太夫人之葬时日卒，瘗圹之文阙焉未备。兹撮其大者揭之阡。而系以诗。诗曰：

　　语云阴德，犹人耳鸣。耳鸣孰知，天听维馨。猗欤赠公，世业承承。笃生杰嗣，佐扬中兴。在昔名将，多由阃训。婴母陵母，于古亦仅。维太夫人，履险以正。生有义方，殁有令闻。丰碑穹隆，玺书载崇。帝曰教孝，亦以劝忠。刻词示后，过者敬恭。

按：《大潜（刘惠夫妇）墓表》见 清 徐子苓《敦艮吉斋文钞》四卷，卷三，清光绪三十二年（1906）集虚草堂刻本。

诰赠光禄大夫江苏巡抚加一级张公(荫谷)墓表

同治十二年(1873)

○李鸿章

公讳荫谷，宇蓝畦，先世著籍江西。明时，讳鳌者始迁安徽庐州合肥县。至公曾祖讳从周，居周公山。山介大潜、紫蓬二山间，巍然众望。人遂称周公山张氏，族浸以大。公生而端毅，刻励为学，无子弟之过。仁心义质，与年相长。既以高材为府学生员，而三举不第，重闱待养。遂弃诗书，督家政，孝友任恤，推之族姻里间，敬爱如一家，充然巨乡硕望矣！当是时，天下承平无事，吏民熙熙然宴安为乐。公整躬齐俗门内外，具有法度。教诸子文武各职，毋敢荒嬉。其最知名者，伯子今江苏巡抚树声，仲子赠太子少保谥"勇烈"树珊也。

初，道光丙午年，寿州盗起，突入掠公乡。公急聚乡人，部以兵法击之走。因太息曰："天下其将乱乎？"乃广纳豪健材武之士，与诸子往来相习，谆谆以忠孝大义譬晓之。人莫测其意也。已而粤西贼起，蔓延江淮，遂窃踞庐州，捻贼又乘间纵横出没，公乡屹立贼薮中凡七八年。贼欲以威胁利诱致降屡矣。公始闻贼警，即大出资，振贫户，倡率团练，为官军声援。又以时简精锐，命伯仲二子率之，从剿无、巢、英、霍、太、潜诸邑，所向有功。而是时，官军胜败无常。诸将帅拥亲军自卫，时委乡兵。贼不复相左右。于是公知兵祸且亟，诏乡人保境待时，筑堡于周公山下殷家畈。峙粮储器，阻河以为险。从而归者万余家。耕战各以时宜。而前直隶提督刘君铭传、山东布政使潘君鼎新、甘肃凉州镇总兵周君盛波及今广西右江镇总兵周君盛传、江苏徐州镇总兵董君凤高皆相率筑堡。诣公奉条约，公虚怀酬答，命诸子结为昆弟，忧乐共之。尝连摧粤贼陈玉成、捻贼张落刑大队数万，斩馘无算，皆贼中号称巨猾善战者也。由是义声威望冠江淮南北，贼嗫舌相戒"勿犯三山"。三山者，以公居周公山，左则大潜山刘君，右则紫蓬山周君也。

当是时，凤台苗沛霖假团练为名，树党自固，浸成逆谋。淮北地方千余里，相推奉为职志。公独斥其罪，戒乡人毋相连染。而沛霖卒坐逆诛，惜公不及见矣！

公状貌凝重，有坚卓不摇之概。遭值时艰，奋起为乡社保障，扶良化枭，口喑心瘁，遂以积劳告终。实咸丰庚申九月十三日，距嘉庆癸亥十月三日生，年五十有八。公卒日，远近百里，相聚哭赴。以为公尝活我，而又恨天不假年，不使公重睹承平、稍抒忠愤于万一也！

公祖讳世科，太学生，考讳杰，皆有名德。祖妣杨氏、章氏，妣李氏，皆以树声贵，诰赠光禄大夫及一品夫人。而公暨配孙氏、鲁氏、李氏，亦皆如树声官封。子九人：树声以县学廪膳生积功至江苏淮徐兵备道，天子稔其贤，擢至漕运总督，署两江总督，调任今官；树珊以记名提督广西右江镇总兵死事湖北应城县；尔崀，盐运使衔山东补用道；树棠，五品衔候选中书；树屏，记名提督；树玉，四品衔候选员外郎；树培其二，殇。孙十人。孙夫人之初卒也，树声奉公命葬周公山北靳六十卫庄之原。又二十七年，而公卒启封合附。又十有四年，树声以状抵鸿章乞表。

当庐州陷贼，鸿章从先赠光禄公奉宣宗皇帝命回籍团练，公遣伯仲二子相属。左提右挈，服公义训至矣！乱靡定而公殁焉。为吾乡痛为天下慨也！自同治初元，今皇帝以大臣言，命鸿章募立淮军，规复三吴，首招公伯仲与计。于是潘、刘、周、董诸君，皆以所部从征。而树军、鼎军、铭军、盛军之名以起，举三山元从义。故各奋其材武雄杰，争自濯磨。十数年来，发、捻二逆，扫荡无余。遂复十八省旧观，是岂期月可致必哉！盖公鼓动气机于先时者远矣！然则公之忠诚德慧，拨乱返正，所以默赞圣朝中兴之隆运者。其视一时智名勇功，为何如？此未易遽定也。鸿章质言大端，匪特申公诸子罔极之慕，且将贻知人论世者，有以考也。

同治癸酉冬十月

赐进士出身、诰授光禄大夫、太子太保、武英殿大学士、直隶总督兼兵部尚书、都察院右都御史、一等肃毅伯、加骑都尉世职、同里李鸿章谨表。

按：《诰赠光禄大夫江苏巡抚加一级张公（荫谷）墓表》见《合肥张氏族谱》，光绪丙子（1876）张氏惇叙堂刻本。原石现存安徽省肥西县紫蓬镇周公山村，为青石质，已残断。长200厘米，宽90厘米，题为篆书阳刻，叙文为楷书阴刻，30行，满行55字，共1384字。

诰授中议大夫三品衔补用道夔州府知府蒯公（德模）神道碑

光绪三年（1877）

○李鸿章

自鸿章督淮军，始平江南，继定河北，吾乡豪俊魁杰云兴雾浮，踔起相从。提一旅之师征伐江苏、浙江、安徽、湖北、河南、直隶、山东诸行省，所至芟除丑类，恢复名城，以功伐光辉海内者不可胜纪，而吾友蒯公乃独以循绩著。

同治三年，鸿章既克苏州，始以公摄长洲县事。江苏承宋末官田、明初税籍之弊，赋重民困，既遭乱离，民力益不堪。鸿章乃奏请裁减苏、松诸郡赋额，以纾疲氓，有诏俞允。公因是益痛抉粮吏积弊，户无大小，壹令平均。而巨族、诸有势不便，或以蜚语闻上，事下两江总督、江苏巡抚问治。当是时，公方淬精倒虑，力求民莫。靡废不举，靡害不蠲，摧强植弱，谳狱若神，旰庶悦豫，户颂途讴，绩誉流闻远迩。于是大吏具奏公治行尤异，所坐一与湔濯。奏上，诏书嘉许，有"好官"之褒，且责言者诬妄失实。由是，累擢至知府，以道员用。旋摄苏州府事，又移知太仓州，又连摄镇江、江宁府事，寻授夔州府知府。所至之地，抃舞欢呼；所去之邦，望尘涟洏。及其后卒官夔州，万众悲号，交走相吊。吴蜀之民诵说慕咏，至于今不衰。盖公勤恤民隐，深达时宜，巨细洪纤壹是，号为辨治，大吏重其能，天子嘉其绩，而百姓被其仁恩。古所谓明察之官、忠信之长、慈惠之师，于公见之矣。

始公家居，值粤贼之乱，以诸生督民团御贼，事势险棘万端，乘机应会，卒用保全。其任长洲，某乡民与新阳盛阿香聚众抗租。上游令公以舟师往，公持不可，单舸驰入，晓譬立定。及镇洋令以苛敛激变，某观察征夔州厘税几致乱，臭盐碛民相聚私煎，知县某匿不敢出，势皆岌岌不终日，得公壹解。论者于是益知公非独长于字民，其履危不慑、折冲坏牙、捷出专断，故不后于吾乡诸君。然承大乱之后，抚极敝之民，使一方帖然，其功之所昭，与夫斩将搴旗、破坚禽敌者亦岂易为轩轾哉。

公讳德模，字子范。其卒以光绪三年九月二十一日，春秋六十有二。以某年月日葬于某所之原，淑人李氏祔。其季翰林院检讨光典具述遗烈，属冯编修煦志其墓，又请为神道之碑于鸿章。凡公世次、子姓、历官、行治及其他诸懿轨，编修铭幽之文曲折委备，既具言之矣。鸿章乃独撰次大端，论其拊循之功深有裨于当时者，而系以诗，使行路歌之，以慰吴蜀遗民之思，且以谂当世在位君子有察吏之责者，俾慎所择焉。其辞曰：

乌乎！郡守县令，国之安危。民之愉戚，实在于斯。其在平世，惟守惟令。苟非其人，民乃大病。楚毒愤冤，一呼响应。大乱斯馋，波骇焱横。崩沸荡滴，上下奔驰。穷天下力，仅乃克之。既其克定，有若沉疴。甫杖而兴，千疮万痂。惟令惟守，苟非其人。如彼宿火，曛焉而焚。存亡之几，能少希间？乌乎蒯公！维民之天。手援陷溺，出之重渊。上帱下弱，以靖其眠。弱者申舒，暴者局卷。祸灾弭伏，兆人赖焉。往在吴中，寇氛始湔。我佐我佑，实倚公贤。公弃我去，奄忽十霜。朋旧之恩，民庶之望。紫胃填膺，如何能忘。伐石镌辞，树之崇冈。嗟兹来者，罔或毁伤。

按：《诰授中议大夫三品衔补用道夔州府知府蒯公（德模）神道碑》见清 蒯德模《带耕堂遗诗》，民国十八年（1929）江宁刻本。

赠光禄大夫甘肃甘凉道李公(鹤章)墓碑

光绪七年(1881)

○马其昶

公姓李氏，讳鹤章，字季荃，合肥人。当同治初，李文忠公以淮勇战江苏，于时佐治军而躬战以成其绩者，公也。考刑部郎中，讳文安，有子六人，公次三。少英朗，刻厉向学，年二十六补县学生员，再试再不利，时仲兄文忠公已第进士，在翰林有声矣。公自期待不后诸兄，既连不得志于有司，辄弃去，益究心经世之学。会广西寇起，江淮俶扰，因部勒丁壮为乡团，自捍卫。奸民夏金堂期会为变，乘夜出不意斩之，其党立溃。刑部奉命治乡兵，公将数百人从。刑部殁，复出，随官军拒寇。庐州再陷，走定远，上书巡抚陈兵事，巡抚不能用，驰去，展转江浙间无所就。曾文正公一见激赏，称为将才，随曾军攻安庆。复随伯兄勤恪公备兵赣南，领赣勇四千助防剿。曾公督两江规复苏常，主募淮民替湘勇。既上海来乞师，遂荐文忠货外国船载师而东，别檄公将骑五百，增募千人，绕淮扬里下河至上海会师。当是时淮勇新集，公入赞军谋，出护诸将。寇围虹桥屯，大雨，文忠期旦日往援，公谓天雨寇懈，宜乘锐急击勿失，从其议破之，上海军自此振。文忠署江苏巡抚，遂进攻青浦，分军还救新泾屯，拔嘉定，复合击援寇四江口，大败之，功为多。文忠推先他将，奏言："臣弟不敢阑功。"天子称其功与程学启埒，命一体议奖。文忠疏辞。诏曰："李某战甚伟，岂可没其劳勋?!"自初起及叙安庆功，已前得知县，特诏加四品衔，以知州用。常熟寇反正，蔡元隆亦据太仓降，公率骑至城下，伏发，中枪伤股。后七日，会军复其城，于是程忠烈克昆山，遂与公各率万人为统将。忠烈攻苏州，公则趋江阴、无锡，以取常州。寇自顾山以西连屯数十里，伏兵河侧毁其舟，诸垒悉平。城寇惧，谋内应，遂复江阴。加三品衔知府，移屯逼无锡。悍贼李秀成突犯大桥角。大桥角，苏州西北要隘也。寇争之急，公驰救连大破之。乘胜薄其城，而程忠烈已定苏州，军益奋，遂克无锡，虏其酋。捷闻，以道员记名。诏曰："李某随其兄在军，战甚伟，徒以兄弟嫌，赏不答劳。克日平常州、江宁，其速议诸将率功赏，无有所遗。"由是益感激，思自效。引军冒雪趋常州，尽夷附郭寇垒，下孟河，解奔牛围，屡击退援寇。寇西南窥前所复县，用牵我师，因还守无锡，遣军分援别县，皆破走之。常州外援绝，再进攻。明年常州平，赏黄马褂。已而湘军遂拔江宁，大功成矣。诏授甘肃甘凉道，疾发未行。会曾公督师讨捻，为奏请开缺留军，从至清江告归，遂不复出，竟以道员终。其后，文忠臻宰相封爵，同时勤恪亦用州县平进开府，兄弟旌节相望。而淮军诸将起偏裨膺疆寄尤显者复十许人，大抵皆公旧部，而公顾落落，论者谓古今功名之际，往往有遗憾焉。至于公若或显之，又若或靳之，尤不能不太息。其器业之未究，而有觊于其后，以观天道之大恒也。公既归，自号浮槎山人，徜徉山水间，亦时出游都会，稍营商业，致巨万。喜义侠，立然诺，多弃财为之。助山西赈，加二品衔。光绪六年，年五十六卒。大臣上言绩状，诏付史馆立传并立祠原籍暨建功处。报可。后以子经義贵，赠光禄大夫、广西巡抚。初，公投劾年才逾四十，及巡抚君以优贡生至今官亦才逾四十，人皆曰："是公之饷遗也。"

前李夫人，早世；继配周夫人，侧室石氏。子三人：长天钺，按察使衔，江苏道；次即经义；次经馥，记名道。女二：适张、适沈。孙六：国荪、国松、国筠、国蘅、国芬、国芝。松、筠皆举人，从余游。以公前葬二十年墓道碑不具，松具状致其父巡抚君命来请铭，墓在合肥东南许贵村。铭曰：

惟公之先，实本自许。承李而兴，大恢厥绪。刑部赍志，教子即戎。淮堧劲旅，声殚中夏。暨暨我公，树绩自躬。劳成不有，校古畴双。范蠡违越，遨彼海江。以商经国，今见于治。公之英略，百霾一试。鄙儒小拘，曷不是思。

按：《赠光禄大夫甘肃甘凉道李公（鹤章）墓志铭》见马其昶《抱润轩文集》二十二卷，卷十三，民国十二年（1923）北京刻本。

清故中宪大夫晋赠光禄大夫李府君暨元配李太夫人（李文安夫妇）墓志

光绪九年（1883）三月

○李鸿章

咸丰五年五月二十三日，我显考李府君卒于合肥军次，享年五十有五。大史闻于朝，得旨赠恤，赐祭葬如例。明年十一月卜葬于县东乡葛洲新阡，亥山巳向兼壬丙，去先世熊家砖井旧庐五里，盖府君所自豫择之地也。越二十有七载，光绪八年三月二日，吾母李太夫人以疾终于湖广督署，享年八十有三。天子推仁锡类，先赏人参八两俾资调理，旋奉特旨，灵柩回籍著沿途地方官妥为照料，并赐祭一坛。殊恩异数，中外荣之。以明年三月庚子合葬于府君之墓。小子鸿章窃惧府君与太夫人之盛德懿行久而湮没，爰请于伯兄瀚章敬述一二，以诏后人。

府君生而颖异，长益肆力于学。家贫，课徒十余年多所成就，年三十五始以优廪生举于乡。又四年，成进士，分部以主事用。我李氏系出于许，自更姓以来，无人与于科目之列，至是乃创获焉。府君内行尤笃，事亲至孝，事长兄如严师，待孀嫂、抚孤侄始终尽心调护。为人刚方厚重，然诺不欺，所至皆敬慕之。官刑部十八年，每谳狱竭昼夜之力，必当其情。庭净面折，人有包老再世之目，而以倔强不苟合，不获于上官。尝管提牢厅，严禁吏卒虐囚，捐置衣被、药饵、夏席、冬粥，躬自监视，狱无瘐毙者。著有《贯垣纪事》诗一卷，迄今刑官刊布之，以为法。自为诸生，至京朝官，见义必为。立乡约，以助守望，改节孝总坊，以惠穷嫠。修族谱，创义仓，以敦宗赡里。又于京师倡建庐州会馆、庐凤二府义园，皆由苦口酿资而成。尝谓士大夫居家当有益于家，居乡当有益于乡，在国当有益于国，其志量如此。咸丰三年，粤寇陷庐郡，骎骎北犯。文宗用大臣荐，命府君归治团防，单车就道，暂扼临淮，募练勇。至庐助官军剿贼屡胜，复渡巢湖，击败陈玉成巨股于白石山下。旋会攻巢县未克，疾作而归，乃手书谕鸿章曰："贼势猖獗，民不聊生。吾父子世受国恩，此贼不灭，何以家为。汝辈当努力以成吾志。"临终遗言止此。呜呼！可哀也已。府君殁后，皖事日坏，淮南郡县皆沦于贼，而旧部练长各于其乡筑寨杀贼自卫，卒成劲旅，以从鸿章兄弟戡定吴越，肃清中原，即今所称淮军也。府君之志亦少慰矣。

太夫人为合肥处士腾霄公女。年十九来归我府君，事舅姑婉顺笃敬，馈爨必躬，在视必恪。宾祭之仪，百方饬备。生六男二女，尺布寸缕拮据经营。或以食指繁多为虑，太夫人曰："吾教诸子发愤读书，皆巍巍有立，岂忧贫哉！"迨遭时多难，鸿章等出从军旅，涕泣拜别，太夫人训以致身报国，勿为儿女子态。儿辈每迁一官，太夫人无甚喜之色，时时以盈满为诫，有过辄诘责，无少贷。同治初元以后，伯兄瀚章与鸿章并持节钺，互奉板舆垂二十年，禄养渐丰，太夫人仍率其家以俭，不改居贫常度。人有急难，则倾囊济助之。甲戌寿近八旬，诏赐"松筠益寿"匾额、如意、文绮等件，殁后屡奉谕旨称贤母，称教忠，盖记实也。

府君讳文安，榜名文玕，号玉泉，一号愚荃，道光甲午举人，戊戌进士，官至刑部督捕司郎中，记名御史，记名知府。李氏始祖曰心庄，一世祖曰慎所，由许氏出继者，至府君已七世。曾祖讳士俊，祖讳椿，考讳殿华。曾祖妣王氏，祖妣裴氏，妣周氏，皆有阴德。府君初授中宪大夫，以鸿章兄弟忝窃高位，累赠光禄大夫，大学士，湖广、直隶总督，一等伯爵，太夫人累封一品夫人。圣恩推而上之，祖考皆赠光禄大夫，祖妣、妣皆赠一品夫人。诸子今存者，惟瀚章、鸿章、蕴章、凤章四人。鸿章兄弟非材，微府君与太夫人厚泽，曷克蒙此光显，于是泣述梗概，并列刻系属，谨藏诸幽，用著先人积善垂荫于后者，其来有自，若其嘉言媺行宜传不朽，将以俟诸立言君子云尔。男六人：瀚章，拔贡生，考用知县，今历官至湖广总督，配王氏；鸿章，道光丁未进士，翰林院编修，今历官至文华殿大学士、直隶总督，配周氏，继配赵氏；鹤章，廪贡生，二品衔，甘肃甘凉兵备道，已卒，配李氏，继配周氏；蕴章，监生，候选道，配程氏，祔葬葛洲茔西，继配宁氏；凤章，监生，按察使衔，补用道，配戴氏，继配邓氏；昭庆，监生，记名盐运使，赠太常寺卿，已卒，配郭氏。女二人，长适记名提督张绍棠，次适江苏候补知府费日启，均卒。孙二十二人：经世，光绪庚辰进士、翰林院庶吉士；经邦，优贡生，内阁中书；经楞，拔贡生，按察使衔，候选道；经方，举人，候选郎中；经畬，一品荫生，举人，四品衔，兵部员外郎；经羲，优贡生，考用知县；经榘，候选知州；经郅，候选郎中；经藩，廪生；经述，正一品荫生；经适、经翊、经楚、经良、经叙、经滇、经迈、经湘、经沅、经进、经沣、经江。孙女二十五人。曾孙八人：国成、国苏、国桢、国栋、国鋆、国棣、国柱、国杰。

赐进士出身、诰授光禄大夫、太子太傅、文华殿大学士、直隶总督兼北洋通商大臣、一等肃毅伯、加骑都尉世职、男鸿章谨撰。

按：《清故中宪大夫晋赠光禄大夫李府君暨元配李太夫人（李文安夫妇）墓志》文本内容由肥东县博物馆彭余江先生提供。

清故光禄大夫赠太常寺卿记名盐运使李公（昭庆）神道碑

光绪九年（1883）十月

○王树楠

　　咸丰初元，洪杨之乱蹂躏东南十数行省，湘乡曾文正公奉朝旨治乡兵讨贼，旌德吕文节公亦奉命团练安徽，于是两淮豪杰之士争倡义，鸠合里中骁健子弟并起杀贼，时则有若刘壮肃公铭传、周刚敏公盛波及弟武壮公盛传、张靖达公树声及弟勇烈公树珊、唐忠壮公殿魁及弟果介公定奎类，皆桓桓纠纠为国干城，而李文忠公父子兄弟尤为一时众望所归，故淮军一出卒夷大难，成中兴之功，赫然与湘军并称于天下。

　　太常公者，文忠之幼弟也。先是文忠居曾公幕府，偕公进谒，文正见之叹曰："沉毅英练不亚诸兄，海内人才萃一门矣。"同治元年，粤贼窜皖江，陷巢、含山、和三城，文正檄公督新军五营驰守无为，扞蔽长江，以通水军，公之立功自此始。二年，文忠既东渡，以江苏军事棘，调公增募三营，乘洋轮驶沪上，益以春字五营会同潘公鼎新、刘公秉璋诸军，合攻松江，血战枫泾镇，十余日卒覆，而夺其冲，击走嘉兴、平湖贼援数万，进堕西塘、干窑，继伪罗天安、施得柱等四巨酋膊之市，馘悍贼四五千，铲石垒二十余座，遂下松江。复分军龛江阴，略无锡茅塘橘、红山、黄棣，齐门外大小数十战，推锋陷阵，见者咤嗟，而公独退然一不言功。文忠亦不欲以手足之私列诸荐牍。三年，大军攻嘉兴，伪荣王遣其党踵公垒投诚，公不逆其谩，留军守常熟虞山，躬携精卒与潘公、刘公壁嘉兴城外来受降，总兵程公学启恐堕贼算，增兵备后。援贼见之错愕惶惧，遂变计，誓死挡我军。公连日喋血鏖战，而丹阳、常州贼党迳扑常昭，众号六七万。公侦知，抽军回救，增调苏防各军分扼常昭东南两门，而自率军驰入城，潜启北门，与诸军夹击，贼跳虞山。适水陆援师大集，环而蹄之，贼解围逸杨库。公与其兄季荃分途蹑击，抵江阴歼之青阳镇，至是文忠上捷书始一列公名。迨金陵削平，曾文正公念其前功，乃由道员奏奖花翎，然非公志也。四年，文正奉督师讨捻之命，檄公襄营务，统领英朴松凤桂诸军万人，并练马队，戡贼于淮徐齐鲁楚豫之郊，露师四临，贼失气，恐喙不敢宿留。及文忠代曾公督师，建长围之策，公分军四千与刘公铭传，扼韩庄下游河道外沟，而内垣东酋赖文光浑奔健窜，迄不得肆，走死扬州。而八年西捻张总愚亦蹶于长墙，赴河而死。捷闻，擢盐运使。而公以累岁积劳，急思一暨，遂移病旋里。马端敏公新贻继督两江，以防军将卒率公旧部，疏调公襄治军事，公以病不受禄，间月一至军，居三年。入觐京师，至则旧劳大作，返津养疴，逾年而卒，时同治十二年六月三日也，春秋三十有九。光绪九年十月葬于合肥东北乡伯兆村。两江总督李公宗羲、江苏巡抚张公树声胪其功上闻，诏优恤，赠太常寺卿，荫一子以知州用。二十八年赠一品封典，二十九年奉旨附祀文忠公苏州专祠。

公幼嗜学，能文章，器识宏卓，力能负艰重，始终兵事十余年，严明有恩惠，得士卒心，每战辄先，常唯恐后人，所至功绩烂然，而谦退不居，身若无与。同时将领或部下偏裨，奋臂腾迹，际风云，掇青紫，怀符担爵者，指不胜偻；公则积一生勋伐，仅晋一阶。然自公视之淡然漠然，一若身外之物，无足为重轻得失者！呜呼，其德量越人远矣。

公讳昭庆，字幼荃，合肥巨族也。曾祖考讳椿，妣氏裴，祖考讳殿华，妣氏周，累世业农，积善有隐德。至公考讳文安，始以进士起家，官刑部郎中，记名御史。妣氏李，生丈夫子六人，而公次居季。三代皆以文忠贵赠光禄大夫，妣一品夫人。配郭夫人，生有懿德，端淑孝慈，善相厥家，后公十八年卒。子经方，光绪壬午举人，邮传部左侍郎，出嗣为文忠后；经榘，荫生，江苏候补道；经叙，光绪戊子优贡生，分省补用道；经翊，邑诸生，亦道员，出后五兄稚荃。女四：一适庐江吴学廉，一适合肥蒯光典，一适余杭邵颐，一适庐江刘体乾。孙男国栋，光绪壬寅举人；国澍、国源、国溉、国沆。癸亥季冬，公子经方昆弟书来请铭，乃为之铭曰：

德莫大于不矜，功莫高于不争。十年戎马，出入死生。独其先劳，而后其名。让能群帅，兢爽诸兄。胡才之长，而年之不赢。千秋万祀，其视此铭。

赐同进士出身、诰授光禄大夫、前甘肃新疆布政使、新城王树楠撰。

按：《清故光禄大夫赠太常寺卿记名盐运使李公（昭庆）神道碑》文本内容由肥东县博物馆彭余江先生提供。

清故赠内阁学士刘公盛藻家传

刘盛藻，安徽合肥人。咸丰初年，发捻纷扰安徽。盛藻以俊秀随团练杀贼，给五品军功顶戴。

同治元年，随都司刘铭传剿贼江苏，连克南汇、奉贤、柘林，川沙、金山卫等城，击退虹桥、四江口大股援贼。叙功以县丞选用，并赏戴蓝翎。三年，总兵刘铭传解常熟围，进攻杨库，城坚贼悍，外有援贼护王陈坤书众十余万。刘铭传自御援贼，遣盛藻督队攻拔扬舍，斩首数千。得旨以知县选用，并赏加知州衔。末几，刘铭传赴上海，陈坤书率党争杨库。盛藻谋于诸将曰："我军不过三千人，若与贼久持必坐困，不如乘其甫至疾击之，可胜也。"于是率所部直冲贼阵，贼大溃。进攻江阴，中枪伤，裹创血战，并复其城。捷闻，命以同知留于江苏补用。寻克无锡、金匮县城，在事出力，以知府补用，赏"恒勇巴图鲁"名号，并赏换花翎。时陈坤书众二十余万踞常州，势甚狷獗。提督刘铭传令盛藻先攻焦店，南插黄山桥、万寿桥、燕桥等处，斩首数万，寻复常州。盛藻功多，以道员补用。复统铭字左军六营，收复广德州。奏入，赏加按察使衔，并二品封典。

会粤逆赖文光与捻逆任柱、张总愚合股扰直东、楚、豫、安徽等省，此剿彼窜，飘忽靡常。两江总督曾国藩奏调刘铭传督师北征。四年，盛藻随军赴调。六月，解雉河集围，任、赖等逆窜沈邱。刘铭传派盛藻与总兵唐殿魁等率队由周家口驰追及贼于凹张寨，破贼寨二十余座。十一月，刘铭传以贼围河南之扶沟，率师往援。战日，盛藻见中军被困，派队狙击，张两翼进，贼惧而奔，围立解。五年，南援湖北，以克复黄陂县城，赏加布政使衔。四月，贼窜徐州之荆山桥，盛藻等渡河接战，败之。九月，任、赖等逆□扑运河，盛藻等与战于巨野之葛店。贼败，奔马鞍山，刘铭传分三路进击，盛藻当西路，贼西走，盛藻督众陷阵，骇散。又破贼于金乡县南，斩首无数。六年，追贼至湖北尹隆河，盛藻军被贼大股包抄，鏖战良久，河岸地窄，势不得遄，中军、右军亦被困，总兵唐殿魁殁于阵，刘铭传劾盛藻浪战轻敌，得旨拨去花翎，撤销勇号，仍责令带队剿贼，以观后效。四月，追贼于黄安紫坪铺，盛藻统铭字中军击贼之左，贼不支逸去。铭军移剿东捻。七月，贼溃胶、莱防，循南而至沐阳。刘铭传督盛藻亲军追败于黄泥河。十月，又败之安邱、潍县，乘胜抵赣榆，降人杀任柱以献。寻诸军蹙贼寿光，贼大挫衄，尸填沟壑，水为不流。捷入，赏还花翎，勇号。又以平任逆功，赏换"法克精阿巴图鲁"名号。

七年，西捻张总愚入窜直隶、山东一带。盛藻随刘铭传往剿，全股荡平，直隶肃清。论功命以按察使遇缺题奏。嗣刘铭传因病乞假，盛藻领其军，驻山东张秋镇。九年，天津民夷滋事，复移驻直隶沧州，拱卫近畿。

十年，铭军防陕，与统将不洽，哗变。上闻，敕直隶总督李鸿章密筹大员接统，以收军心。李鸿章奏言："按察使刘盛藻威惠廉正，军士翕服。前随刘铭传在营，带队驰驱南北，倚如左右手，请敕赴陕接统。"从之。十二年，丁父忧，吁请回籍守制。上以甘肃军务未竣，陕防紧要，盛藻督率铭军深资得力，仍敕"照常办理防务。盛藻故父刘大全恩赏一品封典。"

光绪元年，复请回籍补行终制，许之。五年，李鸿章以盛藻治军严整，操行笃实，其才足当一面，洵为文武兼，不可多得，疏调赴津，诏如所请。十月，授直隶大顺广道。六年，长垣、东明等县滨河之区，堤岸冲决，险工迭出。盛藻亲驻河，于督率修筑，工竣后，复虑河患靡常，议筹款以裕经费，设官以专责成。李鸿章据以入告，如所请行。九年，署直隶按察使。署总督张树声，以盛藻明达大体，奏派北洋总理营务处，并充海防全国翼长。六月，授浙江按察使。十月，以疾卒。

浙江巡抚刘秉璋谐李鸿章胪陈战绩，略言："盛藻随刘铭传转战江苏，浙江、安徽、河南、湖北、山东，陕西诸省，所至有功，先后擒斩悍贼，克复郡县，不可胜计。忠朴廉明，条理缜密，治军正旅，威惠兼施。淮军铭营中尤以盛藻为最得力，其接统陕防也，甘回未殄，陇上战事方殷。盛藻扼扎乾州，固关中门户，为前敌声援，一面歼除沿路匪党，疏通西征饷道，前敌诸军得以专心攻剿。及任大顺广道，于东明河务精心擘画，必求足以经久而后止。如专设厅汛，改勇为兵，一切定章皆盛藻创议，迄今长年看守，缓急无虞，此又有功于地方者也。恳恩照军营立功后病故例，从优议恤。"疏入，奉旨著将盛藻生前事迹，宣付史馆立传，并赐祭葬银两。十年十二月十一日，特旨加恩晋内阁学士衔，按三品以上殉难章程，荫一子入监读书，六个月期满，以知州注册候铨。十五年二月十五日，赐祭一坛。

按：《清故赠内阁学士刘公盛藻家传》见《合肥刘氏宗谱》六修谱十七卷，民国三十二年（1943）刻本。此传原作"先阁学公史传"，现题为编者自拟。

清建威将军广东水师提督三等轻车都尉世袭云骑尉瑚敦巴图鲁谥武壮吴公(长庆)行状

光绪十年(1884)闰五月

○黄体芳

　　曾祖定邦，诰赠建威将军，县学生员。祖鸣盛，诰赠建威将军，县学生员。父廷香，诰赠建威将军、光禄大夫，追赠四品卿衔，孝廉方正，优贡生。公讳长庆，字筱轩，安徽庐江人也。其先故泾人，自上世有名通者徙庐江，遂为庐江人，力耕不仕。十三传而至京卿公，家甚贫。京卿公魁儒通学，有声县壤间，尝与桐城马三俊命之、戴钧衡存庄、宿迁臧纡青牧庵，用文章气谊相切劘。公从京卿公左右诸老先生，诸老先生益叹京卿公有子矣。公幼而敦朴，嗜读书，无童稚嬉游之事。既从京卿公教授旁里，终岁且不归。归即觅萧寺彻夜诵读其中，今闸山龙华庵者也。京卿公尝为公说唐人歌诗，公精思不能得解，搔鬓发至应手委脱，其勤苦如此。尤嗜读《易》，以为天下古今万事物之理悉具其中，因亦究心焉。数应童子试，腾趠其曹。学政大兴李公得公文惊异，谓当以忠孝名天下，然竟以误书不选。公是时二十许岁矣。京卿公重有当世之誉，会粤乱蔓延江淮，庐江不守，京卿公以乡兵与贼相持搏，每战辄命公为士卒先。既攻克其城，已复不支，而京卿公巷战以殉。方京卿公在危城中也，饷馈乏绝，诸帅顿兵不前，悍贼四面而至，太夫人挈家辟兵，转徙乡间。公乘宵鲁缒城出入，出廉省太夫人乞粜转饷，入佐京卿公拊畜士卒，日奔走数十百里，尝终日不食，或劝之食，公泫然曰："吾父今方饥耳。"贼势益急，公奉京卿公命，走临淮乞师，而庐江复陷。既奔回，求京卿公遗骸不得，益大痛不欲复生，至计日引刀劙划肤肉以自罪。乃因益纠集京卿公散卒得数百人，涕泣誓以大义，期复城报仇。是岁咸丰四年也。明年，公以难荫袭云骑尉，隶安徽巡抚部。巡抚长白福公以公忠节之子，益任公复城事，卒以六年八月克之，擒斩故陷城贼首段立纲者。明年八月，福公以公督舒合练勇克桃镇功，奏保守备。九月复舒城，巡抚常熟翁文勤公益檄调公练合肥东乡兵。护城之捷，摧锋力战，事闻，赏戴蓝翎，十二月，击败陈逆花子冈，加都司衔，赏戴花翎。当是时，今两江总督湘乡曾公视师安徽，而故大学士湘乡曾文正公并奇重公。文正公审公忠孝坚定不可挠折，至手书为令以励将士。既命攻克三河，因遂檄公选所部五百人别为庆字营：此公受知文正公立营之始。同治元年江苏乞援，文正公命公率所部从今大学士、通商大臣合肥李公，间道赴上海，败贼于虹桥，擢游击。会贼自庐州北窜，文正公复命总理营务，专防守庐江县城綦严。复同浙江巡抚庐江刘公，攻拔枫泾、西塘、千窑贼巢，擢副将。其年十二月转降下平湖，于是贼辎重精锐悉屯积嘉兴矣，嘉兴，江浙往来之孔道。公以儒家子从军，悾悾不屑比附曹辈。故提督程学启号称淮军名将，攻嘉兴之日，公攻城南，学启攻城北，城上枪炮若雨霰，公战甚苦，方相麏薄，而公左臂中枪丸以仆。学启攻城北不下，以咎刘公。他日公请以一营径壁城南，裹创督战，愈益死力，斩士卒顾者数人，于是士卒益振，逾濠，蚁缘上城，且却且上，竟以拔之，奉旨嘉奖，以总兵记名，给勇号"力勇巴图鲁"，免骑射。复从攻克吴凇、大全、湖州，分援浙、闽、皖，迭克长兴、漳州、漳浦、晟舍、四安等城镇，奉旨以提镇交军机处记名。五年，从北征，转战皖、鄂、豫东诸行省。任捻、赖捻先后伏诛，而张总愚窜扰直东，刘公以病乞归，公统其军，用援剿直东豫，转战内黄、滑浚、宁津、临邑、德州，及控柝镇，扼运防，歼馘要逆，降散余党。肃清直东诸功，赏穿黄马褂，给勇号"瑚敦巴图鲁"，正一品封典。

军兴以来，中原盗贼多出曹、徐、陈、亳、颍之间，其地硗确瘠土，其民骜悍剽轻易举，不可以柔驯，迫且为乱。曾文正公既再督两江，以宿迁、徐、海冲要之地，宜得良将有威信者，因疏请饬公率所部分屯镇抚。当此之时，贼氛既平，直东将帅撤兵相望，会他军以克饷致变，水陆数千人，蔽河而南，其人故皆淮部，意且期会胁公军以扰淮扬。公侦知，即潜遣精信，防扼要隘。于时河涨，北风劲疾，卒舟至者绵塞河道数里。公以温言召羁其魁帐中，会有舟妇哗其卒之相嬲者，公立数斩之，众大震慑，益命辩者遍晓利害，尽收积其衣帜枪炮刀矛如山，而陆卒适至，遂亦就范。公别筑营舍，析处其人，令军中不得一卒相通语，稍稍判别乡贯，资送其家。旬日，事以大定，于是天子诏加公三级，骎骎知公矣。九年，移驻扬州，丁太夫人忧。曾文正公以军营例，奏命公穿孝百日，公屡哀辞不获。其后三年而移驻江浦，又明年而移驻江阴。其间总督开县李公继文正公后，其重公也同于文正公，兵吏之事，悉用咨度。李公去，而侯官沈文肃公总督两江，其知公亦如文正公、李公。方十三年，公在江浦，日人肇衅于台湾，东南以江防为重，李公属公筑炮垒江阴，又筑炮垒于江宁之乌龙山。公日夕亲督畚锸，材铁灰石度支之费，一无所问。或以诘公，公曰："吾效吾筋力而已，彼自有司者。"其后天子数遣使者审视，皆信工而疑费，人以是服公。明年春，六合有争漕之事，聚众数千人围迫城邑，势甚汹汹。县令张振镛仓皇不能制，则请兵夷剿，沈文肃公即檄公以师驰往。公一夕单骑至城下，诱致其主者，许以不死，令立散曹党。而上书文肃公，以为江宁漕粮之重，同于苏州、松江二府，而六合与贼抗最久，被害亦最酷，今二府减漕五十四万余石，而江宁如故，富者且不能纳赋，则贫者流亡日多，奸民得以相煽，征率旧额，非计之宜。文肃公得其书大喜，谓人曰："吾久不闻长者之言，今乃得之吴公。"其后二年，果有请减江宁五县漕粮之疏，多公力也。今上御极，特旨授公正定镇总兵。淮军先后诸将，得官之迟，盖无逾公者。文肃公既信重公，以海防棘，公胸有智略，洁己爱民，疏请留防江南。明年，益疏请任公宁国民教衅狱。宁国故皖南剧郡，兵革之后人稀土旷，客民泰半错土著间，势常相轧为仇。奸民白会清、黄之绅、杨琴锡等依恃泰西天主教，数陵暴乡里。会有传播白、黄等幻用纸人剪截辫发、幽匿少妇、采童胎为药事，乡民累万人，奋呼云集，之绅、琴锡攫众棰以死，因益毁烧其教堂。白会清仅以身遁，则益耸泰西教士构讼。总理衙门檄疆吏渝之绅、琴锡冤，于时民心益疑惧诊沸。而建平有何渚父子者，素见信里中，伺公往迎谒，今狱急卒不得主名，请戮渚父子以解，于是民争请代渚，教士且益请杀渚。自道光季岁以来，二三十年中，泰西商贩奇邪之伦蠕蠕满中国，构衅之狱踱踵而起。大吏务姑息省事，夷一奴一卒至猥阘之物珍护若瑰宝，吏民小触，怒则必钩致绳督歓法以媚于夷。公至，察狱始末曲直，请释渚，诛会清。文肃公亲逮鞫之，狱竟以定。公之还师，民扶老稚，载路踉送，万口喧咽，呼吴公活我，吴公活我。

初，滁州、来安、全椒诸山趋下之水，近由江浦黑水河以达大江，《明史·水利志》纪景泰二年，屯田御史上言北城圩黑水河并南入大江，请开通备旱涝者也。于是国朝康熙、雍正以来二百有余年，更作而更辍，迄无成功，而诸山东下之水既不得由故道达江，则益横衍二百余里，漫溢冲决，为民田害。虫蝗之时，公既躬履捕瘗，稔悉所苦，已又疏竟黑水河下游曰四泉河、玉带河者。于是滁来全诸郡县之民，益请文肃公以黑水河事属公，而六合侩贾亲凑市之利，以江水倒灌为讼。公力黜浮议，援引开陈，文肃公竟以相属。省工之始，规度材料，划量丈尺，部责工数，计授绳畚车锸滕扉担笠，增益口食，军以大说。江淮千里，田野父老妇稚，道路商旅，一颂而百称。其后大学士湘阴左公总督两江，循河故迹终以成之，至请他日属公南洋统帅，谓公通达治体，引河事以证。自公在江浦三四年间，收畜耕牛，筑堤堰，栖食饥馑流亡，以钱谷输振豫、晋直东，累数千金，其爱民如此。当是时公卿大吏，若沈文肃公、今安徽巡抚长白裕公、前江宁将军长白穆公、两江总督新宁刘公、江苏巡抚固始吴公，交章荐公智勇廉正，粹然儒将，所至为民依恋，可大用。天子数命部议叙，而六年二月遂有升授浙江提督之命。疏请入觐，皇太后、皇上召见二次，所以嘉奖公甚至。不数月而复有帮办山东海防、调补广东水师提督之命。公益自感奋，至则并海周视，审所以固圉而捍敌者。一切虚己以商于其僚，既格不行，则具疏以闻。疏上之日，人为公惧，公曰："提镇旧事得封奏，今方多故，天子宵旰以忧，吾忍负君哉！"由是忌公者疑公好事，益睽睽侧目，而朝廷赏赉眷礼益厚。

八年六月，朝鲜禁卒内乱，攻突王宫，戕其大臣及日之使其国者。远近流传，事由王生父李昰应。妃既死难，王幽忧不得预政。日寻衅，兵且至。朝廷故重东藩，军机王大臣谋于署直隶总督合肥张公，以公经纬文武，必能援经以定变，请于上，命公东援。公刻期办严，督师航海，八日而吾军翔朝鲜城下矣。谍者刺乱军方益造兵，日以七兵舰逼仁川要款，昰应颇观望。当是时趣弭乱，逮昰应就理，羽书骆驿道路。公度盛兵多杀非朝廷意，而昰应为乱军心胆，乃从数十骑入谒昰应。即因其来，宣示诏旨，致之天津，而使使以书白张公，请独任军事。越夕，率兵攻，擒乱军，诛其渠数人，迎复王妃，事方定。而道员马建忠、朝鲜参判金宏集、李裕元已以番钱五十万款于日矣。于是天子以公功最，诏赏公三等轻车都尉。而是时有谋代公军者，公请于所主则又不许。而因台谏论劾主朝鲜和约之人，则又疑公所嗾，公用忧邑。朝鲜，神京之重藩，广斥贫国，介俄罗斯、日二强国间，日戒兵逼处王宫，朝鲜兵疲弱，互市之国麇至。公念朝廷倚公东方事至重，顾兵又至单，数奏请所主陈说利害，不省，且哑哑笑公愚，不足论兵事，则益慷慨具疏自陈。又宰相大臣奉使行省及疆吏出入京师，若大学士左公、今兵部尚书衡阳彭公、刑部尚书南皮张公、左都御史寿阳祁公、两广总督南皮张公、前礼部侍郎长白宝公、故吏部侍郎仁和夏公，论当世人才，皆藉藉荐誉公，用是忌者益心衔公。疏再上，请陛见，天子眷东事，未之许也。公之在朝鲜也，修途缮治舆梁，救灾恤丧，日若不给。民有勒石颂公德者，公闻下令禁之。及其去也，国王以下，涕泣失声。国之人歌之曰："惟汉之水，厥流汤汤。惟公之德，奠我宗祏。我公归兮，畴翼乎我王？"又歌曰："昔公莅止，东人以宁。以匡以植，以咻群萌。伊公之德，伊皇帝盛明。"公至天津，上采朝议，以安南有法夷之乱，命公移防金州，而公已病甚，瞑眩之中，妻子远道驰省，公略不语家事，日且与将吏论战守所宜。有告法夷将至奉天者，公蹶然起，立呼车移营中，僚吏力阻，乃叹息而止。是时公病不能食已二日矣，遗书其略谓："臣以云骑尉蒙高厚之恩至有今日，今丑虏窥边，而臣遽先犬马填沟壑，死如有知，必为厉鬼杀贼以报君父。"竟以光绪十年闰五月二十一日薨，年五十有六。上闻轸惜，敕建专祠，予谥"武壮"，宣付国史馆立传，他恤典皆如例。

公为人颀长白晳多髯，肫然儒者。善谈论，与人语，必反复详尽，惟恐不达。折节善下人，僚友论事，或盛词厉色，公不以为忤。家故贫，自统兵以来，月以三十金为程，补官后始以奉金资其家；而宗族、将士、戚党、宾吏婚嫁、丧葬、田屋、衣食之费，称人而施，岁有常格。与人交，不以生死异视，故乌鲁木齐都统长白英果敏公、庐江张京卿盛恺、项城袁巡道保庆、长白绰勒欢保同知与公共患难，四公之死也，公为任其事畜。大氏公平生与友朋谊最笃，赡资之外，往往录拔其子弟，后虽且大负公，公遇之未尝不如初也。平湖之役，公既收降入城，居所贼遗金帛物十余屋，诸将争分之，公纤屑无所取。公没之日，家财仅足自给，当时诸将所未有也。公于功名耻武夫嚣竞之习，故提督杨鼎勋以万余人败于黄陂，赖公撑拄不溃，论奏记载者不及公，公亦绝不自多。平时治军驭将，一以曾文正公为师。尝曰："吾材智远逊人，若取济权术，且益蹶。"以是终不为时贤所奇。为学喜读经，临事必用经术辨析。其研理则自《中庸》下逮宋儒之书，靡不穷索。其治《易》宗来氏，有所得，必端书累帙，涂乙转写。少时尝筮卦得《明夷》之初九，再筮得六五，及至朝鲜，慨然曰："朝鲜箕子之卦，吾其终于此乎？"曾祖、祖考皆赠如公官，妣皆赠一品夫人。初娶余氏，继娶王氏，皆封一品夫人。子男二：保德，附生：保初。女三人：长适刘，次字李，次字刘。孙男二：菜孙、丽孙。公一门之中，三十年之间，懿行不绝于书。太夫人之没也，公妹以贞孝死。及公之病，公子保初割膺肉疗公。余往自京师取道山东，与公相遇沂上，席马鞯，坐谈甚欢，既又书问相往还。惜公用不极其才，而公年亦竟止于是，可哀也！公既没，谨就其家得所行事，闻于其宾客，而征诸诸公之疏牍，撰次上之史官，备采择焉。

按：《清建威将军广东水师提督三等轻车都尉世袭云骑尉瑚敦巴图鲁谥壮武吴公（长庆）行状》见李明勋、尤世玮主编《张謇全集》，上海辞书出版社2012年12月。此文署名黄体芳，实为张謇代撰。吴长庆谥"武壮"，标题正文原作"壮武"实有误，今据正史更正。

记名提督、广西右江镇总兵、宫保张勇烈公（树珊）墓表

光绪十一年（1885）十二月

○方浚师

大畜乃二阴之卦，其象曰："天在山中。"盖自临遁皆浸而长也，临二阳浸长以逼阴，遁二阴浸长以退阳，阴阳浸，故一则曰"有凶"，一则曰"不可大事"。至大畜之上九，通达无碍，而占遂为何天之衢。亨，道大行矣。亨则不凶，道大行则可大事。呜呼！孰谓阴阳之理易言哉？

合肥张勇烈公，既葬肥西潜山华城寺西王家大莹，李公鸿章为埋幽之文，已详其世贯功绩。未几，阴流入圹，公之孤云达怼焉忧之，遵晦翁迁葬韦斋例，另延地师，得官亭镇西北白马庙，下金云吉，乃卜光绪十一年十二月二十一日启公柩窆焉。今年云达来乞墓表，浚师于杨曾廖赖诸书茫然弗解，惟读《郭璞经》"土者气之体，有土斯有气；气者水之母，有气斯有水"数言，益信土形气形相因而生，不诬也。公改葬之所枕丁冈，面黄墩，穴有太极图，晕阔三尺，径三尺又七寸，五色斑斓，龙从西南蜿蜒数十里至结穴处，而大水汇于冈墩外。穴之内，堂圆如掌珠，形势如此，是足异已。

呜呼！公起布衣，提一旅师东征西剿，殷家畈筑堡练勇，实淮军之首基。官亭一役，亳州捻首张乐行几成擒。今公迁忠魄于官亭，风马云车，时一来往，犹有感于昔年百战威声乎？同治五年，逆酋任柱新败，逃至德安，公适率师至，兵单贼众。然非守土吏，穷寇勿追亦循古法耳。徒以江介肃清，鲸鲵就筑，不欲留么麽小丑稍厘圣怀，而帐下健儿不满三百，以之敌数千蛇虺，虽人人贲育，焉能有济？于是新家闸一战而将星陨矣。军兴以来，士巧于仕宦，借军营收名利，有擢至监司开府，辞而不居，拥众自固，遇大寇必避，遇小寇则虚张捷音，专阃武人又往往畏缩如妇女，惟知攘功掠美，迫力迫势穷，不得已身膏锋镝。朝廷褒奖自不能区别于其间，而朽骨黄泉对公能无愧色耶？

公功列国史，弗缕述。近述其迁葬之地与岁月，俾云达揭之于阡。公死事年甫四十有一，在同治五年十二月二十一日，距公迁葬日恰二十年，当亦公灵爽式凭欤？公用军功官至广西右江镇总兵、记名提督、"捍勇巴图鲁"、赠太子少保、予谥"勇烈"，世袭骑都尉兼一云骑尉。祖杰、父荫谷庠生，皆赠一品。姓孙，继姓鲁、

李。公初配吴氏，继配黄氏。子一，云达，候选通判，袭公世职；女一，归附贡生方臻壹，即浚师第三子。浚师与公无一面之识，官岭西时，公兄靖达尚书为公女择婿，许联姻娅，不远数千里通书下交，尚矣哉，其公之孝友所致也。

按：《记名提督、广西右江镇总兵、宫保张勇烈公（树珊）墓表》见清 方浚师《退一步斋文集》四卷，卷二，清光绪十七年（1891）刻本。

皇清诰授建威将军、赠太子少保、记名提督、广西右江镇总兵勇烈张公(树珊)墓志

光绪十一年(1885)十二月

○陈澧

五品卿衔前河源县学训导番禺陈澧撰文。

赐进士及第、日讲起居注官、翰林院侍读学士、南书房行走顺德李文田篆额。

内阁中书武昌张裕钊书丹。

诰授建威将军、记名提督、广西右江镇总兵官、悍勇巴图鲁张公,讳树珊,字海柯,安徽合肥人。赠光禄大夫、建威将军之子,今两广总督、卓勇巴图鲁之弟也。咸丰三年,粤贼、捻贼为乱,江淮数千里无完土,公随父兄,专练乡勇,淮军之兴,自张氏始。公以亲兵二十八人,击贼巢县,擒斩伪五尚书,克复来安、潜山,至太湖,所部五百人遇贼陈玉成众万人。与战,公军粮、火药皆尽。贼屯堤上,公率敢死士百人缘堤下蛇形,入贼中大呼"杀贼"。贼大惊溃,悉遁去。同治元年,今大学士、肃毅伯李公治兵江南,公兄弟与刘公铭传、潘公鼎新、周公盛波各率所部从之,皆以名名其军,今所谓树军、铭军、鼎军、盛军者也。公与诸军击贼,克青浦、嘉定、常熟,贼皆降。福山贼降而复叛,攻常熟。公以舟师至,风潮震荡,无泊舟地。登岸欲结营,而贼大至。公与鏖战,竟破之。移兵克江阴、无锡、常州,又从曾文正公击捻贼于鱼台、沙河、许州,皆败之。又败贼于丰、于定陶、于曹,追贼于汝宁。曾公国荃檄公援德安,至新家闸,贼绵亘十余里,隔水而陈。公挥兵渡水,杀贼无算。贼奔,穷追而贼横走截公军后。公力战至夜半,马立积尸中不能行。下马斗,死。同治五年十二月二十一日也。春秋四十有一。事闻,赠太子少保衔,赐谥"勇烈"。给骑都尉兼一云骑尉世职,本籍及立功地方皆建专祠。泊贼平,上追念前功,赐祭一坛。乌呼!公赋性忠勇,兄弟皆百战立功,文武官阶皆至一品。兄炽而昌,弟陨而折,则命也。公之死,以自负其勇。然公之生平,本不畏死,故遇危难辄倾身赴之。惟贼未灭而身先亡,为遗憾焉耳。自粤贼、捻贼扰乱天下十余年,将吏战死者,以百数计之。弥灭群丑,重开太平,由诸君子誓死报国,断脰决胸,而克成此大功也。是则公之死,即公之功也,而又何憾焉。凡属在国殇,皆得以此吊之矣。公曾祖考讳世科,妣杨氏、章氏。祖考讳杰,妣李

氏。考讳荫谷，妣孙氏、鲁氏、李氏。三代皆以公伯兄树声贵，赠光禄大夫。又以公及弟树屏贵，赠建威将军，妣皆一品夫人。公娶吴氏，继娶黄氏，赠封皆一品。侧室王氏子云达，袭世职。公以光绪四年某月，葬其乡大潜山阳，华城寺之西原。李相国为之志，是以传矣。制府友于之证，有余哀焉。又命陈澧铭神道之碑，其词曰：

中兴出将淮西东，屹与湖湘称并雄。合肥兄弟二张公，次公每战为先锋。乘危犯险多奇功，奋身深入虎豹丛。将星坠地光雄雄，公心但有孝与忠。忠孝尽矣生死同，九原持此告我翁。神祠万众趋鞠躬，又来拜瞻马猎封，灵之来兮雷电从，雨飒飒兮云蓬蓬，四山松柏生威风。

按：《皇清诰授建威将军、赠太子少保、记名提督、广西右江镇总兵勇烈张公（树珊）墓志》见编者自藏张树珊墓志铭拓片剪裱本。

皇清诰授中议大夫三品衔补用道夔州府知府随带加二级蒯公(德模)墓志铭

光绪十二年(1886)

○冯煦

　　穆宗即位之三年，江南底定。民吊死扶伤，复其旧都，蕲得古循吏水火而茵席之。于时合肥蒯公知长洲，最号得民，"好官"之褒，出自天语，党古所谓循吏耶？长洲承粤寇后，降人散卒相聚为盗，公抚其魁，使钩治之，三日无不获者。有盗匿某提督所，捕者莫敢发，公亲缚之。吴赋甲天下，吏又因缘为奸利，民纳银一两、米一石，尝相倍蓰，公廉其实而革之。户无大无小，必均以一，为明以来所未有。有以蜚语上者，卒得白。县旧有天主堂，雍正中巡抚鄂尔泰改祠孔子。祠毁于兵，泰西人请复其旧，公峻拒之，百计恫喝不少动。治狱虚中察辞气，不为缴刻。或曼衍其辞，若出若没，而忽得情会所在。不幸而不得，则湛思冥求，忘寝与馈；幸而得之，又风发而雷厉，必如其志而后即安。淮扬水师副将某遇盗于江，通州误获张开大五人，非盗也，而持之坚；震泽诬蒋亦琴以从蒋法沉溺死小功服婶，拟斩；新阳诬赵翔以从赵瑞戳死赵鹤亭，拟军；公并雪之。其他平反多类此。知长洲四年，所治凡八百狱，民以不冤，判牍传海内外，或译为俚曲野辞，衢巷歌之。公暇则布衣纤履，周关坊村堡间，民之荒勤，风俗之良窳，靡不洞达。常先事董戒之，民惊以为神。幽区奥陬相戒不敢为非，僻若公之监其左右也。大而坛庙、仓储、学校，细至昔贤之一祠一墓，皆割奉新之，所耗累巨万。长洲民上其事，所云"无利不兴、无弊不除者"也。长洲既代，民祠公于浒关。自是而苏州、而太仓、而镇江、而江宁，最后守蜀之夔州，其险易、肥瘠、久暂相万，得民一也。又长于应变。粤寇始东，公练丁筑堡以自卫，寇数犯，数却之。寇持公急，乡之群不逞复谋陷公，公昼掉阓其间，夜卧至数易其处。新阳盛阿香结众抗租，大吏使公督炮船往，公曰"炮船激之变耳"，单舸入。镇洋令某赋民不中程，民毁其廨。夔有厘税视榷关，观察某征之溢于榷，商民相率罢市，执某而抶之。修夔州城，役夫与营卒哄。奉节臭盐碛之未官运也，民聚而私煎，知县某匿不出。凡所遭皆情势岌岌间不容一发，而公不轶不惊，弭之以积诚，如雨膏涂，如风摧枯，无不化者。

　　性耆学，尤洞于《易》。为文钩沉缒幽，不规规风尚，连不得志于有司，泊如也。而向学益勤，学务自得，守一先生之说而颉治之，一划异同离合之迹。尝诏其子光典曰："是非凿枘，各立标帜，则失之妄；务为调人，绝无心得，则失之陋；哀集异说，凌杂米盐，则失之愚。远是三者，始可云学。"世号多通儒，其外，公所讥者几人耶？善为诗，多忧生念乱之旨。尤务裁就人士。长洲建平江书院，太仓建安道书院，夔州建文峰书院，并藏书其中。自为程课，敦宿儒督之，朴者文，废者振。士有一节之善，宾礼之甚厚，且唯其才而已，臧否贤不肖，一不干其虑也。

公广额丰颐，修髯垂尺许，目炯炯然射人，声如洪钟巨霆。有所论建，执义不回，气常盖其上，而坦白无城奥，亦能纳善下人。少有至性，父遭风疾，扶掖之不步武离。遇诸弟恩谊笃至，推祖所遗田宅界之。诸弟殁，恤其孤与己子比。三党族姻曲得其欲，与人交不以通塞、生死有二也。标致萧澹，无声色狗马蒲博之好，独畜书数万卷。公殁不十年，子姓至无以自赡而力学取科第，是可观所处已。

公讳德模，字子范。其先家襄阳，明迁合肥。曾祖希曾、祖绂并以公贵，赠中议大夫，又以公从弟德标官湖北布政使，赠通奉大夫。曾祖妣韩、祖妣李并初赠淑人，再赠夫人。父廷理赠中议大夫，妣周赠淑人。娶于李，封淑人，夷险一节，力俭以勤，先公八年卒。子男四人：光煦、光藻、光昭、光典。光典官翰林院检讨，能世其学。女二人，长适同县杜生，次字同县李氏。公历官始长洲知县，终夔州知府，进秩三品，阶中议大夫。生嘉庆丙子九月三日，殁光绪丁丑九月二十一日，年六十有二。后九年丙戌十一月，光典等始葬公于兹原，李淑人祔焉。煦事公久，又与光典为同岁生，铭莫煦若。铭曰：

公昔有辞："宽猛异施，文质异宜。"逮公为政，虽曰天性，亦学之应。暖暖姝姝，不主而奴，治通于儒。公之所是，家人妇子，休戚一体。公之所非，无坚不摧，如霆如雷。刚亦不吐，柔亦不茹，信公之素。政通人和，前舞后歌，吴蜀则那。公之持己，亦表亦里，洞见终始。识赅九流，通汉宋邮，归于自修。用足龟变，学足澄眩，终老郡县。郡县之功，传世无穷，视此幽宫。

按：《皇清诰授中议大夫三品衔补用道夔州府知府随带加二级蒯公（德模）墓志铭》见清 蒯德模《带耕堂遗诗》，民国十八年（1929）江宁刻本。

诰封一品夫人张母吴太夫人(张绍棠母)家传

光绪十二年(1886)

○李鸿章

国家泛爱蒸庶，施德若不及，凡有能助国家息其民者，宠嘉之著为令。昔春秋贷国人粟者，书于国乘。汉元狩间举吏民，能假贷贫民者，以名闻。又诏吏民，有振救饥民免其厄者，具举以闻。盖扶世导民，莫大于与人为善也。鸿章备位宰辅，每见四方有以干涝偏灾告者，封事朝上，膏泽夕下，挽粟发帑，蕲澹其灾，尧舜在堂，廉慈仁殷勤诚加于海内，故士大夫感发深宫，如伤之隐，争输财饩粟，助县官振业贫困，咸若恐后。即女士闺媛慕怀清之风，彻环珮，以救沟中之瘠者，亦所在多有。光绪十年四月二十四日，顺天府尹周公家楣以奏草抵鸿章。其奏云："记名提督张绍棠之母、一品命妇吴氏年八十有八，以勤约自持而惇善不怠，凡邻里姻党有不给者多方赡助。曩者本省宿、太水灾，暨晋、豫之灾，一再捐重金以振。今以顺、直水灾太甚，节衣缩食，摒挡白银千铤，命子绍棠呈助官振。并申明已拜一品之诰，不敢仰邀议叙。臣请敕建'乐善好施'坊以奖之。"制曰："依议。"畿疆故鸿章所兼领，方以三辅水毁，民流不能还定安集，心焉内疚。今吴太夫人出重金远赍以壮，拯活吾民，即吾民毋也。读奏竟，且喜且惭。越二年，绍棠将修家乘书，来为太夫人乞传。鸿章与绍棠累叶有连，吾祖姑即太夫人君姑，弱妹又归绍棠。每登堂拜母，跪起如子姓，阃行闻之最稔。又重以活吾民之谊，其曷敢辞。

太夫人同邑庠生讳腾鹏长女，家故饶，又城居，不习乡曲劳苦事。比来归诚斋封公，奉事尊章，婉娩承志，烹饪浣缉，一以身职之，若故习然。宛若人厨者以番休，太夫人屡为病者取代，浃旬不得休，立刀俎间，久足痹，至不能行。隆冬手颇瘃血痕斜互见，其劳瘁如此。既封公馆于外，不治家人产，捐嫁时装赍营田数顷，以纤悉治生，率女奴碾面屑菽糙溲为饷以食，而储凿粟供封公归，暨岁时婚友过从之需。后家稍稍裕，仍自省约，佐封公振赡三党，食啖作苦，不异曩时。封公弃世，值粤逆难门，子绍堪以倡团殉，太夫人命绍棠复集乡团捍贼，亲故相依者百有余家，出困米分饩之，全济者甚众。又率吾妹亲为饭，以饷丁壮。后绍棠与鸿章平吴，积功游升都督。诰封太夫人为一品夫人。迎养金陵二十余年，以光绪十一年八月十九日告终，年八十有九，敕建坊后一年也。

太夫人生年以来，毋珍羞之嗜、纷华之好，衣袽绽缀，岁满尚不忍弃。至遇戚党有急，暨晋、豫、皖省，顺、直等处之振，则悉出节缩所余无少靳。子妇操服食进，辄又呴呴为言少时供养作家勤苦状，吾虽老，宜惜物力为子孙留有余。周公奏词所称勤约自持、惇善不怠，咸实录也。于呼，坤道咨啬其常也，太夫人乃不屯其膏，河润九里，泽及三族，帝城并蒙其泽，宜其祥征子孙，福至老寿，蒙"乐善好施"之褒。近时吾乡寿媛得邀异数者，鸿章伯太夫人而外，惟提督周盛传母栗太夫人暨太夫人，同闬相望，绰楔峨峨，过其门者咸啧啧叹贤母之德，九重嘉与之仁于不置，其风世励俗实大且远。鸿章既托末亲，又旧史官也，太夫人之德与九重之仁既足以劝元元，厉蒸庶，崇乡党之训，且有合于春秋、西汉与善之义，爰摘于椠上之用，备史宬之搜采，次亦以俟志乘纪恩泽义行有可考焉。其世系之详，则不赘及，从史例也。

按：《诰封一品夫人张母吴太夫人（张绍棠母）家传》见 清 李国杰 辑《合肥李氏三世遗集·李文忠公遗集》，卷四，清光绪三十年（1904）合肥李氏刊本。

诰授建威将军湖南提督予谥武壮显考薪如府君
（周盛传）行述

光绪十三年（1887）十二月

○周家驹

府君讳盛传，字薪如，晚号北海老农。周氏自正德中，福德公避宸濠之难由江西迁居安徽合肥县之西乡。耕读相承，世有隐德。

曾祖有成公，本生曾祖有益公，祖文河公，考廷扬公，皆累赠建威将军。

曾祖妣卫，本生曾祖妣梁，祖妣梁，妣栗，皆累赠一品夫人。

栗太夫人生子六：府君次第五；长伯父爱三公，讳盛余；次伯父万春公，讳盛选；三伯父含英公讳盛华，在籍办团御贼殉难，奉恤赠游击衔，原籍建立专祠；四伯父海舲公，名盛波，现官署湖南提督；六叔父锦三公讳盛春，官游击，以从戎日久，积劳病故，奉旨赐恤。

府君生而孝友，廷扬公捐馆后，家计遂窘。栗太夫人训子严，府君与诸伯叔父力田服穑，能先意承志，以得堂上欢心。栗太夫人尝染疾，危甚。医皆束手，府君步祷于紫蓬山，归而刲右股以进，服之而愈，乡里称之。

咸丰三年癸丑，发逆蔓延及庐郡，盗贼蜂起。江北诸郡，始办团练。三伯父素娴武事，有烈丈夫风。乃偕四伯父及府君，集附近丁壮，捍卫乡里。是时郡城已不守，城贼来攻圩者以万计。日日鏖战无稍息。四年二月，三伯父殉难，乡人汹惧，欲散练为苟免计。四伯父偕府君涕泣誓众，晓以敌忾复仇之义，又奋力击破贼众，斩馘无数，于是人心始定。战守之具确备，而贼之率众来攻者，仍无虚日。计八九年间，府君屡蹈险出奇，以少击众，伪英王陈玉成、伪翼王石达开、伪扶王陈得才之股，屡为府君所挫。合肥西乡团练之名震天下。皖抚福中丞济，翁中丞同书，屡欲上府君功。将军多隆阿公又以书招，府君皆谢却之。

同治建元，今爵相李公由安庆成军，统师赴沪。招府君募勇东下。是年七月，克青浦。八月，回援上海。击伪慕王谭绍光之众败之。九月，克嘉定县。时四江口围甚急，复偕诸军驰解之。二年三月，太仓贼酋蔡元隆以城伪降，初九日诸军至太仓，仓卒遇伏。府君既逆测其诈，又以师徒屡捷，益申戒儆，以先有备，故得全。军归，连日搜乘补卒。十五日复进逼城下，一鼓遂克。是役也，微府君几殆。七月复江阴县，十一月攻无锡克之，获伪朝王黄子隆父子。积功擢总兵。时四伯父已叙功至提镇矣。从军未逾两年，兄弟皆不次超擢，同列以为荣。府君益自奋勉。是月进攻常州，受炮子伤甚剧。三年二月，常州守贼分股潜出，犯扬库，扰我军后路。府君抽队回剿，歼其众。十八日又督队往毁城外石垒，毙贼无算。城贼率众力争。府君方登桥指挥，讵桥先煅毁于贼，甫及其巅，桥忽中断。万石飞舞，声如雷霆。府君陡堕水中，又为砖礫击伤，遍体血污。将校扶掖至营，昏晕者竟日。数日即裹创强起，与诸军四面环攻。四月初六日，今爵相李公援枹督战。府君奋不顾身，率队自小南门先登，城遂克。论者谓苏省肃清之功，以常州为最。而府君之战为尤力云。捷闻，叙功以原官交军机处题奏，并加提督衔。得旨俞允。旋移壁溧阳，收复广德州。江、浙、皖南逋寇，以次荡定。

时捻匪大股由楚窜英、霍，势张甚。曾文正公奉命督师，檄调府君督队渡江，迎剿转战于六安、邳州、宿迁之间，而尤以雉河解围为奇捷。先是僧邸战殁，北军新失大帅，莫敢撄贼锋。捻益纵横肆扰，张总愚、任柱、赖文光、牛落红等，全股据宿、蒙、亳三州县为老巢，围英方伯翰军甚急。乔中丞松年，函请府君往援。是时皖帅征兵诸路，豫、皖、楚各军先后至者数万。壁利地，莫敢先发。府君至，度贼势已骄，且恋巢穴，可一战破也。遂督众进攻，任逆率马队悍贼奄忽而至，驰骤若风雨。府君严勒所部，以连环枪炮抵御，贼数冲突，我军坚不可动。欲回顾巢穴，而奇兵从贼后突出，贼不能支，遂轰然大溃。河南北数十贼营，皆遁去。四年六月初二日，雉河重围立解。诸军相顾骇愕。捷闻，晋提督。五年三月，累败贼于考城、巨野、武城、荷泽等处。贼一再被创，凶焰始稍戢。蒙优诏褒嘉，拜翎管、搬指、刀镰、荷包之赐。五月击牛落红大股于亳州龙王庙，大破之，牛逆受创死。

是秋，曾文正公回江督任，爵相李公复奉命视师。十月奉调督队游击，遂解柘城、罗山之围。六年二月奉旨，补授广西右江镇总兵。四月，麋贼于信阳之谭家河，斩获逾万。旋由豫入东，转战至江苏之徐海界，贼势日衰，东捻寻即荡平。而西捻张总愚一股，仍蔓滋河朔。七年正月，复奉调北上，追贼于东、直、豫之交，屡有斩擒。时以贼踪靡定，乃浚张秋运河，引黄入运。诸军列戍河堤，千里相望，贼不得渡。府君随爵相李公驻德州，每视贼锋所向，往来剿击，驱贼而南。二月，败贼于临清、景德诸州。四月，逐贼于陵县土桥。五月，贼冒暑由武定驰至吴桥、临津间，猛扑运河防墙。府君度贼已疲困，先伏炸炮于毛家庄，而使马队当贼冲，又出步队掩其后，逼贼入伏。俄炸炮齐发，贼奔溃不可止，自相腾藉，伏尸蔽野。贼之精锐，斩杀略尽。是夜三更，复击之于杨丁庄暨孙世官庄。乘昏黑叫噪入，酣战逾时。击毙张总愚从子之彪，获逆首李老怀及大小头目等，贼自此遂不能军。六月二十八日，诸军合围贼于茌平之南镇，遂将全股扑灭。捷闻，七月初十日，奉上谕：周盛传著赏穿黄马褂，钦此。中原底定。

七年六月，爵相李公赴任湖广，檄府君赴鄂。道经里门，乞假归省。

时栗太夫人七旬有六，母子不相见者七年矣。至是悲喜交集，府君乃有终焉之志。冬，爵相来书，以贵州逆苗负隅日久，川、楚各军久无功。朝命爵相督师，促府君赴军。栗太夫人又晓以大义，府君遂星夜就道。嗣回骑内犯，全陕戒严，廷旨改命爵相督办陕西军务，檄府君增募马步各营，简阅训练，勤劳倍至。九年三月，由鄂启行。时秦中麦熟，惧贼窜扰，请兵之使，相属于道。爵相屡檄趣府君。乃克日西发，五月初抵潼关。□逆慑先声，不敢东窜。陕民得及时刈麦，人心大定。六月，督队剿平北山股匪马意龙、戴得胜等。鄜、延、绥、榆之间，宿患以平。先是北山道险，粮运难继，陕、楚各军，战数不利。议者多欲迁延，冀成抚局。府君力持进剿之说，缒幽凿险，备尝艰苦。出师甫一月而贼平，陕人获安枕焉。

秋，爵相移节直隶，筹办海防。十年，奏定以府君所部屯卫畿辅，遂由临汾移屯直隶青县之马厂。十二月议海防，府君奉爵相檄，遍勘海口形势，以故明新城为最。其地上蔽津郡，旁控大沽、北塘，附近扼要之区，殆莫与媲。因绘图鸠工，建议兴筑。旧制城垣，但用砖甓，质脆易毁，且门必有楼，累栋连楹，敌炮所及，靡不摧坏。转挠守局。至炮台，旧式大率宽至七丈而极，守兵与子药皆无所蔽。方今炮位长且丈余，尤形逼仄。府君念城滨海澨，绸缪门户，拱卫神京，关系綦重。因请于爵相，凡有兴作，不拘常法。三月兴工，至次年九月告成。计筑内外城各一，城内大炮台三，城上环置小炮台，都七十有一。朴素浑坚，异于曩制。此外兵房、药库、仓廒、义塾，及城外沟河、桥闸之属惟备。后有洋员至新城阅视，叹为得未曾有，与西国最精之法无异。府君用心精密，为远人所推服，皆此类也。

初，廷议以兴复京东水利为亟。爵相屡檄府君料理津沽屯田事务。府君因新城之役，督工往来津、静之交，见其地逼近海河，潮日两至，略一穿凿，便可成南方水田。既由运河起，节节较量其高下，又测步海河南岸，知其利确然可行。因上书爵相，请开南运减河，下达大沽海口，以兴京东水利。大略谓其利有三：泄南运盛涨，沧畿南十数州县荡析之灾，一也；减河两岸数百里，皆芜废不治，若引甜涤咸，可变斥卤为膏腴，二也；川浍潆洄，蹊径曲折，戎马既难驰骤，转运尤不通行，实为海防一助，三也。爵相韪其议，乃奏饬府君督队疏挑减河，兼主办屯垦焉。

光绪建元乙亥二月，府君拔队移屯天津之南洼，地名潦水套，即今之新农镇也。遂督率将士，陆续兴办。计自乙亥至庚辰，阅年凡六，先后开南运减河，自靳官屯起，至大沽海口止，一百四十余里。又于减河两岸，各开支河者一，又开浚横河者六，其它沟浍川渠之属，多至不可数。计创建大小桥闸五十余处。大旨在蓄泄有时，又分别甜水咸水，不相渗混。于是屯效渐著，计已熟稻田六万余亩，其濒河田地可垦辟者逾亿万亩。府君又于营之四旁及亩浍间，植柳数十万株。每当春夏之际，一水护田，浓荫夹道，宛然江南风景。先是地尽咸碱，成效不易，觏议者或以为疑，至是又咸服府君任事之勇，而不知府君心力亦于是交瘁矣。二年，调补天津镇总兵。八年，补授湖南提督。益图报称。

府君好为深沉之思，于西人军火，尤有心得。每获新式枪炮，必反复研求，得其良楛之所在。克鹿卜后膛炮、哈治开司兵枪初出时，论者间有异同。府君力请于爵相，多购以为之备。于是北洋军械为天下最，四方咸取则焉。府君治军，以操练为急务，手订《操枪章程》十二篇，于阴阳向背风雨晦明之数，析入微芒。又诸营打靶，取准较其优劣。捐廉优奖，不拘常格，以故士争濯磨，技艺精熟。今春，醇邸亲临天津阅操，以盛军马步队为第一，谓"非旦夕之功"。而府君已不及见矣。呜呼！痛哉！

丁丑、戊寅、甲申诸年，直省饥馑频仍，流亡至营中附近者踵相接。府君爱集僚佐捐赀，分设男妇粥厂，收养灾黎无数。又筹赈交河，一邑全活至五万余人。其它山西、河南、安徽各行省，以偏灾告者，无不解囊助赈。其仁心济物不遗余力，类如此。

府君统兵二十余年中，惟同治八年暨十年，请假省亲，家居仅年余，得少休息。然犹为三伯父含英公、八叔父纬堂公及亡侄行发，择地建祠，并死事员弁之昭忠祠，以宣国恩。又捐膏腴田四千亩，制钱四万串，首建敬节堂，专恤忠良苗裔，嫠孀弱息之贫无依者。次第建立义塾、育婴、牛痘各局，以惠乡邻。先后共构屋百余椽，躬自相度，惟日不足。盖栗太夫人以行善为乐，借以仰体亲心，而不肯一日暇逸者，又素性使然也。

在军中，日短衣匹马，巡视各营，严惩奢靡、偷惰之习，然能与士卒同甘苦。凡医药之资，殡葬之所，筹划周至，人惮其威，又未尝不深感其惠。初，府君以力攻常州受伤甚剧，遂有头目眩晕之症，惟气体素强，时发时止。府君治事如常，不以病为急。不孝间由籍来省视，窃见鬓发渐皤，偶以节劳为言。府君辄曰："吾起自田间，忝窃阃寄，若一事不尽心，负疚滋重矣。"十年三月，旧恙复发，拟乞假

· 117 ·

归省，兼谋医治。当以法人肇衅，海口戒严，不敢以私请，犹力疾料简器械，筹备军实。前后上书爵相言兵事，悉中机要。又致书广西提督黄蕙亭军门，言关外战守事宜，有"五可胜，十可虑"之说，洋洋数千言。其后关外诸军溃败，如府君言。盖府君忘身忧国，用心过度，有如此者。十一年春，款议成，方拟力请归里，以遂十数年思亲之愿。不图四月二十五日，栗太夫人在籍弃养。府君闻讣，鸡斯徒跣，痛不欲生。蒙爵相疏吁天恩，赏假百日，星夜航海奔丧，于六月初五日抵里。抚棺长号，昏晕几绝，哀毁逾恒。遂致牵发旧伤，势甚危剧。不孝延医诊治，连进补益之剂，冀可复原。十四日犹亲诣灵前哭奠如礼。归室后突呕血数升。创痕迸裂。至酉刻，竟弃不孝而长逝矣。临殁时，言不及私，惟以未报君恩，未见亲面为憾。呜呼！痛哉！

讣闻，爵相入告。七月初八日，奉上谕：李鸿章奏，统兵大员奔丧回籍后，伤发病故，胪陈事迹，请旨优恤一折。署理湖南提督周盛传，前随李鸿章各军剿办发、捻各匪，转战数省，卓著战功。嗣经驻军天津，约束军士，讲求操防，克勤厥职。前因丁忧，赏假百日，回籍治丧，遽因伤发病故，实深悯恻。周盛传著照提督军营病故例，从优议恤。所有战功事迹，著宣付国史馆立传。并著加恩予谥，在安徽原籍及立功省分建立专祠，以彰忠荩。钦此。寻奉旨予谥"武壮"。饰终之典，备极优隆。

痛思府君一生，实与兵事相终始。乡居则办团御贼，及统兵在外，剿定发、捻各逆，吴、楚、关、陕、海岱之间，矛渐盾炊，不下十数载。出入虎穴，万死一生，尝解衣自视，刀弹之痕，斑斑如刻镂。近岁移屯直隶，邻疆思逞，时有责言。府君自惟受国厚恩，涓埃未报，北洋为神京门户，备御尤不容疏。日与诸将士谋训练，肄器械，缮城隍，筑炮台，为自强之策。而以余力讲求营田、水利树艺诸事，凡能经始，皆规模远大，不苟且为目前计。天假之年，其建立或更有大于是者。讵意千里奔丧，哀毁遽卒。不孝侍奉无状，罹此酷罚，尚何言耶！

配吾母袁夫人，年二十来归我府君，实能以孝恭勤俭之德佐我府君。咸丰初，府君办团治贼，凡糗粮、旗帜之需，赖先慈缝纫操作，供给无乏。及督军在外，栗太夫人涤瀡旨甘之奉，以及宾祭之仪，必多方饬备。府君治军垂三十年，无内顾忧者，先慈之力也。先慈治家久，事务繁剧，心血日耗，时有不寐心悸之症。今夏四月，栗太夫人逝世，先慈昼夜哭慕，体益不支，重以府君毁卒，伏枕哀号，疾遂日笃。不孝延医诊视，参苓罔效，惨于七月二十八日寅刻去世。不孝丛愆积咎，累觏鞠凶，不孝之罪，擢发难数。痛哉！痛哉！

子二：长即不孝家驹，三品衔分发补用道。娶同邑吴氏，山东候补道讳秉权公长女；次家泽，二品荫生，早卒。娶同邑黄氏，甲子举人、广德州学正讳瑞芝公长女。又抚故人之子为义子，命名曰莲芬，同知衔、江苏候补县。女二：长适同邑阮氏，四品衔、湖北候补县，名忠辅公次子江西候补知府贞瑞。次字同邑张氏，四品衔、分部行走郎中，名树玉公之子。孙一，行浚。孙女二，俱不孝家驹出。不孝家驹，将以十三年十二月初三日奉枢合葬于邑之戴大村新阡。谨次生平事略如右，伏乞当代大人先生立言君子。赐之碑铭，以昭不朽。不孝世世子孙感且靡既。孤哀子周家驹泣血谨述

赐进士出身、诰授奉政大夫、翰林院编修、国史馆协修、加一级世愚侄檀玑顿首拜填讳。

按：《诰授建威将军湖南提督予谥武壮显考薪如府君（周盛传）行述》见清周盛传《周武壮公遗书》九卷，卷首，清光绪三十一年（1905）金陵刊本。

周武壮公(盛传)神道碑

光绪十三年(1887)十二月

○冯煦

公讳盛传，字薪如，合肥周氏。淮军之兴，剡粤锁捻，转战遍十八行省，所向有功，今大学士李鸿章为之创。而周氏昆季实羽翼之，声绩灿然右诸将，则公与海龄提督也。咸丰三年粤贼始东，江北诸郡县不逞者蜂起，公与第三兄盛华及海龄提督籍丁壮自卫。时庐州为贼有，公居西乡，贼之来攻者日且万，不少动。四年，盛华战殁。公内抚夷伤，外御方张之寇，战守缮完，士气弥厉，屡败陈玉成、石达开、陈得才之众。合肥西乡团练名天下。安徽巡抚福公济、翁文勤公同书并欲上其功，将军忠武公多隆阿书来相招，皆婉谢之。

同治元年，李公督师至上海，规复江苏，挟公俱东，七月克青浦，九月克嘉定，又解四江口之围。二年三月，贼目蔡元隆伪以太仓降，诸军多为所乘，公有备独完。遂下太仓、江阴、无锡三城，获贼目黄子隆父子，积阶至总兵。十一月攻常州，炮中公创甚。三年二月，城贼潜犯杨厍挠我后，公遂歼之。既而反攻，公登桥，桥毁，石雨坠，隆隆如奔雷，公与俱坠。将校掖归营，昏不知人者竟日。少苏，裹创战益力，卒先登，克之。论者谓廓清江苏之功，常州为艰，而公其最也。

粤夷而捻张，曾文正檄公讨之，既又隶李公麾下，驰驱颍、六间，而徐、海，而曹、沂，而南、汝、光。三年数百战，摧坚刈强，当之者靡，雉河一役，尤为世所称。初，僧邸没于菏泽，捻益肆，张总愚、任柱、赖文光、牛洛红并穴宿、蒙、亳三州县，而围果敏公英翰于蒙城之雉河。皖帅征诸路援师，先后至者数万，相顾莫敢发。公既至，度贼已骄，且倚其巢，可一鼓破也。麾军进，任柱以骑来犯，殊死斗，公严勒所部，数突数却。贼将遁，公以轻骑裹之，柱奔河南北，贼数千垒同时溃。诸军解严，益叹公为不可及也。以功进提督，旋授广西右江镇总兵，并赐翎管、搬指诸物。捻之西也，公蹑之东、直、豫之交，我军凭运河为防。七年五月，贼攻之急，公伏炮于吴桥之毛家庄，使骑步夹军其前后，迫贼入隘，炮作自相踏藉，贼死无数。夜半再战，获张之彪、李老怀等。之彪，总愚从子也，而贼锋用是大挫。六月，环诸茌平南，遂尽殪之。捷闻，拜黄马褂之赐。九年，公从李公征逆□，五月至潼关，六月毙北山贼马意龙、戴得胜。鄜、延、绥、榆之间，群丑以殄，出师不一月也。

十年，李公移督直隶，公亦屯青县之马厂。十二年，海上有警，李公檄公相形势修守备具。故明新城屏蔽天津，而旁控大沽、北塘，公首议城之。凡有兴作，不主故常。始是年三月，终明年九月，为内外城各一周，炮台大者三，小者七十一，既坚既完，昔所未有。于泰西器械必穷其良楛所在，克虏伯炮、哈治开司枪，初未异之也。公力请于李公，多购以为备。手订《操枪章程》十二篇，阴阳向背，风雨晦明之数，剖析微芒。于是北洋练法，恒为他军则。丙戌，醇邸视师天津，亦谓公所部第一，而公不及见矣。初廷议，规畿东水利，论者持异同。公以新城之役，往来津、静久，其地滨海，潮汐日再至，一疏瀹之，与南中原沃野比。乃上书李公，请开南运减河，并陈三利，其言曰：“泄南运盛涨，澹畿南十数州县荡析之灾，一也；引甜涤咸变斥卤为膏腴，二也；濒海数百里，峪涧缭曲足以阻车骑，蹙敌粮运，为海防一助，三也。”李公韪其议，奏以属公。光绪元年，调天津镇总兵，移屯潦水套，今新农镇也。自乙亥至庚辰役之，时凡六年。自靳官屯至大沽口役之地，凡百四十里。又夹南运、减河两岸，浚支河二、横河六、桥堨五十余所，沟洫畎浍之属，不可胜数。泄蓄以时，稼事大兴，凡垦六万亩有奇，士饱马腾，缓急有藉。然公之精力则少衰矣。

壬午，迁湖南提督，仍留屯田。乙酉六月，以母忧归，十四日卒毁也，春秋五十有三。诏立功所在建专祠，予谥“武壮”。公先世籍江西，明正德中，有曰“福德”者避宸濠之难，始迁合肥。曾祖有成，本生曾祖有益，祖文彬，考方严，并以公兄弟贵，累赠建威将军。曾祖妣卫，本生曾祖妣梁，祖妣梁，并累赠一品夫人，妣栗，累封一品夫人。娶于袁，孝共俭勤，称公为人。后公一月卒。子二：长家驹，附贡生，三品衔，分发补用道；次家泽，二品荫生，先公卒。女二：同县附贡生，袁州府知府阮贞瑞；次未字。

公之客江宁何延庆与冯善，道公事甚核。公在军十余岁，出入吴、楚、齐、秦、鲁、宋之郊，大小数百战，屡濒于危，尝解衣示延庆刀弹之痕，班班若刻，而果毅不挠，卒成大功。驭下严而甘苦共之，有疾苦死丧者，矜哀之过其家人，故士卒惮其威棱而愈乐为用。凡所规划，务远且大，不为苟且目前计。假公不死，所效岂有量耶？公卒之次年，家驹葬公合肥之某乡某原。煦乃次公战绩之大者及屯田本末，揭诸墓道，其它义行，更缀以铭。铭曰：

凡民有生，曰忠与孝。系彼哲人，维躬是蹈。公之始孩，母疾濒危。步祷紫蓬，右股一刲。师干之试，公北母南。别母十载，中心如惔。母存公存，母死公死。存为忠臣，死为孝子。畿辅荐饥，赈之翼之。寒被之纩，饥哺之糜。下逮交河，全活尤远。五万余人，苏槁蠲困。嫠者有堂，孤者有塾。何戚何疏，义正仁育。下烛无竟，上光日星。后有考者，请视斯铭。

按：《周武壮公（盛传）神道碑》见清冯煦《蒿庵类稿三十二卷续稿三卷》，卷二十五，民国二年（1913）刻本。

周武壮公(盛传)神道碑

光绪十三年(1887)十二月

○孙家鼐

　　公讳盛传，字薪如，合肥周氏。淮军之兴，剿粤铍捻，转战遍十八行省，所向有功，今大学士李鸿章为之创。而周氏昆季实羽翼之，声绩灿然右诸将，则公与海龄提督也。咸丰三年粤贼始东，江北诸郡县不逞者蜂起，公与第三兄盛华及海舲提督籍丁壮自卫。时庐州为贼有，公居西乡，贼之来攻者日且万，不少动。四年，盛华战殁。公内抚夷伤，外御方张之寇，战守缮完，士气弥厉，屡败陈玉成、石达开、陈得才之众。合肥西乡团练名天下。安徽巡抚福公济、翁文勤公同书并欲上其功，将军忠武公多隆阿书来相招，皆婉谢之。

　　同治元年，李公督师至上海，规复江苏，挟公俱东，七月克青浦，九月克嘉定，又解四江口之围。二年三月，贼目蔡元隆伪以太仓降，诸军多为所乘，公有备独完。遂下太仓、江阴、无锡三城，获贼目黄子隆父子，积阶至总兵。十一月攻常州，炮中公，创甚。三年二月，城贼潜犯杨库挠我后，公遂歼之。既而反攻，公登桥，桥毁，石雨坠，声隆隆如奔雷，公与俱坠。将校掖归营，昏不知人者竟日。少苏，裹创战益力，卒先登，克之。论者谓廓清江苏之功，常州为艰，而公其最也。

　　粤夷而捻张，曾文正橄公讨之，既又隶李公麾下，驰驱颍、六间，而徐、海，而曹、沂，而南、汝、光。三年数百战，摧坚刘强，当之者靡，雉河一役，尤为世所称。初，僧邸没于菏泽，捻益肆，张总愚、任柱、赖文光、牛洛红并穴宿、蒙、亳三州县，而围果敏公英翰于蒙城之雉河。皖帅征诸路援师，先后至者数万，相顾莫敢发。公既至度贼已骄且倚其巢，可一鼓破也。麾军进，任柱以骑来犯，殊死斗，公严勒所部，数突数却。贼将遁，公以轻骑裹之，柱奔河南北，贼数千垒同时溃。诸军解严，益叹公为不可及也。以功进提督，旋授广西右江镇总兵，并赐翎管、搬指诸物。捻之西也，公躐之东、直、豫之交，我军凭运河为防。七月五月，贼攻之急，公伏炮吴桥之毛家庄，使骑步夹军其前后，迫贼入隘。炮作，自相踏藉，贼死无数。夜半再战，获张之彪、李老怀等。之彪，总愚从子也，而贼锋用是大挫。六月，环诸荘平南，遂尽殪之。捷闻，拜黄马褂之赐。九年，公从李公征逆□，五月至潼关，六月毙北山贼马意龙、戴得胜。鄜、延、绥、榆之间，群丑以殄，出师不一月也。

十年，李公移督直隶，公亦屯青县之马厂。十二年，海上有警，李公檄公相形势修守备具。故明新城屏蔽天津，而旁控大沽、北塘，公首议城之。凡有兴作，不主故常。始是年三月，终明年九月，为内外城各一周，炮台大者三，小者七十一，既坚既完，昔所未有。于泰西器械必穷其良楛所在，克虏伯炮、哈治开司枪，初未异之也。公力请于李公，多购以为备。手订《操枪章程》十二篇，阴阳向背，风雨晦明之数，剖析微芒。于是北洋练法，恒为他军则。丙戌，醇邸视师天津，亦谓公所部第一，而公不及见矣。初廷议，规畿东水利，论者持异同。公以新城之役，往来津、静久，其地滨海，潮汐日再至，一疏瀹之，与南中原沃衍比。乃上书李公，请开南运减河，并陈三利，其言曰："泄南运盛涨，澹畿南十数州县荡析之灾，一也；引甜涤咸，变斥卤为膏腴，二也；濒海数百里，峪涧缭曲足以阻车骑，蹙敌粮运，为海防一助，三也。"李公韪其议，奏以属公。光绪元年，调天津镇总兵，移屯潦水套，今新农镇也。自乙亥至庚辰役之，时凡六年。自靳官屯至大沽口役之地，凡百四十里。又夹南运、减河两岸，浚支河二、横河六、桥堨五十余所，沟洫畎浍之属，不可胜数。泄蓄以时，稼事大兴，凡垦六万亩有奇，士饱马腾，缓急有藉。然公之精力则少衰矣。

壬午，迁湖南提督，仍留屯田。乙酉六月，以母忧归，十四日卒毁也，春秋五十有三。诏立功所在建专祠，予谥"武壮"。公先世籍江西，明正德中，有曰"福德"者避宸濠之难，始迁合肥。曾祖有成，本生曾祖有益，祖文彬，考方严，并以公兄弟贵，累赠建威将军。曾祖妣卫，本生曾祖妣梁，祖妣梁，并累赠一品夫人，妣栗，累封一品夫人。娶于袁，孝共俭勤，称公为人。后公一月卒。子二：长家驹，附贡生，三品衔，分发补用道；次家泽，二品荫生，先公卒。女二：同县附贡生，袁州府知府阮贞瑞；附贡生，员外郎张云墉其婿也。孙二：长行浚，光绪丁酉举人；次行湜，二品荫生。

公在军十数岁，出入吴、楚、齐、秦、鲁、宋之郊，大小数百战，屡濒于危，尝解衣示家鼐刀弹之痕，班班若刻，而果毅不挠，卒成大功。驭下严而甘苦共之，有疾苦死丧者，矜哀之过其家人，故士卒惮其威，积而愈乐为用。凡所规划，务远且大，不为苟且目前计。假公不死，所效岂有量耶？公卒之次年，家驹葬公合肥西乡戴村之原。家鼐获交公，知公谂，敬次公战绩之大者及屯由本末，揭诸墓道，其它义行更缀以铭。铭曰：

凡民有生，曰忠与孝。繄彼哲人，维躬是蹈。公之始孩，母疾濒危。步祷紫蓬，右股一刲。师干之试，公北母南。别母十载，中心如惔。母存公存，母死公死。存为忠臣，死为孝子。畿辅荐饥，赈之翼之。寒被之纩，饥哺之糜。下逮交河，全活尤远，五万余人，苏槁蠲困。嫠者有堂，孤者有塾。何戚何疏，义正仁育。下烛无竟，上光日星。后有考者，请视斯铭。

按：《周武壮公（盛传）神道碑》见 清 周盛传《周武壮公遗书》九卷，卷首，清光绪三十一年（1905）金陵刊本。

周武壮公（盛传）神道碑

周武壮公（盛传）墓志铭

光绪十三年（1887）十二月

○吴大澂

公讳盛传，字薪如，世居合肥县西乡。咸丰三年，粤匪陷庐州。公与其兄今湖南提督盛波，结乡团御贼，以骁勇著名。西安将军忠勇公多隆阿，以书招之，谢不往。

同治元年，今大学士肃毅伯李公，募乡里壮健，创立淮军，航海赴沪讨贼，公兄弟并从。七月，克青浦。八月，回援上海，败伪慕王谭绍光于北新泾。九月，克嘉定，复驰解四江口之围。每战兄弟迭先后，所向有功。二年二月，太仓贼蔡元隆伪降，我军猝中伏，赖公严兵殿后以免。卒克其城。七月，力战复江阴。十一月，攻克无锡。获伪潮王黄子隆父子。公兄积功擢提督，公擢总兵。是月，攻常州。逼城下，受炮子伤甚剧。三年二月，伪护王陈坤书分股潜出。犯扬库，扰我军后路。公抽军回歼其众。复返攻城。毁城外石垒，方登桥指挥，桥先煅毁于贼火，忽中断，坠公水中，石礮随坠下，击伤遍体，昏晕竟日，公力疾复战。四月城克，公以先登功，奉旨交军机处记名，遇缺题奏，并加提督衔。旋移壁溧阳，又逐贼广德，复州城。于是江苏、皖南寇皆平。

四年春，曾文正公檄公率军渡江剿捻匪。时忠亲王新战殁于曹州，匪势大炽。围安徽布政使英翰于雉河集其急。张总愚、任柱、赖汶光、牛落红诸逆首，咸萃于涡河两岸。援军莫敢先进。公勒所部击之，大败诸悍贼十数万众，围立解。初，公军在江苏，咸偕诸军进止。至是，独当大敌，以少击众，称奇捷。诸军相顾愕然。八月，进军归德。十月，追败贼于宁陵。曾公奏报有"记名提督周盛传素善夜战"之语。五年三月，败贼于游庄寨。曾公奏报有"周盛波兄弟竭力苦战，胆智俱优"之语，由是公兄弟并拜翎管、搬指、刀镰、荷包之赐。五月，大败牛落红于永城。又败任、赖等巨匪于太和。

是年秋，李公奉命代曾公督师，属公兄弟往来游击。其时匪踪分合靡常，蹂躏齐、豫、皖、鄂之境。诸军罢于奔命。债蹶相续，随公击贼于柘城、罗山，又蹙之于信阳之谭家河，斩获逾万。复由豫逐贼入山东，转战于江、淮、徐、海之间，兵未尝少挫。东捻寻平。七年正月，张总愚等扰河朔，逼畿南。李公调公军北援。而公兄不及从。三月，公由德州逐贼至开州。四月，从李公赴东昌，筹浚张秋。引黄水入运河，为圈贼计。闰月，公兄统铭军马队，公统盛军步队，偕击贼于陵县，败之。五月，追贼至吴桥，设伏狙击，歼其精锐殆尽，斩总愚从子之彪，擒逆首李老怀。总愚不复能军，遂歼灭。公以功赏穿黄马褂。

旋奉调赴鄂，防江。九年，从李公赴陕西。五月，抵潼关。六月，剿北山逆匪马意龙、戴得胜等，平之。秋，李公移督直隶，公军回驻临汾。十年，军青县之马厂。光绪元年，移屯天津之新农镇。公治军严而有恩，勤训练，力戒偷惰。军行顿次，必警备。战必详审敌势，思出奇蹈，抵其瑕隙。偶不得当，必救败以图全军。故壮士少伤亡，军锋久而不顿。任事尤勇，规画必冀垂久远，不肯苟且目前。在天津筹海防，遍察沿海形势，以前明所筑新城，地最扼要。请改筑坚墙为内外城，建大炮台三，小炮台七十有一，兵房、药库、仓库咸备，工坚而费省。又开南运减河，自靳官屯达大沽海口。于减河两岸开支河一，横河六。多为沟渠，便农民引灌，借淡涤咸，变斥卤为膏腴。开稻田六万余亩，使田浍交错，可限戎马之足。由是水利、屯田，功效大著。

公于同治六年，补授广西右江镇总兵。以捻匪未平未赴任，调补天津镇总兵。八年，简授湖南提督。以海防事要，仍留天津。直隶频年饥馑，公捐赀设男女粥厂，分赈远近灾黎，全活甚众。忌者哳言官劾公，朝廷命大臣察其事，竟无所得。时朝廷方倚公障海口，公屡求退不获。公事母栗太夫人孝，尝割股以愈母疾。远近称之。从军二十余年，惟同治己巳、辛未得请假归省母。尤善体母好善之心，在本籍创义学、育婴、敬节诸善举。十年春病，头目晕眩，拟请假省母。适法人构衅，海疆戒严。不敢以私请，力疾筹备战守，心力益瘁。十一年春，款议成，而公病已困惫矣。是年五月，闻母栗太夫人之丧，号恸几绝。李公为吁恩赏假百日治丧，六月初五日抵家，哀毁甚，牵引旧伤。十四日，呕血卒。春秋五十有三。李公具疏入告，奉旨从优议恤，诏立功所在及本籍建专祠，国史馆立传。寻予谥"武壮"。

公曾祖有成，本生曾祖有益，祖文彬，考方严，皆以公兄弟贵，赠建威将军。妣皆赠一品夫人。配袁氏，有贤德，后公一月卒。子二：长家驹，三品衔，分发补用道；次家泽，二品荫生，早卒。女二。孙一：行浚。光绪十三年十二月初三日，公子家驹合葬公于合肥西乡之戴村。因而请铭于予。

予于光绪九年秋，由宁古塔奉命统边兵入卫畿辅。驻新城，与公时相过从，商榷军事。公军最先习用西洋枪炮，见新制必审其机括，务得其命中之法。由是北洋军械，为天下最。手订《操枪章程》十二篇，日课军士演练，而破格以赏能者，使争自劝勉。公尝语予曰："西洋尚机巧，火器坚利绝伦。我狃于往者剿匪之常胜，恃旧有之军械，思与之敌，则言战固不如言和矣。"其言虽激，其智虑有过人者。因为之铭。铭曰：

世变罔极，忧患随之。昔为内寇，今在外夷。公历兵间，为时最久。奋我矛戟，屡歼群丑。及防北海，壁垒一新。金坚火烈，电掣雷磔。如斫如削，曰宋曰鲁。大匠斫木，择利而取。取人之善，而不自贤。用人宜尔，用兵亦然。识时务者，谓之俊杰。讵狃故习，昧昧自悦。惟公知变，变则思通。因时制宜，日起有功。世称公勇，我谓公智。以铭昭之，永诏后世。

赐进士出身、头品顶戴、兵部侍郎、总督河南山东河道提督军务如弟吴大澂顿首拜撰。

按：《周武壮公（盛传）神道碑》见清周盛传《周武壮公遗书》九卷，卷首，清光绪三十一年（1905）金陵刊本。

清故中宪大夫候选道李公（蕴章）墓志铭

光绪十四年（1888）三月

○刘秉璋

自古军兴，莫不以饷糈为急务。饷足，则兵气壮；绌则哗，存亡胜负之机，间不容发。方咸丰庚辛岁间，江南大营八万之众溃于一旦，而曾威毅伯以万人围皖，与剧寇伪英王相持至岁余，其势亦岌岌矣，卒赖赣南关税岁溢旧额数十万金转输不绝，以成大功。维时分巡使者为公兄小荃尚书，而钩稽剔抉以赞助之者，则公之力为多。公讳蕴章，字和甫，庐州合肥人。本姓许，三世祖慎所养于李，遂承其姓。曾祖椿，太学生。祖殿华，邑庠生，世有潜德。父文安，道光戊戌进士，刑部督捕司郎中，记名御史，尝平反冤狱。出办皖北团练，以劳卒官。三世皆以公兄瀚章、鸿章贵赠光禄大夫，尚书，大学士，一等伯。妣李氏，赠振威将军洪谟之女，封一品伯夫人。生子六，公其四也。年十二病目，已而盲。光禄公因畀以家政，然素颖悟，前所读书已了大义，其未读者辄令侍史诵之，过耳即不忘。凡子史、说部、邸抄，下至时下科举之文，皆能言其利病，口授书牍兖兖数千言，侍史者恒笔不及下，尤好谈经世务，善理财。方弱冠，即随尚书公官湖南，助理湖北粮台及分巡赣南，以筹饷为曾文正公所知。皖省既复，善后诸务悉以委之。准决清水潭埠，仲兄少荃伯相方权江督，奉严旨督塞，而无款可筹。会公至，议令两淮盐商捐银，改票为春秋营运，商皆踊跃，不数日得银七十余万，埠口告成。当是时，伯仲既贵显，诸昆弟亦俱以战功至观察都转，门下走卒为大官去者指不胜偻。曾李勋名，湘淮劲旅，至并称于天下。公故自有功，度富贵可操券，致顾自以残废之身，不肯滥邀功赏，黯黮而归，间效范蠡计，然术小试之家家大起，遂援例为候选道员，以终于家。然公亦非徒自封殖者。庐郡自兵燹后，府县学宫、学署、文昌阁、考棚、书院皆次第倡修，院长修脯，诸生膏火，罔弗备。又创立宗祠、家庙，并置义田千数百亩，祭扫之余，悉以赡族，鳏寡孤独废疾者有养，贫不能嫁娶丧葬者有助，子弟嬉游者督之读，或学贾，以故当世识与不识咸重其德，称为四先生云。性孝友。在湖南闻光禄公讣，日夜泣血，从贼中间道归葬。遭太夫人丧，年逾五十矣，犹哀毁为孺子泣。季弟幼荃都转，叔兄季荃观察先后物故，理其家，教诸孤如己子。观察欲修郡志未果，力疾成之，以竟厥志。其至性有过人者。卒于光绪丙戌二月丙子，年五十有八。配程恭人，封昭武都尉尚谟女，前卒。女一，适候补道张席珍。继配宁恭人，封武义都尉选榜女。子四：经世，庚辰进士，翰林院编修；经邦，丙子优贡，内阁中书；经钰，郡廪生；经良，候选同知。女六：拔贡生刘诒孙；道衔、附贡生张云霖；光禄寺署正林开祐，庠生庆凤翔、庞泽銮，其婿也。季字赵。孙四。初，公卒时，以未得吉卜，权厝某所。越二年戊子三月朔日，迁葬于余庙西阡，乙山辛向。先期，公子经世具状征铭，余忝与公世好，重之以昏。因知公者宜莫如余，敢以不文辞铭。曰：

视果盲乎？其识则练。彼横目者，幽室何见。身果废乎？其才则具。彼全受者，草木同腐。蜀山之北，肥水之阳。山迁水竭，令闻不忘。

诰授光禄大夫、头品顶戴、四川总督庐江刘秉璋撰。

按：《清故中宪大夫候选道李公（蕴章）墓志铭》文本内容由肥东县博物馆彭余江先生提供。

诰赠一品夫人李母周太夫人(李鹤章妻)墓志铭

光绪十七年(1891)

○陈三立

　　自粤寇乱炽，出没扰南服几遍，其时合肥李氏父子始纠乡兵，承父志，兄弟联翩踵起，提军转战，卒夷大难，翊成中兴之烈，功名震海内外，盖差与湘乡曾氏一门比隆矣。而李氏复有扼一城，却捍贼系江介，用兵得失安危颇巨，出自闺门、有烈丈夫所莫及者，则为甘肃甘凉兵备道讳鹤章之继室周太夫人也。先是太夫人君舅刑部公、兄公文忠公受诏归治团练御寇，兵备公佐之，后文忠公抚江苏，既复苏州，兵备公督诸军进攻常州，而太夫人留居常熟。寇图牵我师，分众六七万犯江阴、常熟、无锡三城，尤涎常熟军实粮储所在，益并力向之。兵备公暨诸援军皆隔绝，势不及疾赴。太夫人方省姑李太夫人苏州，闻警亟驰还，而寇已大至。太夫人仅凭城中兵千人，益集工役、民团得千余人，结以恩信，厉以忠义，示以誓与城存亡之志，尽捐簪珥资装犒士卒，众为大感奋，乘陴执兵，潮涌山立，躬亲巡视，势完力固，寇屡死咋不得逞，历十五昼夜而围解。当是时，士民父老妇稚群环太夫人为贺，欢呼声动天。寇气夺，散走，而常州亦遂下。呜呼！太夫人羁旅，率死士以寡御众以弱胜强，孤危支拄，奋其智勇，与沈文肃之配林夫人完保广信事绝相类，而主客异势，尤为其难，岂非不世出焜耀古今之奇女子哉！

　　太夫人合肥周氏，讳世宜，字淑仪，举人讳沛霖之长女也。幼承家训，通经史大谊，娴吟咏，凝重端静，不苟言笑。父辄举以语人曰："吾女乃卓荦不凡也。"年十九归兵备公，家故贫，太夫人习劬踾俭躬操作，虔事尊章，曲睦娣姒；及接宾昏、御仆婢，恩谊浃洽，无不满意。刑部公卒后，寇再陷县城，乡居亦毁，举家转徙境外无宁日。太夫人护姑流离道路中愈谨，兵备公得无内顾忧。江宁复，寇平，兵备公授官甘凉未赴，以功成思退，取决太夫人，遂告归不复出。太夫人前历艰穷，继获饶给，终始一节，不弛素履。有《玲珑阁吟稿》一卷，类早岁与兵备公唱和为多。又笃嗜陶潜、王维二家诗，手写积数帙，耽研篇翰，雍容温煦，见者忘其负智略，为任侠魁杰人也。至若承赞兵备公，及督诸子为诸善义事，与其它懿美号贤妇、贤母所遵循可垂法式，已载太夫人孙国松所为状，甚备。不复著，著其荦荦大者。太夫人享年五十有二，以光绪十四年十二月乙巳终于里第，十七年冬葬县东乡宋河湾之原，始以夫阶封夫人，嗣以子贵晋赠一品夫人。生子三：长经奎，殇；次经羲，即悔庵尚书，最以干略显名当世者也，以优贡朝考用知县，历官至云贵总督；次经馥，记名道员。庶出子一，曰天钺，江苏补用道员。女二，适张、适沈。孙六人：国荪、国松、国筠、国蘅、国芬、国芝。孙女三人。曾孙十六人。太夫人葬既久，国松乃以状乞铭，追藏诸幽。铭曰：

勋伐系世，豪俊辚辚。乃挺命妇，权奇绝尘。豕突狂寇，孰戒篱藩。结聚残旅，提挈一身。精浮天日，气杂风云。屹莫撼摇，完我金城。功翘保障，玉貌留痕。退敛英图，寐协冲德。邃闿肃雍，召祉诒则。训缵尚书，赫扬声绩。有孙有曾，文学并殖。永慕侠义，验兹幽刻。

按：《诰赠一品夫人李母周太夫人（李鹤章妻）墓志铭》见民国 陈三立《散原精舍文集》十七卷，卷十五，1949年上海中华书局排印本。

诰授光禄大夫一品封典按察使衔候选道李府君
(凤章)墓志铭

光绪二十年(1894)

○张子万

同治庚午，予承乏漕运，合肥李君稚荃方以道员管江南机器局事。予适近驻清江，时相过从，故予稔知君。局初立，制造创异，万目睽睽，不习其事。君目摄手画，能通其隔阂，而知其窍窾。又以西人之考工法密事，核华人肄之，则艺未精而蠹丛焉。故君之管局政，执法峻，而核弊严。尝与予言，凡事之初创者勿畏难，习之相沿者勿轻贷，功未有不就者。予深韪其言，固知君之才之可以属以事也。后数年，大府檄君总两江营务，予亦别去，今匆匆二十余年矣。俯仰今昔，多可感者，乃沘笔而志君之墓。呜呼！岂独为君惜哉。

按状：君讳凤章，字稚荃，合肥李氏。曾祖讳椿，太学生，祖讳殿华，邑庠生。考讳文安，道光戊戌科进士，刑部督捕司郎中，记名御史，皆以君仲兄太子太傅、大学士、肃毅伯贵赠如其官。曾祖妣裴，祖妣周，妣李，皆赠一品伯太夫人。君为人沉毅多略，早岁随任京师，游太学，充国史馆誊录，议叙州同。同治初，曾文正公督师安徽，君上谒，曾公器之，俾总鲍武襄公营务，进剿徽宁剧贼。鲍公行军剽锐，不规规于营制，每乘胜轻进，或为贼掩袭，君极言军事宜持重，冒险非大将所宜，鲍公嘉纳之。鏖战久，士多死伤，君搜乘补卒，以为之继。皖南卒定，兵后饥人相食，君得贼粟以充粮，输其半赈之，存活以数万计，累功擢道员，赏戴花翎，加按察使衔，晋一品封典。是时君长兄筱荃总督湖广，仲兄少荃以大学士总督直隶，君乃引疾归，侨居芜湖，有终焉之志。光绪间，庐州荐饥，君前后购谷万五千余石以赈乡党，又捐米五千石助官赈，事闻，奉旨交部议叙。河决山东，君又捐万金以助赈，赏正一品封典。盖君虽退处乡里，未尝一日忘国事焉。初，机器局之设也，深识远虑之士，咸以为自强之计，莫亟乎此。数十年来，边圉有警，而行军之火器仍购之于海外诸国，各局之所制者不周于用也。呜呼！使如君之精核者久于其事，则成效庶可期乎？予益叹才谞之不易得，而能任职者之难其人也。君生于道光十三年正月初八日，卒于光绪十六年五月初九日，葬以光绪二十年某月某日。初娶戴，继娶邓，皆封一品夫人。子三：长经藩，光绪乙酉科优贡生，己丑恩科举人，候选道；次经祜，早卒；次经翊，廪生，分省补用道。孙三人。铭曰：

梁乡之原，杨河之湾，是为光禄君之阡。既吉且安，以庇其嗣人。

诰赐进士及第、诰授光禄大夫、东阁大学士、军机大臣南皮张子万撰。

按：《诰授光禄大夫一品封典按察使衔候选道李府君（凤章）墓志铭》文本内容由肥东县博物馆彭余江先生提供。

赠太子太保兵部尚书衔福建台湾巡抚一等男爵
刘壮肃公(铭传)神道碑铭

光绪二十二年(1896)

○马其昶

公姓刘氏，讳铭传，字省三，合肥人。曾祖某，祖廷忠，考惠，世业农，后皆以公贵，赠如公官爵。公生而英，特有伟抱，尝登所居大潜山，叹曰："生不爵，死不谥，非夫也！"会天下乱，淮淝居民争筑堡寨自卫，各相长雄。一日有大豪呼公考至马前，责供给不时，至呵骂而去。公愤甚，蹑豪行数里，夺其佩刀杀之乘马徐归，于时年十有八矣。同治元年，曾文正公既督两江，奏荐合肥李公募淮勇东征，公以千总从，所将卒号"铭军"。连击破川沙、奉贤、福山，解常昭围，合水师，夺扬舍汛要隘，苦战六日，乘胜下江阴，取无锡，进攻常州，奇兵出奔牛镇，降其酋，推烽直前。寇复犯奔牛，还军却之。再攻，围常州，先登，生获寇酋陈坤书，常州平。积功至提督，赏黄马褂。而程公学启，已先前定苏州，遂越境应浙军，攻嘉兴，克之。至是，公平常州亦出屯句容，以应江宁围军。于是，湘军拔江宁，殄洪寇，极苦久，遂皆散。群捻复纵横齐豫吴楚，曾公受命督师湘军，将既已罢归，乃益募淮勇，设四镇重兵。公屯兵周家口，战捷于瓦店，于南顿，于扶沟，诏授直隶提督，仍率师援鄂，克黄陂，追贼至颍州，大破之。公以中原乃平旷地，贼四走疲，我乃建议筑堤扼沙河为守，贼溃突汴梁堤，追创之巨野，捻首张总愚窜陕西，任柱、赖文光窜山东。自是，有东捻、西捻之目。李公代曾公督师，公率所部自郓城至京山，东西数十战，贼皆披靡望风遁，由是东至黄陂，西至安陆、襄、枣，北至南阳、邓，铭军常为选锋。复议防运河，扼胶莱，筑长墙，北起夏店，南抵柳林口，遏贼骑西。

六年，引兵南救沭阳，追北至诸城、日照，还殪任柱于赣榆。赖文光图窜青济间，道驰潍西北，击破之，蘾之海滨歼其众，河流尽赤，文光自投扬州防军以死。东捻平，论功最，给三等轻车都尉，乞假归。七年，西捻张总愚由陕窜河溯，畿辅大震，诏责诸将。率公卧疾作家，坐逗留夺官。李公假朝命强起之，会师进击盐山、沧州、德平，李公仍议筑墙临邑，属之马颊河。墙成值大雨，徒骇河盛涨，贼不得渡，张总愚赴水死，西捻平。晋一等男爵，诏驻师张秋，资镇守，旋命督军陕西，剿北山□□，引疾归。论者谓李公："江苏之功推程忠烈，平捻之功公为大。"忠烈攻嘉兴遽战死，而公初起将五百人，而稍增至七千，讨捻益骑兵合万二千，西防陕增多至二万，逮后台湾之役，以异数改巡抚，位望乃益崇矣。自程忠烈始议外国械器利，其战江苏悉改用新械，淮军竟以此胜，而公由以铁道关兵事利害为重。光绪六年，与俄罗斯争伊犁约，应诏至都，即上言铁道便利数大端。李公因奏公主办，议格不行。十年，法兰西扰海疆。再起公，以巡抚衔督台湾军务，至七日基隆炮台毁，公以台湾无兵舰，不利海战，移军基隆山后，避炮弹且诱敌登陆，寻击毙法酋二，兵百余，夺二纛，他兵械数十，有诏褒美。法兵以偏师绠基隆军，别遣五舰犯沪尾。沪尾者，基隆后路也，距台北府三十里，军资饷械皆聚台北。公夜退师，驻淡水，犄角沪尾。谤讯流闻，取断于中，不眩时议。敌益增，来攻。是时马江已挫，上海用三轮船济师皆遇不达。诸将冒风雨跣足坚守督战，八阅月，诏授福建巡抚。明年，媾成。朝议台湾阻海，峙南洋门户，当设立行省自治，乃改公台湾巡抚，奏增一府、一厅、三县。生番窟宅台南北七百余里，狂奔叫呶，风气湮阂。捣虚斧顽，厘其驯稚一皆化熟，不以异类自疑。念兵制久敝不饶，给财用无能革新，于是清丈田亩，赋收倍经额，而诸所创土田、茶盐、金煤、林木、樟脑之税，亦充羡府库，始至岁入金七十万，其后至三百万，因益筑炮台，购火器，设军械局、水雷局、水雷学堂，要以兴造铁道为网纽，而电线邮政辅之功费大万百余。公思以一岛基国富疆迹已效，威名树立如其初志，累加太子少保、兵部尚书衔。又特命襄办海军事物，尝登沪尾炮台，东望日本，歔歔感发，曰："即今不图，我为彼虏矣已。"而户部奏饬："疆臣十年内不许增置舰炮。"复喟曰："人方基我，我顾欲樽俎折之乎？"乃三疏求去。台湾之立行省，自公始。治台湾凡七年而归，归四年而朝鲜难作，屡诏不出，遂以疾终于家，春秋六十。是年，台湾割隶日本。遗书入，天子轸悼，赠太子太保，谥"壮肃"，建专祠，史官立传。

长子盛芬，直隶候补道，前卒官。其长孙朝仰，三子盛芾，皆员外郎。朝仰袭男爵。次子盛芸，赐举人，袭三等轻车都尉。四子盛芥，举人，候选知府。女四人，皆适望族。配程氏夫人。侧室有出者，曰项氏、陈氏；绝粒以殉得旌者二人，皆李氏。公以某年月日葬某乡某原。其诸孙朝望举人，刑部郎中，致公所为《大潜山房》诗二卷，泣致状曰：先公墓碑未刻，敢请铭。乃铭公所著。别有奏议二十四卷藏于公家。辞曰：

公专阃寄，方壮其齿。金节雕戈，诙嘲文史。蛰居在壑，公欢无止。皇恍外讧，诏速公起。公来氓欢，彼骄亦骇。韬智衔勇，创古未有。涨天大泽，纳于一沚。公胡遽归，公归不俟。疆场成坏，彼此一时。悲膺雄志，虽死而视。焯公镵词，万古是记。

按：《赠太子太保兵部尚书衔福建台湾巡抚一等男爵刘壮肃公（铭传）神道碑铭》见民国马其昶《抱润轩文集》二十二卷，卷十三，民国十二年（1923）北京刻本。

刘壮肃公(铭传)家传

光绪二十二年(1896)

○程先甲

公讳铭传,字省三,氏刘。庐州合肥人也。先世耕邑之西乡,至公而不以屑,意有大志,尝登所居大潜山,仰天叹曰:"大丈夫当生有爵,死有谥。"

咸丰四年,粤匪踞安徽,陷庐州、六安,公倡团筑堡,贼惮之。西乡豪杰蜂舞起,数十里间往往堡寨棋置,互相雄长,亦时有攻伐。一日,别堡来攻,力却,枪药不继,其妻程夫人躬自造药,犹不继,老媪发其家所窖药十数瓮以进,堡卒不动。西乡豪杰莫不怖公矣。九年,从大军克六安,保千总。明年,援寿州,晋都司衔。

同治元年,李公鸿章摄江苏巡抚,次上海,募淮勇,雅知公,檄为管带官。于是铭军立焉。降南汇贼首吴建瀛、刘玉林,复南汇。建瀛所部三千人,玉林所部千人,皆属焉。别贼犯南汇,击却之。克川沙,擢都司,晋游击衔。攻奉贤、金山卫,克之,擢参将,予"骠勇巴图鲁"名号。从浦东还援,破贼野鸡墩,又解四江口围。二年,常昭苦贼久,会诸别军攻福山,克之,遂解常昭围,擢总兵。与水师提督黄翼升同攻杨库汛,六日克之。江阴贼复犯杨库,击却之。伪忠王李秀成渡江还救,合伪章王、护王、普王、潮王、侍王军,水陆数十万,分道内犯。公与诸别将各迎击,大破之。七月,进攻江阴,克之。诏以提督记名。九月,攻无锡、金匮,克之,赏头品顶戴。十一月,进规常州,至奔牛镇,贼目邵小双乞降,受之。攻常州小北门大土城,克之。伪章王犯奔牛,欲以牵我常州之师。往援,大破之。伪忠王以小轮船济兵来争,并击毁之。六日,奔牛围解。

三年,覆规常州,铲城外贼垒数十,环攻之,会擒伪护王陈坤书,遂克常州。赏穿黄马褂。六月,江宁残贼操伪幼主窜踞广德,公从建平往击,克之,复追北,大破之。

四年春,忠亲王战没曹州,捻大横。曾文正公奉命视师,赴山东,重公智略,奏设四镇重兵,以周家口重任付之。公于是属曾公,大破捻于瓦店,又破之南顿,解扶沟围。以公兵精,易为游击之师。冬,率师援鄂,克黄陂,追北至茅屋店。上褒美之,时公已授直隶提督,特命交部优叙。其明年,公念张、牛、任、赖四捻渠者，忽分忽合，驰马队于中原平旷之地，剽忽数千里，我师专主游击，非策也。于是创扼守沙河之议，驱捻于沙河以南，以蹙其势。公任朱仙镇以下河防，分汛筑长墙。俄，汴梁堤墙为捻毁，分军进击之，破之巨野。无何，捻渠牛老洪死，张总愚窜陕西，任柱、赖汶光窜山东，于是有西捻、东捻。

李公代曾公视师，公于是复属李公，督师逐东捻。东至郓城，西至京山，大小数十战，皆捷。又与鲍超军追击之安陆。四月，破捻黄安东，又追北至宛郡，屯信阳，整军两月，复蹑捻逐之，东自应山、黄陂，西出安陆、襄、枣，又从南阳至郑州，日踔百里，捻望风奔，不得战。于是创防守运河、进扼胶莱之议。六月，与潘鼎新相度胶莱河道形势，乃合诸别军，分筑长墙。北起夏店，南至柳林口。秋，破捻沭阳南，解沭阳围。追北至诸城、日照，枪殪任柱。赖汶光图窜青、济，公从安邱间道驰潍，迎击之。又夜击之潍东北，大破之。捻西走新城，截击之；东走寿光，薄之于洋河、弥河间，尽歼之，暴尸四十余里，河流尽赤。诸任殄绝，汶光寻自投扬州防军，东捻平。李公疏称是役为军兴罕有之奇捷，论功公当第一。诏赏三等轻车都尉世职。

公自四年办捻以来，转战数省，略无一日休，病莫能骑，乃乞假旋南。

七年，西捻张总愚由陕窜河朔，诏旨促公，乃驰赴东昌，会诸别军，追击张总愚于盐山、沧州、德平，迭破之。捻图扑运河，与诸别将环遮之徒骇、黄、运间，纵横夹击，尽殄之。张总愚蹈水死，西捻平。晋爵一等男，诏次张秋。

九年，上命督办陕西军务，乃抵陕。移屯干州，部署戏下诸将略定。回酋马化隆凤闻公威名，诣军吐款。一日，军中忽失去军衣十数笥，而化隆旋诣左公壁。盖左军窃衣衣其军以给贼。未几引疾归。自号“大潜山人”，蒔花木竹石，筑盘亭以庋克常州时所得周虢盘，围棋赋诗，若将终身焉。

上即位之十年，法兰西扰海疆，命督办台湾军务，宠以巡抚衔。闰五月甲辰朔丁卯抵基隆，行其炮台，仅有洋炮五，且仅守前面，不能应敌之旁攻，叹曰：“不足恃也。”居七日，法来犯基隆，炮台果毁。公以台湾无兵舰，不可与海战，乃移军基隆山后以诱之，且以屏炮。顷之，法登陆趋山巅而阵。命章高元、邓长安东西抄击之，枪毙法酋三、法兵百余，夺纛旗二、洋枪数十杆、账房十余架，余卒奔其舰。奏入，有诏褒美。皇太后为颁内帑银三千两以劳军。

七月，法以偏师绁我基隆军，别以五舰犯沪尾。沪尾者，基隆后路也，台脆兵单，去台北府三十里，而器械军食悉萃台北府。沪尾失利则台北危，基隆之师将自溃。公乃夜率全师移驻淡水，立挥诸将赴沪尾援。内地闻公退基隆，则骇然。公曰："兵事变化，恶有隔海可遥度者邪？"不为夺。已而，法益增兵舰，我军肉薄而柱枪炮。法舰别游弋沪尾口外，汇利、万利、华安三轮船，又不克济师，其势炎炎。然公一呼劳，将士莫不奋激，卒大破法师于沪尾，斩馘千余人。坚持数月不懈，由是虽四夷亦詟公矣。

公为人果毅伉爽，貌威厉，眸子烁烁如岩下电，语音喤大，戏下见者毫毛竦树。用兵不主故常，多机变，躬冒烟弹，为士卒先，故人乐为之死。幼不慧，十五六岁，尝夜寝，见有虎搏己，遂敏达。喜读医药、壬奇、占候、堪舆、五行之书，尤好兵家言。常以古兵家皆以治兵列奇零之数，其正者则在治国，故雅不以武功自震襮，尤殚精经世之务。

十一年春，和议成，台湾解严。台湾旧设府一、县四、厅二，隶台湾道，军事隶台湾镇。穆宗末年，沈公葆桢始增设恒春县。其明年，复增设台北府，领淡水、新竹、宜兰三县，规模草创。上念台湾南洋门户，非改立行省不可。公既以是冬由福建巡抚改拜台湾巡抚，于是斟酌旧制，议增设府一，曰台湾；县三，曰台湾、云林、苗栗；厅一，曰基隆。改旧台湾府为台南府，台湾县为安平县，卑南厅为台东直隶州。增置布政司一、澎湖镇一。上悉从之。台湾之立行省自此始。

生番蔓延台湾南北七百余里，与民居犬牙交错，戕杀岁至千余人。盗贼出没其间，土豪借防番以酿钱募士，官吏莫敢谁何。南北四路声气堙阂。公剿抚四年，而南中北三路若前后山各路之生番，咸剃鬖发，奉正朔，喁喁向化。集番童于台北府而教育之，被衣火食读书，久遂化为内地人，肌肤言语如一，至不愿归。又倡办清赋事，四年而竣，较旧额年征银十八万三千三百两有奇，已溢出三十六万三千三百两有奇。而公之治台，尤以兴造铁道为亟，其烦费亦最巨。

初，我国之与俄罗斯争伊犁约也，诏公起。公至京，上书曰："中国今日非速开铁道万不能自强，铁道成，非特利于漕务、赈务、商务、矿务与厘捐行旅，而于用兵尤急不可缓。盖呼吸灵通，则可裁兵节饷，并成劲旅，转运军火朝发夕至，十八省合为一气，一兵可抵数兵之用。此后兵权饷权尽归朝廷，不为疆臣所牵制，利孰大焉。"诏下其议于直隶总督李公，李公深韪之，欲请朝廷以其事属公矣。而刘参赞锡鸿新使日耳曼还，疏争甚力，议遂废。公为之叹惜者累月。至是周览全台，谓台南台北相距六百余里，崇山大泽，绵亘上下。卒有敌师截其中，则消息陡绝。乃奏请开办铁道，拔林辟途，孔山梁川，悉安施镔轨而驰火车，而南北通，台防愈益巩。公之素志始于是发舒焉。

十五年，晋太子少保衔。十六年，赐兵部尚书衔，诏命帮办海军事务。旋乞病归。邵友濂、唐景崧相继代。盖自中国有台湾巡抚以来，起自公，讫邵、唐而止。中日之役，诏旨迭促公，海内知与不知皆延项跂足以觊公出，卒以病不克赴。二十一年冬，终于家，年六十。天子轸悼，追赠太子太保衔，赐谥，立传，建专祠。官其长孙朝仰员外郎；仲子盛芸，举人；三子盛芾，亦擢员外郎。寻赐祭葬。二姜李绝粒殉焉，旌祠如例。

程先甲曰："余儿童时即知海内有公，其季子盛芥，余同岁生也。公尝第江宁，欲见之而弗果。后，其次孙朝望从余学，舍于其家，获读公之《大潜山房诗》，公之没数年矣。父老往往为余道公初起时事，乃求登所谓大潜山者，寻公发叹之所，为想见之焉。然沪尾一役，血肉相薄，仅乃完之，日夜靡心力以缔构其土。公去五年，乃指挥谈笑而赍敌人，岂不哀哉！"

按：《刘壮肃公（铭传）家传》见《刘氏宗谱》五修谱，卷十三，清光绪二十七年（1901）刻本。

清太子太保兵部尚书台湾巡抚合肥刘壮肃公(铭传)神道碑

光绪二十二年(1896)

○陈澹然

圣清光绪二十年夏，日本夺朝鲜，我师壁牙山不战。朝命李鸿章传旨，召故台抚刘公于里第，公卧病不出。海军燔。明年夏，割台湾，盟成，公辄悲啸数月，竟以是冬薨于家。

初，咸丰间，粤寇踞苏、常，为金陵内府。同治元年，大学士李公鸿章起淮军东讨，自将程学启讨苏、松，命公与其弟鹤章讨常州、太仓，断苏、松援。贼伪忠王李秀成合五伪王军数十万，连屯二百里，来援。公合诸将血战破之，诸列城毕拔，苏援绝，乃降。伪王陈坤书痛苏降之见杀也，则死守常州不下。程公既没，李公亟表公，特将逼常州。公则遣将壁奔牛镇，断贼援。伪忠王鼓轮炮环击，奔牛军饷援绝且死。公闻，宵驱五百人袭贼后夹击，呼声动天地，遂以四千人斩馘十万，蹙诸江。三年夏竟拔常州，磔坤书，军威达于皖、浙。逾月，湘军始克金陵。当是时，湘军围金陵三年不下，朝论辄推淮军功，骎骎出湘军上。

淮军固后起，公少特起冠诸军，湘中诸老将益惊叹，以为弗及。自粤寇据东南，淮捻、陇回并起，飙荡数千里，中国无宁土者殆二十年。公竟以此名震中国。

同治四年春，僧忠亲王战死曹州，朝命大学士曾公国藩壁徐州，统四镇兵讨捻。特拜公提督直隶，为大将，壁周口重镇摄之，尝兼旬逐寇千七百里，曾公特表叹奇之。逾年，李公代帅，壁济宁，公益发舒骋奇略，捻骑恒突数千里，公则创议建堤堑，扼沙、汴、黄、运、胶莱诸河二千里，罟之。斥巨金练奔卒万人，蹑击齐、豫、皖、鄂、淮徐五行省之郊，血战三载，卒灭东捻王任柱、赖汶光。病剧乃归。

同治七年，西捻王张总愚，自关北渡河突畿疆，京师大震。李公特表公节度诸军，为上将，血战灭之。中原大定，论功第一，诏锡一等男。九年，□□突关中，棘甚，特诏督陕西军，为大帅。未几，复引归。自是海内承平。公独宝古周盘，筑亭大潜山，抵要人不悔。尝角巾往来秦淮上，乐诗歌琴管十年，翛然若忘天下。独酒酣太息敌国外患，辄孤啸不忍言。

光绪六年，俄罗斯夺我伊犁，特诏入都询方略，辄复归。又四年，而台湾难作，卒保危台，任巡抚，八年乃归。

初，光绪九年，法兰西夺我越南，遂荡闽海，觊台湾，扼南洋，要我。十年，朝命李公趣公出，公方泛西湖，未之应。闰五月，台湾事发，始诏用巡抚衔督台湾军事，乃强起以东。

台峤孤绝海中，危甚。公至，建军府台北，而基隆适当敌冲，莅台十日，法将驱铁舰辄大至。基隆仅五炮，不能军，舰炮攻，台辄毁。公曰："台北萃饷为根本地，死守基隆，敌且袭台北，制吾命，且敌舰横海上，我独无。江督赁三舰济师，辄败返。此绝域也，不舍基隆啖敌，避舰攻，致陆战，如何哉？"则徙军沪尾，扼基隆山后，断其冲。躬壁淡水，策前军卫军府。朝士大哗，坚不动。血战逾年，屡破法军于岸上，斩其将，法兵死者千数百人。军士至饮溺为活。身为大帅，短衣草履卧山野，战辄亲出当军锋。一日，炸弹堕马下，左右皆惊，公则从容指挥，距跃奋进。众以是益服其神勇。

当是时，法既大破闽海军，绝台援，基、沪距台北八十里，卒不获夺台湾要我。天子闻其状，特拜福建巡抚，宠嘉之。盖自中国外战数千年未有险绝如此者，公自是威名震海外矣。

十一年，和议成，朝议建行省台湾，坚国蔽。天子鉴其忠，遂拜巡抚台湾之命。公念制敌莫先自守，以台保台，而后可纵横海上。台疆周二千里，生番亘山中七百里，岁出杀掠苦吾民；绅吏贪残，赋财益绌。则抚剿悍番六百社，廓垦疆，惩贪墨，清赋税，增设府、厅、州、县、布政使，固其民。建澎湖总兵，移两副将制前后山，扼中权，合台镇，张厥武，创商轮、邮电，广硫磺、盐、茶。凿前后山二百里，辟巨道。谋铁道七百里纵之。拟建省城于彰化镇。全台始至岁入九十万，及归，岁乃三百万。既开制造厂，兴武校，拓营台，广兵轮、枪炮，制水雷。

当是时，醇贤亲王督海军，李公佐之，皆锐意任公经营海表。两宫大喜，特晋太子少保、兵部尚书衔，帮办海军。公益慷慨激发，锐志辟海军，谋日本，为国家东南保障。未几，醇王薨，李公孤立，户部抗疏，令海军十年毋增炮舰，李公争，不获，公乃迭疏乞骸骨以归。归四年，而朝鲜之难作矣。

公钟声铁面，雄侠威棱，为治用兵曰勤、廉、简。少读书喜奇略，功成勇退，则益静研中外得失之林，尝慨古兵法多主奇，其正乃在治国。故虽年二十九提督畿疆，三十五辄拜钦使，督关军，顾不乐以武功襮天下。居恒目营心摹，思跻国家于富强之列。事权既不尽属，辄郁郁不得发舒。晚治岩疆，艰难缔造，虽绩效炳然，顾未竟其志。性伉爽刚毅，谋国一本血诚，不顾问流俗毁誉。虽李公患难久，知独深，及抗论大计，辄面赤眦裂，李公恒屈下之。盖其纵横奇侠，实有非常度所能测者。同治间，士大夫方咏太平，竞党争，诟西法，公独谓非罢科举，火部案，辟西校，拔真才，不出十年，中国将不可问。及伊犁事起，独抗言开铁道，通国脉，使兵饷出朝廷，督抚无能牵制，然后天下可为。今事败，乃践公谋，患且不可治矣。

公尝登基隆山，张远镜东望，慨然曰："彼葱郁者，非日本三岛耶？失今不图，吾且为彼虏乎？"及闻海军罢，则顿足叹曰："人方盗我，我乃自决其藩，亡无日矣！"故卒归不出。

今公殁十年，李公亦崎岖庚子间以死，中兴诸老尽矣。自古忧微之士，每不获行其说于未败之前；衰世之臣，每不恤以国家殉其门户，固如此。然则公之进退生死，其重系天下为何如哉！

公讳铭传，字省三，安徽合肥人。咸丰之乱，年十八，独起诛土豪，团练保乡里。尝登所居大潜山，谓大丈夫当生爵死谥，安能龌龊科举间。当异军特起，辄思独树淮南北，不乐隶他人，卒建铭军，名天下。薨年六十。两宫震悼，赠太子太保，谥"壮肃"，赐专祠，列传，爵子孙，如其志。乃最其大者，著于墓道之碑。铭曰：

霍古天柱，雄镇江淮。郁彼间气，荡厥丛霾。赫赫徐常，越刘代起。旷五百年，英风畴似。既平大难，独藏厥躬。玄鹤丽天，万籁斯融。晚镇危疆，气吞强敌。壮志沉埋，卧我岩壁。台亡公逝，函夏安归。浩浩江淮，万古长忆。

按：《清太子太保兵部尚书台湾巡抚合肥刘壮肃公（铭传）神道碑》见《合肥刘氏宗谱》六修谱十七卷，民国三十二年（1943）刻本。

沈公石翁(用熙)墓志铭

光绪二十五年(1899)九月

○葛钟秀

公沈氏，讳用熙，字薪甫，号石坪，晚号石翁，合肥人。生于嘉庆十五年庚午八月初七日，光绪二十五年己亥九月十七日卒，享年九十岁，葬于肥城东大兴集之傅家岗，其生前自营之圹也，与德配赵孺人同穴。公生平端肃，品学纯粹，少从受读，弱冠补弟子员，文名振江右。三十岁后即罢举子业，不屑此也。晚以岁贡选宁国训导，辞不就。以夙禀其师包慎伯训云："今时有三分良心人，不能作官。"故绝志不仕也。俞处士吉儒颂公寿有"身尊不受官"之句，公以为见道。公以书名家，壮岁即从安吴受八法，安吴独契之，赠书累轴，谓："他日绍吾传者，其沈子乎?!"每命其子某交之挚。同门吴让之益重之，谓："沈子，吾畏友也。书之成就，吾侪不及。"合肥赵响泉，公之中表，亦书家也。见公书，辄掷笔，言："吾不能与沈君争矣"。公日临摹无造次，间七十岁后，人妙品时论以为轶包邓也。李公若农称为海内第一名手，张公湘涛、李公若农因蒯君礼卿乞其书，世重购之以为宝。公尝谓其甥葛钟秀曰："吾非为财计也，不如此则应接不暇矣。然亦必视其人为何，如有非所心许者。虽世族巨公亦拒绝之。"不为利动，不为势屈，如其人敦品行也，亦乐赠以书不取值。见僮仆之贫乏，与之书以为赐。一入市则金交易矣。暮年教其孙光菼、光厚执笔，其外孙葛树润尤钟爱，许其绍绝学也。靳键伯，其门生长也。刘访渠、张子开、李健人，或亲炙或私淑，皆其宗派也。桐城马君通伯为公传，同邑张君楚宝为公书跋，公其不朽矣。公先世有明以官卫隶合肥籍，代不备纪。纪其曾祖讳朝纲，祖讳文煌，父讳若洼，三代均岁贡生，未仕。祖及父以公弟贵，诰授中宪大夫。曾祖妣蔡孺人、祖妣张氏及妣宋氏，诰授恭人。公行二，伯兄敬熙，弟刑部主事绩熙，太学生春熙。配赵孺人，生子二，长宝泽，笃学，性至孝，早卒；次宝中；女一，适舒城县举人葛钟秀。从子，翰林院孔目宝田、州同宝聚、文生宝森、附贡生宝三。孙四，太学生光菼、光尧、光厚、光照，均业儒。曾孙二。铭曰：

巢湖之秀，蜀山之灵。笃生哲寿，是为德馨。不慕科名，潜居乐道。以书自娱，其天浩浩。安吴宗旨，独得真传。维彼秦岱，直造其巅。为阐幽光，馨香授受。传之跋之，千载不朽。安兹窀穸，肥城之东。公甥铭石，谨述遗风。

外甥葛钟秀拜撰。

按：《沈公石翁（用熙）墓志铭》见《沈氏宗谱（谦受堂）》，民国三十七年（1948）刻本。

清故光禄大夫太子少保两广总督李勤恪公(瀚章)墓志

光绪二十六年(1900)二月

○李鸿章

公合肥李氏，讳瀚章，字筱荃。曾祖赠光禄大夫，讳椿。祖赠光禄大夫，讳殿华。父赠光禄大夫，刑部郎中，讳文安。刑部府君有子六人，公为其长，以选拔贡生为知县湖南。至武昌，见总督宫傅裕泰公，奇之曰："他日继吾位业必李令也！"历署永定、益阳，未至益阳，以洪秀全围长沙，守南门天心阁有功，围解之任。次年，改署善化。曾文正公出治军，檄公主饷饐。在军积岁，遂自江西吉南赣宁道调广东督粮道，就迁广东按察使、布政使。是后，为巡抚者三，湖南、江苏、浙江，而江苏不至；为总督者四，湖广、四川、漕运、两广，而四川、漕运至皆数月，辄别徙。前后督湖广最久，再署任，再实任。丁太夫人忧，去官，家居六年，再起督漕，遂督粤，凡为楚督十有三年，粤督七年，告归。又五年，薨于里第，享年七十有九。上闻震悼，予谥"勤恪"。子十一人：经畲，翰林院编修；经楚，江苏补用道；经滇，浙江即用知县；经湘，邑庠生；经沅，候选郎中；经澧，候选员外郎；经江，候选知县；经湖、经泚、经广、经淦。女九人。孙六人：国成，试用道；国式，试用知府；国武、国炽、国威、国晟。孙女五人。曾孙三人。往年鸿章视师中原，拜楚督之命，以公往署。兵事平，鸿章归镇受代，公始抚浙。居二年，鸿章被命征黔、征陕，公又来署楚督。逮鸿章量移直隶，遂以楚督授公，兄弟更代累年，太夫人不移武昌官所，盖圣朝之优宠臣家至矣，时人便谓朝廷缘鸿章薄立功伐，赍及元兄，此过论也。始，鸿章与公皆师事曾文正，而公从文正军独久，文正数称公能，尝疏上公绩状，而胡文忠荐公之疏亦至，文忠以胡所请特优，手诏批答曾疏，谓：已可。胡奏文忠欲得公自助，文正惜不予。江西牙厘，广东権饷，皆军中重任，文正一倚办。公当是时，朝廷求人辄视文正所左右，公以此平进开府。其后膺疆寄久，习知民情伪事，可否利病，所至敛仰才智投合经法，无近功显名，而士夫虚桥浮嚣之习尽屏不用，顾公一出以和，不甚为时怨妒，其亦往往见诋者，则由鸿章非才而久负重，有以牵累而中伤之也。在楚督时，忌者寻端龁齿，会以忧去，犹穷竟党与，卒不得公丝发咎戾乃止。及在粤遇日本构衅，倾资以济海防。和议成，国论大哗，公亦乞骸骨归矣。方事之未定，公贻书诫鸿章，约事已共告归。鸿章自念柄用久，当与国休戚，不敢归难后人。故公归徜徉山水数年，而鸿章独留不去。今公已殂谢，鸿章亦颓老，适来粤继公后，循览前政辄用，慨然诸子将以四月壬申朔葬公于合肥东乡大刘村，以夫人王氏祔，弟鸿章谨掇公官位、治行志事本末，勒石墓道，用告后千百载来者。光绪二十六年二月。

弟鸿章撰。

按：《清故光禄大夫太子少保两广总督李勤恪公（瀚章）墓志》文本内容由肥东县博物馆彭余江先生提供。

清故太子太傅肃毅伯文华殿大学士直隶总督晋太傅一等侯李文忠公(鸿章)墓志铭

光绪二十九年(1903)二月

○吴汝纶

光绪二十六年畿甸乱,东西海八国联兵内犯,诏两广总督、大学士、一等肃毅伯、合肥李公入朝,至上海道阻不得前,则缔合东南疆帅保卫封域,使不动摇。既,北祸益急,两宫西狩,外国兵喋血京师,公子身犯险难,入不测之敌军,左右前后尽敌国人,动辄防检。公掉舌摇笔,与众强国胜兵相抵抗,日共外国使、敌军将率争议盟约条件可许不可许,敌益敬礼公,相诚敛手,不分毫连触。久之,相率退军,宫庙复完如故时。于是朝野中外交走相庆,皆曰:"肉吾等死骨,使不化为外国人者,公力也。"约定,两宫还京有日矣,而公遽以劳勤告终。事闻,朝廷震悼,饰终有加礼,赠太傅,晋封一等侯,谥"文忠"。子孙进官秩各有差。汉大臣京师立专祠自公始。外国使、敌军将率在京者四十余人,咸集吊唁,皆曰:"公定约时所设施,他人不能为也。"当是时,国势倾危,外国人尚心折公如此,咨可谓难已。

始,公起治军上海,用外国兵械肃清江苏与平金陵,欧美诸国闻知已竦起加敬,既,再提兵定中原流寇,宇内清夷,遂专力外事。在直隶最久,于外国政学、制法、兵备、财用、工商、艺业无一不究讨,尤尽心防御。尝言国家百用可省,独练兵设备万不可省。于是用欧美兵法勒习所部淮将士,置局制造欧美兵器械,购铁甲兵舰立海军,建筑大沽、旅顺、威海营垒,开轮船招商公司,设各行省电线,采开平煤矿、漠河金矿,皆导国使猛进,与欧美强国竞盛,以财权不属,人才不兴,卒牵于异议,靳馈饟不予,使不能竟所施为,而西人顾交口称颂,谓为"东方毕士马克",五洲万国妇孺皆知公姓名,中国因之益重云。公既尽心防御,顾持重不肯开兵衅,待遇外国客能时其刚柔张弛,健来说者自失本谋。国家每与外国生隙,公辄运计谋消弭之,以故数十年中外无事。甲午日本构兵,主议者信新进少年谋画,不用公计策,遂成战祸。师既败,朝廷命公往日本议和,遇刺不死,卒定和而还。未几,命公历聘欧美诸国。诸国人闻公威望久,所至礼遇逾等,忘我败挫,交益睦亲。盖公持国事四十余年,所与外国共事者皆一国之选,今大率物故后之执事,闻诸故老皆爱敬公。及八国定盟京师，其使臣、大将多少年，其视公皆丈人行之。公旧望足相慑服，故兵虽胜而不敢骄，和议以此成益易。

公薨以二十七年九月二十七日，寿七十有九。公讳鸿章，字少荃，道光丁未翰林。自祖以上皆不仕。父文安，进士，刑部郎中，多隐德。粤盗起，治兵乡里，功未竟而卒。三世皆赠如公官爵。郎中与曾文正公同岁生，故公少受学曾公，其用兵方略，为国决大计，处荣悴显晦事，成败不易常度，得于曾公者为多。夫人周氏，继室太湖赵氏。公子经述毁卒。经方、经迈以二十九年二月十八日葬公合肥东乡大兴集夏小影，后夫人赵氏祔。公始无恙时，尝以身后碑志誺诿汝纶。汝纶不敢忘，铭曰：

猗惟我公，一国之命。命屡濒危，恃公而振。公之振之，不恤险艰。谈笑诙嘲，而厝之安。已安忘危，坏成使亏。安成公忌，危亏公毁。谁毁谁誉，视之亡如。独其闳声，荒遹惮惊。苞祸在心，逆折其萌。谗口百车，莫掩公功。朝有显命，谥公曰忠。公寿八十，壮采故在。浩气雄心，入土不坏。埋诗幽宫，永贞罔害。

赐进士出身、奉政大夫、五品卿衔、门下士桐城吴汝纶撰。

按：《清故太子太傅肃毅伯文华殿大学士直隶总督晋太傅一等侯李文忠公（鸿章）墓志铭》见 清 李鸿章撰、吴汝纶编《李文忠公全书》一百六十五卷，卷首，清光绪乙巳至戊申（1905—1908）金陵书局刊印本。

清故太子太傅肃毅伯文华殿大学士直隶总督晋太傅一等侯李文忠公(鸿章)神道碑

光绪二十九年(1903)二月

○吴汝纶

公讳鸿章,字少荃,晚自号仪叟,世为安徽合肥县人,姓李氏,其本许氏也。曾祖椿,祖殿华,皆不仕。父文安,进士,刑部郎中,记名御史,三世皆以公贵,赠如公官爵。曾祖妣裴氏,祖妣周氏,妣李氏,皆赠一等侯夫人。

公少受业曾文正公之门,道光丁未成进士,在翰林有声。粤盗洪秀全据金陵,吕文节公为安徽团练大臣,奏公自助。江忠烈公巡抚安徽,曾文正贻书江公,称公"可属大事"。其后,将兵淮甸,久之无所就,乃弃去,从曾公军江西。曾公既克安庆,且大举东伐。会江苏阙帅,朝廷谘访曾公,曾公以公应,而上海荐绅亦来皖乞援师。于是公以福建延建邵遗缺道超授江苏巡抚,召募淮士六千五百人,闭置西国汽舟中,穿贼地二千余里,抵上海特起一军,天下所谓淮军也。是时三道出兵,曾忠襄公径捣金陵,左文襄公进规浙江,公趋上海,独公功先成。自上海誓师,至克复苏州,凡廿阅月,大小数十战,所向望风靡。公时时临阵督战,曾文正自谓不及也。苏州既克,出境助平浙乱,分兵为金陵军声援。金陵平,封一等肃毅伯。及提兵北定流寇,先后荡平任柱、张总愚等,天下称颂淮军,公遂进位宰相。国家制相,权在政府。公与曾公为相,皆总督兼官,非真相。中外系望声出政府上,政府亦倚办二公。公尤锐身当天下大任,虽权力有属有不属,其遇事勇为夷险一节,未尝有所诿谢、退让、畏避也。于是公数平大难,有威风,以宰相总督两湖,尝帅军一援陕西,未几,代曾公总督直隶。在直隶垂三十年,所经画皆防海、交邻大计,思欲以西国新法导中国利用之,以求自强,一兴亚洲。权力既有不属,国势积弱,人才希少,拘学恣意妒毁,必坏其成。公忍诟负重,不激不挠,诽誉、顺逆、荣辱一不顾问。知强弱相形,不一变革,不克自振拔。顾积习不反,先其重要,莫急兵备,参校彼已,常持和节,而育才尤兢兢云。

同治十一年,与曾公合疏选学僮送往美国就学,岁百廿人,期以廿年学成,岁归百廿人为国效用。未几,中学而辍,公争不能得,随遣生徒分出就学英、德、法诸国,前后踵相蹑不绝。及建海军,将校尽取才诸生中。初在上海奏设外国学馆,及驻节天津，奏设水师、武备、管轮、电报、医术诸学堂；海陆诸军又各自立学堂，兵学浸盛。卒以财权不属，不能大展功绪。

外国兵备岁糜数千万，吾政府初议倚公防海，岁止四百万。其后不能如约，积十一年仅购铁甲兵舰二艘，海军自此起。初，公所部淮士尽用外国兵械，后历镇南北，皆设局制造，闻欧美出一新器，必百方营购，备不虞。已而户部奏立制限，不令购船械。及日本构兵，舰炮新旧不敌，以故败。

公尝言："国不可无备，备具矣，交顾不可失。"其待遇外国客谈笑嫚骂，阴阳阖开，接其风采，知为盖代英伟人也，事随以定。英人马加利在云南徼外被杀，英使威妥玛忿争，至下旗出都，祸变岌岌。公请自往之，罘留行，遂召集俄、德、美、法、奥、日本六国公使，大会乐饮，往来谈宴，亲至英兵船阅习海战，卒定议而还。法兵入越南，公持和议，朝野异论蜂起，遂开战。敌知公有备，无一兵犯北海，卒以交绥定和罢兵。甲午，朝鲜乞师定乱，遣将往，日本闻，亦以兵至，久相持不决。公方设谋解纷难，议者攘臂言战，主谋者信之，王师熸焉。既败，朝廷命公往日本议和，遇刺几死，卒结约解兵纾国难。未几，遣公使俄，遂历骋欧美诸名国。

自公始出治兵，至是四十余年，国势日益倾，外患日益危，逼公内固疆圉，外交强邻，支柱艰困，济变振急，五洲交推，与德相毕士马克、英相格兰斯登并称贤相。奉命远使，于是公年七十五矣，国威新挫，舆襟出疆，所至君相不以胜败易虑，敬礼有加，邦交益固。使归，命掌外部。已，又命督两广。

庚子乱民肇衅，八国连兵内犯，有诏召公入，行至上海道阻不得进。敌祸益急，两宫蒙尘，公深入敌军，动遭检制。既至京，如陷重围，孑然一老与八国强兵相抗。年余，劝敌却退，还我京华。而公亦以劳瘁至疾不起。及车驾自陕还京，公已不及见矣。讣闻，行在震悼，再遣亲王赐祭，追赠太傅，进封一等侯，谥"文忠"，赐银五千两治丧，祀贤良祠，本籍暨立功各行省及京师皆建专祠。子：刑部员外郎经述，赏四品京堂，承袭一等侯；工部员外郎经迈，赏四五品京堂，旋赏三四品京堂。公初无子，以弟之子经方为子，至是以记名道遇缺简放，旋赏四品京堂。孙：户部员外郎国杰，以郎中即补。国燕、国煦以员外郎分部行走。国熊、国煮赐举人。经述旋以毁卒。前夫人同县周氏，后夫人太湖赵氏，先公卒。侧室莫氏，封一品夫人。女，长适同知、潍县郭恩垕；次适四五品京堂、前署都察院左副都御史、翰林院侍讲学士、丰润张佩纶；次适主事、宜兴任德和。

公生平严事曾文正公。出治军，持国事，与曾公相首尾，其忠谋英断能使国重，是否成败不毫发动心，一秉曾公学。曾公薨后，西国势力益东注，若倒瓴水不可遏止，国家一以故常待之。公独迈往兢进导国先路，虽众疑莫随，而坚忍尽瘁，外国望之如大厦一柱。既用西法勒习海陆军，设防旅顺、威海，财政不已属，则兴立招商轮船，建设各行省电线，倡造铁路，开采唐山煤矿、漠河金矿，皆成绩昭著，与兵备表里。其外交机智，能以弱势驱策群强，使寝谋释怨，谓国有人任艰驭远，前古无有。功高取忌。性阔达，喜嘲谑，忌者益众。公一不屑意居晦，履险若无事，然生既不尽行其志，殁而无与继轨，以此朝廷尤痛惜之。

公薨以光绪二十七年九月二十七日，享年七十有九。经方等将以二十九年二月十八日葬公合肥东乡大兴集夏小影。前葬以书抵汝纶曰："先公曩以墓刻属君，今葬有日，请践诺。"乃为铭曰：

国于瀛寰，强力兢存。政法到今，变古一新。有拘不化，岌乎危艰。皇忧外患，岁逾六十。安其久故，不艾益急。笃生我公，远抚宙合。横生颓流，挽使山立。有舌烧城，以国倾公。公倾国危，公徐正之。公在众忌，公殁谁嗣？最迹镵辞，讥万万世。

赐进士出身、奉政大夫、五品卿衔、门下士桐城吴汝纶撰。

按：《清故太子太傅肃毅伯文华殿大学士直隶总督晋太傅一等侯李文忠公（鸿章）墓志铭》见清 李鸿章撰、吴汝纶编《李文忠公全书》一百六十五卷，卷首，清光绪乙巳至戊申（1905—1908）金陵书局刊印本。

清故钦旌孝子建威将军袭一等肃毅侯四品京堂李侯（经述）神道碑

○邱逢甲

　　以其身任天下之重，能极天下之至危，措之使安，际天下之至变，处之若常，其薨也，无中外咸震悼焉，其惟李文忠公乎？天子追酬公勋，晋公一等肃毅侯，而畀公之世子，天下所称为袭侯者也。天下之人，以公之功之在天下也，以天下之安危常变之罔有定也，其望侯能继公之志，益发舒而伟大之，盖未有已也。而侯遽以毁告不起也，天子旌之曰"孝"，命史臣传之，斯则天下之人所以哀侯，而益思公者已。昔有宋司马文正有子公休，端谨敏学，从文正学者，退与公休语，未尝不有得。涂之人见其容止，虽不识，皆知其为司马氏子也。事父母至孝，居母忧毁，几灭性。文正薨，庐居疏食，遂得疾，年四十一而卒。公卿嗟痛于朝，士大夫相吊于家，市井之人无不哀之，史臣以为公休济美象贤，不幸短命死，故世惜之。侯之学行，与公休同。年十二，母夫人疾，以指肉和药进，公知之，目曰"愚"，而益心嘉其孝。及居母忧，哀毁至，每哭辄不支，公谕之再三，乃强自节。其随侍使相之府数十年，欧亚之行数万里，服劳承欢者无不至。域外知者且交称之，无论国中、更无论幕下之贤与之居游有素者。此其视司马氏子为何如？若夫庚子之变，固司马之时之所无者也，而天下人之望公也，乃切于宋人之望司马。事机之危，间不容发，番番元老，遂戢戎心。及夫和约已定，八国之兵将退，两宫之狩且回，而公则已身殉社稷，欲如司马公之令其子扶而入对，已不可得矣。天下已以哀公者益思公，安能不以哀公者且哀侯，而益思公。

　　方洪杨之乱之作也，天下骚然。曾文正以湘军特起，公以淮军继之，湘淮提挈，遂靖中原。然犹内患若夫外忧，则文正所让于公，而公身任之者也。乃天下之谤因之大起，积至甲午之役极矣。庚子以还，夫而后鞠躬尽瘁、死而后已之心，乃大白于天下。此诚忠臣所为致命，而孝子所为伤心者也。文正有子劼刚，袭侯周知，四国不辱使命，没于卿贰，年且中寿，天下犹惜之。侯之年位任遇已不及曾，且不如司马公休，犹得服阕补官上殿论天下事，使两宫动听而施行之。盖壬寅之春，侯之年仅三十有九耳，宜天下之尤哀之，而尤惜之也。

　　曾祖讳殿华。祖讳文安，始以进士起家，历刑部郎，皆赠如文忠公爵阶。曾祖母周，祖母李，皆赠一品夫人。母，氏周、氏赵，皆封一品夫人。侯，赵夫人出也，讳经述，字仲彭，江南乙酉举人，以荫子为刑部员外郎，以使俄参赞，赏三品衔，其为四品京堂，则已袭侯时矣。夫人朱氏，子四：国杰，国燕，国煦，国熊。燕，农工商部员外郎；煦、熊皆举人；熊，度支部郎中；杰，最长，最知名，以荫生今袭一等肃毅侯、委散秩大臣、镶红旗蒙古副都统，其都统汉军于广州也。以年家子见，恭甚。已侯以葬合肥东乡之马冈也，请为碑而文之。已，入都复书来要之。合肥固先有李氏，侯之先则许，而后于李。其为李也，有孝而隐终。其身为孺子，慕者天用隐旌之，于是笃生。文忠公父子兄弟皆为天下伟人，而侯以孝继之，则天子且显旌之矣。故他学行不备书，书其显于天下者，为之铭。曰：

潜霍之山，巢湖之水。九原可作，中有孝子。乾坤震荡，奠者而翁。既伯乃侯，帝用酬忠。父以忠旌，子为孝殉。天畀忠孝，铸此侯印。孝子儿齿，征同父符。公辅之器，天胡遽徂。天生忠孝，凤麟斯世。千秋一瞑，四海同泪。生不忘父，死不忘母。屹屹马冈，载封载树。山川草木，上腾孝光。百世侯宗，铭用无疆。

赐进士出身、中宪大夫、四品衔、工部主事镇平邱逢甲撰。

按：《清故钦旌孝子建威将军袭一等肃毅侯四品京堂李侯（经述）神道碑》文本内容由肥东县博物馆彭余江先生提供。

清故钦旌孝子建威将军袭一等肃毅侯四品京堂李侯
（经述）墓志铭

○俞樾

相国李文忠公之薨于位也，越五月，而袭一等肃毅侯仲彭君以毁卒，事闻，天子悯焉，玺书褒美，嘉其至行，命以事实付国史馆列入孝友传，而君之孝，于是千古矣。呜呼！相国文忠之谥，上所特予也，仲彭君孝子之名，亦上所亲定也。父子忠孝，焜耀史策，此昭代二百年来之盛事，非李氏一家之私荣也。既殁逾年，其孤国杰等奉其丧葬于马冈，以状乞铭。

按状：君讳经述，仲彭其字也，安徽合肥人。其先本许氏，自江西来徙，家传十世，始从外家之姓，而为李氏。曾祖讳殿华，祖讳文安，曾祖妣周，祖妣李，皆以文忠贵赠如其官。父即文忠公也。公初娶于周，早卒。继配赵，是生君，于兄弟行居次，然文忠嫡子也，故卒为文忠后云。李氏先世业农，君之祖始以进士起家，官刑部郎中。时粤寇已蔓衍东南，居乡创办团练，以备战守，文忠之治淮军，由此肇之也。嗣后削平祸乱，光辅中兴，勋业之盛，海内户知之，可无述矣。君生有二齿，祖母李夫人喜曰："其父固亦如此，此子必肖其父。"稍长，目炯炯有光，曾文正公见之，语文忠曰："公辅器也！"五岁就傅，聪颖异常儿。十二岁能为擘窠大字，于举子业不甚措意，而为之辄工，尤工为诗，有晚唐人笔意。母赵夫人以文忠勤劳王事，无暇课子，故课之甚严，有小过，诃责不少贷，君亦自刻厉于学，读书日尽数卷，强识之功人不能及。又以世受国恩，而时方多故，益勉为有用之学，于历代史事、兴衰、治乱之源，无不穷究。本朝掌故，尤所讲求，虽稗官野史，有裨实用者，亦参考无遗。每论政治得失，动中肯綮，识者伟焉。

年二十二，于光绪十一年应江南乡试，中式举人。明年以荫生应廷试，内用刑部员外郎。二十一年，礼部会试，君已取中，且在前列，及发弥封，主试者见君名，辄易去之，盖其时中东之衅已起，朝议多与文忠龃龉也。君固不以为意，然以文忠权重中外，恒以为忧。平时随侍津门，深自韬晦，未尝有所干预。及东事之殷，文忠日在危疑中，言路沸腾，参预帷幄者卒遭抨击，而君超然无累。及文忠使日本，于马关中刺客，君即拟奔赴，而文忠旋定约而归，故不果。二十二年，文忠奉命历聘欧亚诸邦，朝廷念高年远役，有诏加君三品衔，充参赞官，俾得随侍左右。君膺兹异数，适符素愿，相从数万里，寒燠食饮，调护惟谨，文忠得以一意折冲尊俎间，君之力也。二十六年，山左乱民练习拳勇，啸聚丑类阑入都城，驯至联军入寇，两圣蒙尘，而文忠又拜全权之命，入京师与各国议和。文忠久劳于外，年垂八十，当智勇俱困之时，为君国两全之计，虽以平时威望卒使远人帖然咸服，然臣力尽矣。其年秋，卧病于京师。君天性至孝。当十一岁时，母赵夫人病，肝甚剧，君与归张氏之妹各剪指肉和药以进，服之果瘳。后，赵夫人知而切戒之，始不敢复为。及赵夫人殁，君每哭必眩仆，文忠抚之曰："汝忘老父乎！"乃稍自抑制。至是闻文忠病，时方在金陵，趋入侍。既至，文忠病甚，侍汤药者五十余日，昼不甘食，夜不交睫。文忠薨，君欲以身殉，家人环劝之，始已。然每哭必喘，每喘必汗，焦肝灼肺，形在神亡。光绪二十八年二月己未竟以毁卒，天下惜之。

君性严重，寡言笑，慎交游，尤好施与。初，赵夫人自奉极俭，而三党贫乏，周恤甚至。遇水旱偏灾，必力劝文忠广筹温拯之方。天津城内外善堂如林，咸倚以巨资。君幼承母教，周急济无，惟力是视。光绪二十二年，庐州与太湖均大水，以三千金赈。二十三年，湖北水灾，又本母遗命，以千金赈。二十七年，安徽水灾，请于文忠拨银十万两以赈。又自出万金为倡，募集二万余金修筑无为州堤，至今父老犹称道勿置，曰："使吾侪生死而肉骨者，李侯也。"论者谓以君之才之德，天子已使君袭文忠之爵，异日以通侯襄赞国是，必能宏济艰难，恢张先业，何造物者予之材而不使竟其用欤？

君娶朱氏，封一品夫人，生丈夫子四：国杰，正一品荫生，户部郎中；国燕，员外郎；国煦、国熊，并举人。往者赵夫人之葬也，君卜地于合肥县东乡曰夏小影。其西二里许，有吉壤曰："茅冈。"君曰："我死，即葬耳。"今诸子葬君茅冈，遵遗命也。铭曰：

惟忠惟孝，同出一源。天生孝子，忠臣之门。文忠之忠，人无闲言。乃有令子，孝哉闵骞。生从万里，殁从九原。帝嘉乃孝，载锡之恩。宣布史馆，表示黎元。君虽逝矣，名则长存。君才孔硕，君德温温。举其大者，余弗具论。茅冈之阡，宰树轩轩。刻此斯铭，垂裕后昆。

赐进士出身、资政大夫、翰林院编修德清俞樾撰。

按：《清故钦旌孝子建威将军袭一等肃毅侯四品京堂李侯（经述）墓志铭》见清俞樾撰《春在堂全书》四百九十卷，春在堂杂文补遗卷五，清光绪间刻本。

刘君(思刚)墓表

光绪二十九年(1903)

○马其昶

刘君讳思刚，字健庵，合肥县人。合肥为江淮重镇，粤贼乱起，李文忠公仍父子治乡，兵卒戡大难，成中兴之伟绩。一时义旧起，徒步持节钺，项背相望于中外者，不可胜数。而君实先佐，从赠光禄李公倡团练，卫乡里。及淮军大举图苏州，当事者思君能，屡书促之出。君固谢曰："家世力农，吾安之素矣。"卒不出，遂终老于家。

岁饥，尝桑谷数十石赈饿者。昏夜，奸民聚掠得粟物，辄相恐曰："是无乃刘君物耶？慎无犯刘君。"然君家故贫，少孤，废学而商，其持身翼翼，固愿谨人也。不逮事其亲，祭必以诚。

有兄老而聋，经纪衣食，一倚君手。自恨不学，教诫子孙必读书为士人，其于众若无所能者，及遇事奋发，性识坚定。

尝挈众避贼山中，贼森至，众惊走，君戒众勿动。贼愕，不敢犯，遂引去，盖众相保不走得生者三百余人。

光绪己丑年七十九卒。卒后十四年，其孙泽源述君行，乞文表墓。

君配蔡氏，有子三人，孙十六人。

泽源亦笃厚，有其风类，能作擘窠大字，书从其乡先生沈教谕用熙，得包安吴笔法，习之三十年，不徙业。

马其昶曰：风气之渐，摩顾不重哉，淮士之兴，有由来矣。君学行誉望不必显，乃能走悍贼、化其乡人。若此，使乘时赴会，以立功名，何难焉？夫惟功名之立，必出其忠朴慕义，不汲汲焉巧取投合之人。观于君，则合肥先哲，其风气何如哉？吾为表之，士疑今世无功名者，可思也。

按：《刘君（思刚）墓表》文本内容由安徽省档案学会档案文化研究委员会刘政屏先生提供。

清故荣禄大夫二品顶戴记名道李公(经馥)墓志铭

光绪三十年(1904)十月

○李国松

公讳经馥，字芗生，一字幼仙，合肥李氏，于记名御史、刑部郎中、赠光禄大夫、讳文安公为孙，而甘肃甘凉兵备道、赠光禄大夫、讳鹤章公第四子也。两世行义皆具国史。公生而秀颖，始就傅兵备公，督之严，嗣以公体羸，责少弛，母周太夫人尤爱怜之。尝被病，病不即愈，遂辍学。然公天秉故过绝人，幼所诵习书史，辄称述在口，无遗忘，为尺牍或累数百言，操纸笔立就，论议风发恢如也。吾家仍世种德。刑部公实始通籍登朝，逮我伯祖父勤恪公、文忠公积勋劳，兄弟并持节钺，门第则日隆起，诸从父举甲乙科列仕籍者先后相望，而公方年少不规规就绳墨，或时于众中出语烂漫，尽惊其坐人，于是长老乃颇私怪李氏有跅弛子矣。兵备公既卒，则益澹于进取，闻誉不章，乃自喜弥甚。曾惠敏公使欧州累书相招，因航海至巴黎，遂游伦敦，一夕思归，径去不顾。家居奉母及终。周太夫人之丧移居省会，名流豪贵谢不缔交；所与游，类闾井录录、酣嬉不厌，人莫测其意所存也。公，初入赀为郎中，光绪十七年用赈苏浙灾，晋道员，趋岁输万金助海防，诏以道员记名简用。逾年复斥万金助赈畿甸，大吏以闻，赐二品服，一品封典。公虽连岁有所增秩，终不出仕。廿八年八月廿八日卒于皖宅，享年四十有二。

公性仁厚，自奉约而好施济，与人交无町畦，久而愈笃。家有商业，主计者颇侵渔，所耗失甚巨，公置不一校。人或缪称有急，给公施，左右白公究之，公曰："彼非至穷窘，宁乐为此。"卒不问。故公之卒，所尤痛惜悲思者，多在孤寒无告之子，其夙负公者，至是亦莫不相与流涕感愧。配曾夫人，湘乡太傅文正公女孙，惠敏公之长女也，前卒十二年。侧室陈氏，生一子国芝，尚幼。公卒之明年，其兄子国松承父命，以公丧还合肥，权厝县东乡小王村之原，去周太夫人墓四里而近。谨如吉卜，以三十年十月己未即厝所营葬事，国松乃掺叙公行，勒石幽隧。铭曰：

惟岁一周，惟神安此。里其永藏，以芘藾其孙子。

特赏四品卿衔、三品衔、度支部郎中、侄男国松谨撰。

按：《清故荣禄大夫二品顶戴记名道李公（经馥）墓志铭》文本由肥东县博物馆彭余江先生提供。

署徐州知府江君(云龙)墓志铭

光绪三十年(1904)

○马其昶

君江氏，讳云龙，字潜之，号润生，合肥人也。父永德，母吴氏，生三子，少失父母，风颖标彻，洪迈不羁，伯兄挞之而泣，由是感奋，大恣于学。年十八，应督学试，冠其曹，负才自喜。寿州孙振沅，超悟士也，尝遇异人苏州，授以姚江学说，精思数月，涣若有得。君与语，大惊服，折节师事之。光绪十六年，成进士，选庶吉士，授编修，充国史馆协修。官居京师，不能造请贵势，家贫乞外。改知府，榷税通州，权知徐州府事。一年，以病归。俄而卒，年四十七。

君以孤童，长育于伯兄。兄殁，始通籍仕于朝。妻刘继逝，又遭联兵犯阙，友人翰林寿富、主事王铁珊皆殉节死。凄然身世之际，湮郁无俚，遂殒天年。吁其伤矣！然君故有干济大略。鄂人曹君令临榆，击断为治，豪强侧目，因摭其罪，致之死。曹惧罪，佯狂。众知其诈，即以令病狂上言。大吏命榆关军将拘系之，留一窦传饮食。君初为翰林，过天津，自言愿观榆关炮垒，提督传之列将，至则周览营垒。毕，径诣曹所。曹闻人声，复肆骂。君立门外，诵诗感之。曹心动，默不骂，即挝门求出，众骇视。君曰："脱有罪责，某自独任。"开门出之，挟与俱去。曹被锢已二载，提督为白之大吏，竟复官。通州朱孝廉铭盘，高才不禄，君以五百金振其遗孤。其行义侠皆所类也。

君娶刘氏，继娶仪征阮氏太傅文达公曾孙女。子彝藻，诸生，前夫人出。以某年月日葬某所。彝藻致张君子开所为状来乞铭，铭曰：

余接君音尘，曾不一再，于交为新。君之友状君之行，吾能得其真，以铭其窀。

按：《署徐州知府江君（云龙）墓志铭》见 清 马其昶撰《抱润轩文集》二十二卷，卷十八，民国十二年（1923）京师精刻本。

直隶通永镇总兵吴君(宏洛)墓碑

光绪三十三年(1907)

○马其昶

　　君讳宏洛，字瑞生，合肥刘氏。父士发，从军死寇难，予云骑尉世职。长子克仁，至记名提督，谥"武毅"；君其仲也，以父命出承舅后，遂姓吴氏。

　　自安庆、庐州陷寇，合肥张公树声、刘公铭传等并以材武雄长乡里。李文忠公既治兵上海，诸公同时应募，各以所号为军，后皆至大位。淮军由此兴。君与兄武毅初隶张公，为树军裨将，敢战。从攻江阴、无锡，下之。克宜兴荆溪，败援寇三河口。从攻常州，手然巨炮裂城垣，先登。复随军入浙，助克湖州。同治五年，年二十二，累功，以总兵记名，赏花翎。

　　粤寇平，于是捻患益亟。树军驻防徐、淮，张公补徐淮道。既赴官，其弟勇烈公树珊统军事。督师曾文正公益增树军卒，移屯周口；坐勇烈战殁失援救，降副将。树军无帅，李公既代文正督师，乃分树军六营属铭军。铭军者，刘公铭传军号也。自是平捻之役，铭军收其全功，君最推铭军骁将。六年四月，击败捻黄安紫坪铺，追至郯城、沭阳间，大战。捻走潍，壁松树山，援捻麇集，负牟山而陈。君绕山后，鼓而入。捻惊溃，蹿诸城、日照，遂至赣榆。我军追北，捕斩过当，捻悉众匿城东。军至伏发，君率二百人衣厢白衣，短兵接，捻围之数重；大风起，黄雾四塞，二百人呼噪作气，突围出。奇兵旁趋，诸军乘势合击，竟大破之。捻首任柱中枪死，赖汶洸图蹿青、济。牛老宏者尤桀悍，建白色旗，我军驰潍西北遮击之；君直取白旗捻，白旗捻见白衣军至，则大骇陈乱，余党迸散，东捻歼于扬州。而西捻张总愚于七年春趋河朔，畿辅大震。复随军北援，拒战七级河败之，又败之于茌平，益推锋衡击，总愚走徒骇河死。论功，君先已赏"利勇巴图鲁"，还总兵，加正一品封典。至是，遂以提督记名，而君兄武毅亦从刘公立勋为提督。捻平，统铭左军六营，驻张秋。未几，殁军，君遂接领其众为统将。于是刘公督陕西军务，从至陕西。张公巡抚江苏，奏调统军防吴淞；用西法筑炮台十一，彭刚直公赏其精坚。

　　光绪九年，法、越事起，张公迁督两广。复奏移军防长洲，筑炮台十二。十一年春，法兵扰海疆。刘公方孤守台湾，奏君往助。时两广总督为张公之洞，而彭公亦督军在粤，皆倚君，留不遣行。君以台湾事急，固请赴援。既至，领前敌战事。和议成，台湾改建行省，刘公为巡抚。而授君澎湖镇总兵，练新兵五营，号宏军。屡剿平番社，赏黄马褂、头品顶戴。乞假归，寻丁内艰。

廿年秋，倭难作，李公急召君，君前所将卒皆留台湾，因别募卒六营，仍号宏军，壁新河。明年讲成，授直隶正定镇总兵；改通永镇，驻北塘海口，所统逾六千人。

时国威新挫，淮军旧部扫地尽矣。君积劳愤郁，以二十三年六月卒于军，年五十五。诏宣史馆立传，入祀原籍暨各省淮军昭忠祠。配余夫人，子荣成，江西候补知府，升用道。簉室查氏，子荣达，以二十五年合葬牛洼先墓侧。越八年，荣成来请铭。铭曰：

显皇初服，有盗猘狂。孰铲薅之？维淮继湘。义旅云蒸，厥绩觥觥。譬构广厦，备桷与宗。君提一剑，有勇无惓。平洪荡捻，靡役不行。既夷既清，举国而僵。万古愤慨，閟兹一冈。我词旌之，永载勿忘。

按：《直隶通永镇总兵吴君（宏洛）墓碑》见 清 马其昶撰《抱润轩文集》二十二卷，卷十三，民国十二年（1923）京师精刻本。

皇授光禄大夫太子少保四川总督兼巡抚刘公(秉璋)碑铭并序

○王闿运

公讳秉璋，字仲良，庐江人也。自赣来迁，十世敦庞。曾祖光祖，县学生员。祖大彩。父讳世家，出后伯父大德，并封一品阶官。公岐嶷颖异，生有至性。年六岁袜行内寝，父见呵之。则对曰："王父寝疾，恐履声惊寐家人。"悚然知其远器。母躬家事，辄先起汛扫。及长读书，不屑章名，试府县辄出。乃徒步入京，即中式顺天乡举。年二十六，东南兵起，还，从军防徽，保叙知县。庚申进士选庶吉士，授编修。于时夷寇交侵，东南瓦解。重臣宿将相随僵仆。曾军特起，纯用文儒。李鸿章治军上海，故曾门弟子。公前从李受经，继入翰林，同荐公材。奏以佐李。淮将分铭、鼎二军，英人戈登将常胜军，同授常熟。遣公策应进兵福山，寇解围走，遂克太仓。寇悉踞浙西，以联苏、杭。公别募新军六千入浙境。克嘉善、枫泾镇，援寇数万，逆战破之。克西塘镇，寇退守张泾汇。公会太湖水师，力战大捷，我壮寇蹶，望风乞降。嘉善、平湖、海盐爰及乍浦，皆为王土。诏擢侍讲。益进兵克嘉兴、湖州府城。赏花翎、巴图鲁号曰"振武"，补右庶子，转左。江南底平，补翰林侍讲学士。军中开坊，时无其比。

曾侯征捻，奏调徐州，改江苏按察使。李公代统，六传纷驰，寇亦腾突分东捻西捻。公常游击驰骋淮、徐、豫、鄂间。寇乘虚入皖，百里争利。钞出宿松，追至孝感，大战河口。复还军济宁。卒擒渠魁。迁山西布政使，以凯撒告养。父丧服除，特召授江西布政使。巡抚刘公憪公盛名，侧席待之。乃综核库储，清理官欠，积饷银数百万，授江西巡抚。母老请养，再疏得归。以五世同堂，御书旌美。又召陛见，固辞留侍。母服除，授浙江巡抚。仍核官欠，仿江西之政。得库款数十万。廷议善其理财，以比萧刘。法越构兵，沿海戒严。独浙防军再击敌船，伤其大将。在任五年，迁督四川。乃疏节阔目，崇威养望，屏斥华士，镇遏浮嚣。边夷内盗，不轻黩武。在镇八年，吏民畏服。蜀俗倾危，颇构飞语，言官论列，再烦诏使。爰以捕斩教士，至之吏议。六疏乞休，卒乃罢归。家居四年，有诏特征，以伤发不赴。光绪三十有一年，年八十，薨于里第。遗疏上闻，诏开复原官，依总督例恤。功绩宣付国史馆立传。江苏巡抚以士民受戴，奏立专祠，有诏听许。于是故吏门人，以赐碑褒美，别树玄石，述公志行。

公学在经世，尤长舆地，所过山川，悉图险要，故见知李公，许为名将。行军持重，应机乃发。为政宽简，尤耻言利。榷烟采廿，皆疏陈其弊。执志高亮，未尝降屈。师事李公，兼为举将，每见严敬，无所依回，颇忤于时，亦以自憙。深疾浮华，而敬爱文学。训迪诸子，被服廉俭。部曲列校，皆有儒风。可谓贫不陨获，贵不充诎者。已英俊沦亡，时代迁改，虽陵谷之未异，悲风雨之如晦。乃为铭曰：

湘淮立军，训士以文。湘开胡李，淮则刘潘。佩刀开府，解甲乘轩。猗与尚书，始临章贡。民安其政，舆人有诵。禄不易养，母与亲奉。再起抚浙，东海扬波。蛟门虎蹲，罴卧獾过。鸣炮如霆，千里清和。蜀土荒远，教民奸宄。扇我良懦，激为蛇虺。往捕其魁，获嘉有喜。爰初发轫，已屈戈登。矧兹持节，而畏冯陵。不调众口，翻为盗憎。返我初服，怡余暮齿。多寿多男，亦文亦史。翰院既隆，蹇裳遂起。荣名有尽，风概难忘。惟帝思艰，慨念凋丧。功存大树，宠视连岗。

按：《皇授光禄大夫太子少保四川总督兼巡抚刘公（秉璋）碑铭并序》见近代刘声木辑《清芬录》二卷，卷二，民国直介堂丛刻本。

故四川总督刘公(秉璋)墓志铭

○俞樾

　　光绪三十二年秋七月壬戌，故四川总督刘公薨于家。两江总督安徽巡抚合词以闻，天子悯焉。以公学问优长，战功卓著，任事勇直，持躬廉介，命复公故官，视总督例赐恤。生平功绩，宣付史馆。呜呼！公以罢归林下之人，饰终恩礼，优渥至此。其所以上契圣心者，必有在矣。余固不足以知公，然故部民也，又以同馆之谊，相交者三十余年。于其葬也，诸子具状请铭，余奚辞焉？

　　公讳秉璋，字仲良，刘氏。明初自江西迁安徽庐江，遂为庐江人，明季又避寇乱，迁居三河镇。曾祖光，祖大德，本生祖大彩，父世家，并以公贵，赠如其官。公自少，即潜究古今盛衰治乱之原。弱冠，徒步游京师。所过山川形势、津梁险易，皆心识之。李文忠父侍御君，见而叹曰："命世才也。"文忠亦深交于公。咸丰元年中式顺天恩科举人。出参张文毅军，论功议叙知县。十年，成进士，改庶吉士，散馆授编修。时曾文正开府安庆，一见公大器之，识其名于《求阙斋日记》。李文忠将之沪，创设淮军，公实赞成之。同治元年，文忠至沪，奏调公来军，疏言："刘某沈毅敏决，器识宏深，与臣为道义交。请饬赴臣军。"报可。时文忠用洋将戈登治常胜军，而洋将剽悍不可制。公善驭之，故所至辄有功。攻克福山，解常熟围，进驻太仓。于是大军无后顾忧，专注苏州，苏平规浙。公募六千人，自为一军，转战而前。大破贼于嘉善。贼来援者数万，又大破之。进攻张泾汇，其地为要冲，贼守甚严。公督战，炮子中股。裹创力战，卒毁其垒。他处守贼皆不战而降。乃会同程忠烈之兵，直薄嘉兴城。公率所部登东门，焚其火药库。诸军乘之，遂克嘉兴。有诏赏戴花翎。公先由编修迁侍讲，至是累迁至侍讲学士。当时以词臣从事戎行，李文忠外公一人而已。

　　东南肃清，曾文正、李文忠先后奉旨剿捻。公皆从焉。捻流窜无定，公先倡扼河而守之议，及贼渡河，又倡反守运河之议。贼势遂日以蹙，然数年间，与贼驰逐于邹、鲁、皖、豫、淮、徐、湘、楚间，大小凡数十战。捻首任柱、赖文光、张总愚会于豫之石固寨。公败之禹城，败之湾店，败之吕城，贼不得复合。张走秦，是为西捻，任及赖回走山东，是为东捻。两捻驿骚者数载。而东捻卒灭于公。当东捻之走皖也，皖境空虚。公疾驰百数十里，绕出贼前，扼之宿松。捻患不及皖者，公之力也。贼自潍河复入山东，公追击之于肥城败，沿运河南下犯清淮。公追击之于张桥，又及之于扬州之东北湾，擒赖文光。时任柱已前死，而东捻平矣。

公在军，累授江苏按察使、山东布政使，皆未赴。及捻平，丁外艰。十一年服阕，入觐，授江西布政使。光绪元年升江西巡抚，以母年高请终养，不允。四年再请，从之。以母胡太夫人五世同堂，赐御书匾额。六年，上欲破例用公，诏陛见，有"时事艰难，毋稍拘泥"之谕。公力辞不起，其疏稿天下传诵焉。是岁叙江西筹办甘饷功，赏头品顶戴。八年，养亲事毕，拜浙江巡抚之命。十年，法人入寇，公于海岸筑长墙，绵亘二三十里，时张旗鼓以为疑兵，于海口钉椿木，又买海船数十载石沉之，以弥其隙。其外则置水雷，濒海口岸亦埋地雷。及法船入鲛门，守将吴杰发巨炮，击沉其二船。又驶入虎蹲山，一炮中其烟筒。一炮中其桅。又以小船潜犯南岸，连击之，所伤甚多，遂败去，不复至。后闽谍侦知，法大将孤拔将军、迷禄皆死于是役云。当是时各行省皆戒严，如奉天、如直隶、如闽、如粤、如滇、如台湾，并有督办之重臣，部拨之巨饷。浙江无之，而守御完固，敌不能乘。论者谓中外交涉以来，所未有也。

及事平，部议加八旗兵饷，公疏言："今海患方殷，而海军未立。宜竭天下之力，先治海军以御外侮。俟海军既立，然后徐图八旗生计。应如何安插、疏通，请饬王大臣从长计议。"疏入未及行。及中日之战，海船不足于用，论者皆服公先见焉。十二年，升四川总督，川境辽阔，内多乱党，外接番夷。素称难治。公督蜀八年，不轻发大众。如万县、如茂州、如秀山皆有叛者，厥势甚张。公处置得宜，不劳而定。如大小凉山、如拉布浪、如瞻对各夷，越界来犯。公檄诸镇，以赵营平屯田法困之，皆俯首听命。

十一年，恭逢皇太后六旬万寿，加太子少保衔，赐御书长寿字，及如意、蟒袍等件。上意眷注良厚，而公以老病，已六疏乞休，至是又申前请。上知其诚，允之。未受代，教案起，公治外事皆务守经。先是重庆有教民罗元义，杀毙平民十余人。公捕得立斩之。英国商轮船欲入川江，公曰："如民船撞损何?"执不许。税务司赫德欲加抽土厘。公曰："厘重价昂，民皆食洋烟矣。"又不许。蜀人嗾洋商请开矿，公曰："山有矿犹山有木，不得占山采木，岂得越山开矿?"又不许。外人衔公久矣。是岁，成都省城民教大哄，焚毁教堂十余所，有司逮问。则皆极口诋毁教堂，教士请削去之。公曰："事虚实诚未可知。覆讯则可改供，则不可及。"保甲局道员周某，出示安民，语又侵教士。教士益愤，执以达其国公使，欲甘心于公。朝廷知公守正，不阿重开边衅，遂罢公官。或劝公诿罪于周，公不可，曰："如国体何?"

公既罢归，不事生产，惟嗜读书，手不释卷，暇则与友人歌咏为乐。所著自奏议、尺牍、诗文集各若干卷外，尤长于方舆之学。举平时所经历者，证以古事，笔之于书。又以庐江乱后，学务荒废，与同志创建"三乐堂"，以兴起后进。家居十余年，孜孜于此。几自忘其身经戎马，位至封疆矣。然朝廷念公不衰，二十七年，有诏起公，以旧伤发，不能赴。盖自张家汇受伤后，时剧时差，又以历膺艰巨，心力交困，已非一日。幸善自调摄，故未为害。今年四月十八日，为公八十生辰，犹燕饮如常。俄患脾泄，变而成痢，医药罔效，遂至不起。呜呼！方今内忧外患，犹未敉平。天子方听鼓鼙而思将帅，而旧臣宿将凋零殆尽。宜朝廷之眷念勋臣有加无已也。最公一生，治兵不欲驱吾兵临危地，故无赫赫功。而乘机进取，恒在诸将先。公居官以安民为主，不便于民者，虽内违廷议，外患敌怒，不为也。尝谓："欲利国必无损民。"在江西追出积欠百余万，皆州县交代未清者，非取于民也。在浙江廉得州县，因豁免恩旨将征而未解者，混入民欠项内，稽核得数十万，亦非取于民也。浙中防务急，不能不筹饷，事平则一切权宜之法立罢。川省有因江防、海防而增加盐厘者，亦议停止。即部民倡息借民财之策，公亦疏言其不可。又因蜀人开矿事，详陈矿弊，严定矿律。所言虽不尽用，老成之见，复乎远矣。其所识拔者如吴杰、钱玉兴，后皆知名。吴武壮长庆，尤其著者。在四川参革道员何应锺，后应锺入都见李文忠，极言公治蜀之善。文忠比之夺骈邑无怨言，非公之盛德，能如是乎？

公娶程氏，赠夫人；侧室黄，以子贵，封夫人。初无子，以弟之子为子，曰贻孙，同治十二年拔贡生，后举。丈夫子五：体乾，记名江苏补用道；体仁，光绪二十三年举人，分省补用知府；体信，亦分省补用知府；体智，户部郎中；体道，分部行走郎中，出为公叔父讳友家者。后女子子二：合肥李经方，嘉定徐迪祥，其婿也。孙十：寅生、润生、济生、滋生、樾生、灏生、宝生、俊生、宸生、汉生；孙女十有四。某年月日甲子诸子奉公之丧，葬于某原。铭曰：

起家词苑，投笔从戎。李文忠外，惟公与同。东南大定，战事未终。皖豫湘楚，屡奏肤功。始抚豫章，继临浙水。军府甫开，海氛斯起。环顾邻疆，波荡未已。吾浙晏然，惟公是猗。由浙而蜀，雄镇三巴。微庐彭濮，至于流沙。抚绥雕剪，荡涤□□。民之父母，国之爪牙。中朝有人，外人所忌。簪绂抛荣，林泉怡志。疆事是非，付之公议。帝眷公忠，始终勿替。电波已谢，雨露仍浓。玺书褒美，恤典优崇。大命有止，令名无穷。刻铭示后，用励匪躬。

按：《故四川总督刘公（秉璋）墓志铭》清 俞樾撰《春在堂全书》四百九十卷，春在堂杂文补遗卷六，清光绪间刻本。

故四川总督刘公（秉璋）墓志铭

皇清故资政大夫赠内阁学士衔分省补用道李公(经叙)神道碑

宣统二年(1910)九月

○李国栋

宣统元年五月十一日，诰授资政大夫李公经叙，卒于墨西哥国使署。八月，公子国源等奉柩来华，长公子国澄迎柩至籍，停灵于伯兆村故庐之西宅。明年九月，葬公丁伯兆村之西阡。其侄国栋既为文以藏诸墓，复序事撰铭而泐之，碑栋无文不足以传公。惟以公负大志，多盛德，中道摧折，不竟用于世，欲述其淑行懿德，遗以于后，使后世子孙有所矜式焉。

公讳经叙，字叔伦，世居合肥之东乡。曾祖殿华，祖文安，父昭庆，俱诰赠光禄大夫，事迹载国史传。公幼而敦敏，事亲孝，遇人和，博学能文章，于载籍无不览，尤精西学，熟习各国之政治俗尚。既弱冠，以府学廪生取光绪戊子科优贡，朝考一等，奉旨以知县用。十七、十八两年中，在四川、直隶两省平匪有功，历保至知府。二十三年，始应出使美国大臣伍公之调，随同至美，奏派以参赞驻秘鲁，代办出使大臣事务。秘鲁新辟，国富口稀，招工以垦，各国皆有侨民，而华侨最众。公交秘国以诚，待侨民以惠，内外无不悦。先是秘鲁内乱，侨民多被殃及，荡其家产。事平，秘政府赔以金，而华侨多，损亦巨，屡议偿款未协。经公反覆商论，终获赔偿与他国等，故侨民尤深感之。三年期满，伍大臣奏保升道员，加布政使衔。继任出使大臣梁公，以公在秘鲁邦交益亲，侨民益附，奏请留任三年。二十九年第二次期满，奏保送部引见，是年回华。三十三年，外务部奏准，派充驻美使署驻墨使馆二等参赞兼总领事官，代办出使大臣事务，三十四年四月抵任。墨西哥国去赤道近，地气郁蒸，至后即以水土不服，时有小恙。墨西哥华侨既多，公事殷繁，公以秉赋厚，力疾从事，口不言劳。一年以后，病势益剧，遂以不起。出使美国大臣伍公奏请从优议恤，旋奉旨赠内阁学士衔。

稽公生平，始终于外交之任，两赴美洲，中间复奉两江总督周公之委，送留学生至欧，遍历欧洲各国，足迹遂周于天下。公赋性谦和，对人讷讷若不能言者。而临大事，决不疑，则刚断果决，历试无所挠。虽缘生长将门，秉承先烈，实则外交之才由天授也。方今欧亚交通，撙俎折冲需材孔亟，而公遽夭折，是又岂一家之不幸哉!

公生于同治六年，卒于宣统元年，享年四十有三。配许夫人，无子，早卒。继娶曾氏，生子一，国澄。夏氏无子，于灵榇至籍之日绝粒以殉，经乡邻呈请安徽巡抚奏请旌表。丁氏生三子，国源、国济、国沆；女一，幼，待字。宣统二年九月，与许夫人合葬于伯兆村之西阡，从遗命也。铭曰：

自公幼年，器宇清扬。精博典籍，发为文章。诵诗三百，专对四方。忠信笃敬，外交之良。惠能和众，刚足御疆。伟度茂识，海波汪洋。修短有数，遗徽孔长。伯兆村西，佳城苍苍。树之贞珉，子孙不忘。

侄男国栋谨撰。

按：《皇清诰授资政大夫分省补用道赠内阁学士衔李公（经叙）神道碑》文本内容由肥东县博物馆彭余江先生提供。

皇清诰授资政大夫分省补用道赠内阁学士衔李公（经叙）墓志铭

宣统二年（1910）九月

○李国栋

赏戴花翎、军机处存记江西补用道侄国栋谨撰并书。

候选训导世晚史德本谨篆。

公讳经叙，字叔伦，安徽合肥人。少有大志，博学笃行，遇人□和。栋自幼承公教养，共居处者十余年。每任燕出□□，纵论世界大势，各国之人情风俗，兼及□□，当时□科取士专□□□□□□□□□□所知识者闻故公也。公事亲孝，虽幼而有万里之志。恒以亲老求荣□。先大母殁后之五年，乃随出使美国大臣伍公赴美。至则奏派以参赞驻秘鲁，代办出使大臣事务，自是与公暌隔。至于七年，但闻秘人以公故益重，中国□之，华侨多受德惠，感之不忘。先是秘鲁内乱，损及侨民。事平，秘政府赔以金，□□侨民皆以获偿。而华侨多，损亦钜，屡议未协，经公反覆商论，终获赔偿与他国等。出使者向以三年为期，公驻秘六年连任也。岁甲辰，公返国相见于□，兹请公以外交之道。公曰："昔孔子曰：'言忠信，行笃敬，行于蛮貊之邦，道在□矣。'"纵□□□之谈，皆儿戏耳。栋拜而受教，终身以为法。乙巳年冬，公奉两江总督周公之委，送武备生留学于奥。次年二月回华，栋适以是，特随出使奥国大臣□□两舟相遇于红海，望而不可即，栋居奥三年而归。既束装，闻公复有□洲之行，取道于欧，中途屡电往返计船期，冀得相遇于沪。而过香港后海雾大起，舟停一日，以下午至吴淞，去船已中午起。栋岂意自此遂无见公期哉！己酉岁五月，接信知公以偶患伤寒，遂以不起，时方霪雨，经旬不已，增以深衰，殆难为怀。八月迎柩于沪，□至伯兆村故庐，明年九月葬公于伯兆村之西阡。弟国澄等以墓志为嘱□，承公教养既久，故公言行皆稍有所窥测，虽不文，其何敢辞。

公，少通经史，能文章，以府学廪生取光绪戊子科优贡，□朝考一等，奉旨以知县用。十七、十八两年中，在四川、直隶两省平匪有功，历保至知府。嗣以连任驻秘使署二等参赞官，代办出使大臣事务，保升道员，并加布政使衔。三十三年，外务部奏准，派充驻美使署驻墨使馆二等参赞兼总领事官，代办出使大臣事务，三十四年四月抵任。次年五月病卒于墨西哥国使署。出使美国大臣伍公奏请从优予恤，旋奉旨依部议赠内阁学士衔。公生于同治六年，卒于宣统元年，年四十有三。曾祖殿华，祖文安，父昭庆。当发逆乱时，随文忠公搏战于苏。发逆平，复从剿捻匪于汴豫，以勇略著，多战功，积劳以卒，事迹载在国史馆传。三世俱诰赠光禄大夫。配许夫人，无子，早卒；侧室曾氏，生子一，国澄；夏氏无子，于灵柩至籍之日绝粒以殉，经乡邻呈请安徽巡抚奏请旌表；丁氏生子三人，国源、国济、国沆；女一，幼，待字。宣统二年九月与许夫人合葬于伯兆村之西阡。铭曰：

公之行谊，□孝与慈。公之学问，兼中与西。公之经济，识势因时。乘风破浪，万里阶墀。道长运短，迹往名垂。佳城郁葱，左右俱宜。爰伐乐石，载此铭词。

按：《皇清诰授资政大夫分省补用道赠内阁学士衔李公（经叙）墓志铭》文本内容由肥东县博物馆彭余江先生提供。

云南知府巡防营统领孔君(繁琴)墓志铭

宣统三年(1911)

○马其昶

　　宣统三年秋九月，云南驻省新军叛，阴煽巡防军与合势。总督亡走，土匪乘间起，皆号曰民军。于是，滇南防军统领孔君驻师普雄，闻变，急领一军还，救至蒙自鸡街，中弹伤一股，僵卧石上，忽大呼："男儿以死报国！"匪众趋视，出不意击毙之。有识君者，胁其降不可，举枪拟之问降否？曰"不降。"凡十三问，枪十三发乃绝。普雄民义而敛埋之。初君少孤，兄弟皆依舅氏天津习兵法，肄业北洋武备学堂。光绪中，联军犯京师，两宫西狩。君与其兄各领军，护后车，御联军长城岭，土黄沟败之，遂扼龙泉关，联军不得进。山西巡抚锡良诣行在，语人曰："孔氏兄弟乃双虎也。"岑春煊由陕入川，移督两广，皆以君从，而在粤久，战绩尤著。副祖绳武，屯防柳城，匪首陆亚发、黄留之等率众数千降。君言陆、黄不可信，绳武漫应之，已而果袭杀绳武，噪而北。君伏兵堤下，要杀之过半当。是时，马平、来宾、象州诸匪皆蜂起，会王瑚统武匡军来援，遂以君为中队官，先锋破匪怀远。天暑瘴作，士卒枕藉，死匪突出搏战，他军不能支，君提疲卒数百拒之。匪审大蒙山，绵亘四十里，林木翳蔽，相持数旬莫能下，乃分兵夜袭击之，匪惊溃，渠魁歼焉。尝追贼入山遇虎，从者骇散，君独身击虎杀之，人以此服其勇也。移屯惠州。谢亚先者巨滑也，有党众千余，为不法。闻君至，愿输诚自效。君知其诈，挟数卒往，余卒留外戒之，曰"闻角声即趋"。至，亚先延君入，语不逊。君遽起斩之，卒鸣角，伏兵四集，无敢有动者。时君既以骁勇积前后功，叙官知府矣。云南边防亟大吏与君多相知，调君往，遂统防军。及于难年，三十有三。

　　君讳繁琴，字韵笙，合肥人也。其初至滇，建言滇边山岭盘互，道荦确不利军行，因率所部，沿江内外开通道路各数百里，民尤便之。及其临危奋节，忠壮果毅，九死不挠，使当时将帅皆如君者，天下即有变亦何遽至是哉？呜呼悲已。君兄曰繁锦，今官甘肃镇守使，属予铭君墓。君娶某氏生子几人，墓在某所，铭曰：

　　矫矫虎臣，迈迹觿年。乃心王室，崎岖晋燕。既适南疆，超神而专。蹈忠履正，以陨厥身。哀兹劲烈，力绝虞渊。死而不死，视此贞珉。

按：《云南知府巡防营统领孔君（繁琴）墓志铭》见 清 马其昶撰《抱润轩文集》二十二卷，卷二十，民国十二年（1923）京师精刻本。

候补四品京堂蒯君(光典)墓志铭

宣统三年(1911)

○马其昶

君讳光典，字礼卿。合肥蒯氏当明中叶自襄阳来迁，代有隐德。祖讳廷理，精医术。考讳德模，终四川夔州知府，曾文正公赏其廉能，事在国史。君生有奇慧，八岁能诗。夔州初官江南，多接当代巨人长德，君濡染庭闻，又益从冯林一、刘融斋、汪梅村诸先生问业，于群经大义及训诂目录、算数掌故之学无不究览。天才英特，高自标持，每抵掌论事，一坐尽屈。

以光绪九年进士，授检讨。典贵州乡试，负气自喜，与其副不相下，致物论，然榜发称得士。充会典馆图绘总纂，精密胜于旧。同馆多知名士，议论亦时相抵也。辽东兵事起，发愤上书，不报，遂乞假归。张文襄公移督江南，辟置幕府。已而刘忠诚公还任，文襄仍督湖广，二公皆夙知君，先后聘君主讲江宁及两湖书院。二十四年，叙会典馆劳，以道员发江苏，建议创立江南高等学堂。大学士刚毅按事江南，司道百余人同诣谒，独延君密室。纵谈国事，语切直，刚毅大憾，即议罢学堂。君力争之不得，拂衣去。于是，刘公惜君才，两解之，檄丈盐城樵地。始君少时，斐然有作述之志，既入官，犹思推儒术以致用当世，再不得意，而遂以吏能显。樵地者，故盐场苇荡也。君授任年余，得可耕之地七万五千亩，收入荒价亦巨万。复领正阳督销局。会张公再督两江，奏君江南治盐第一，谓："两淮盐事衰旺，北盐视正阳销数，南盐视仪栈出数。蒯某督正阳既有绩，请使主仪栈，期三年，成效必可睹。"诏允之。君既莅事，以轮艘驻大江三要区，首金、焦，次三江口，次沙漫洲，辅以兵艇，私枭敛迹。始仪栈出数，引不足四十万，比三年，增引十余万。盖张公初以江南财匮，用不足，议增货厘。君谓新厘则病商，毋宁整齐其旧，货厘之议由此止，而盐课岁益银百五十余万，公私颇饶给矣。乃益募缉私兵队，日夕训练成劲旅。又于十二圩设学堂、建工厂，遂隐然为江防重镇。

三十二年，授淮扬海道，加按察使衔。宝应饥民劫米，令潜逃，适君舟至，剀切谕解之。而扬州亦以饥民劫米告，诇知猾胥阴煽众，即擒治胥，遂无事。运河盛涨，君先檄河员增修堤，而自泊舟高邮守视坝。大吏以故事凭节候测水，檄启坝，不为动。历月余，启二坝，七月秒乃启三坝，下河六县获有秋，民歌诵之。以论赈事与布政使继昌议不合，会奉檄入都参议官制去任，因不复还。三十四年，命赴欧洲监督留学生，诸生不乐受约束，辄相訾謷。君为人宏达不羁，喜言兴学为国育才，书史博辩在口，至是举无所用，郁郁岁余，谢职归。诏以四品京堂候补，充京师督学局长。宣统二年，提调南洋劝业会。卒于江宁，年五十四。明年，葬合肥北乡朱小河之原。

配韩氏、李氏，侧室郑氏、王氏。子四人：孝先、受先、彦先、秀先，皆肄西学。女一人。

先是，君被使命将行矣，始与余见，索赠言，意恳恳也，余诺之未及为。今承君从子寿枢之请，次君行事，纳诸圹。盖以君之才，遭逢斯世，尝通显也，顾亦未可谓遇。古今来豪杰志士，功名之所建树不能如其意之所期者，十盖八九也。士贵能自立耳，遇不遇曷足道哉。铭曰：

横流滔滔，出其毫毛。彼骢而器，其大则毙。我铭不挠，日远日高，万年永牢。

按：《候补四品京堂蒯君（光典）墓志铭》见清蒯光典《金粟斋遗集》八卷，卷首，民国十八年（1929）江宁刻本。

清故四品京堂蒯公(光典)神道碑铭

宣统三年(1911)

○陈三立

国家自海通以来，南北洋屹然为国内重镇。南洋辖三巡抚、四布政使，地尤广，士大夫欲发名成业，以才智自效于时者，争趋江宁。江宁者，南洋大臣两江总督所驻地也。光绪甲午，南皮张文襄公自鄂督移权两江，于是合肥蒯公光典以翰林院检讨被辟为幕府，已而朝廷还刘忠诚公两江，文襄复督鄂。两公皆贤公，先后聘主江宁、两湖书院讲席。公既乐两公相知，又前官翰林时，辽东兵事起，上书言事不报，发愤有乞外意。公考四川夔州知府讳德模者，从曾文正公官江南久，公自少侁庭闻，习知江南政俗利弊，所与为师友又多江南耆儒宿学知名之士，故公尤乐江南。至是，叙会典馆劳，改道员江苏。

方议创江南高等学堂，会大学士刚毅按事至江宁，重公名，延与语。语切直，忤大学士，即议罢学堂。公怒，拂衣去。刘公两解之，檄丈盐城樵地。年余，得可耕地七万五千亩，荒价巨万。领正阳关督销，岁增销官引百数十万。忠诚薨于位，文襄复代为总督，议增货厘，用公言罢。因奏言公江南治盐第一，请以公主十二圩盐栈。是时，栈出盐不足四十万引，公治之三年，增十余万引，岁益课厘银百五十余万。乃益募缉私营，训练成劲旅，学堂、工厂次第立，隐然为江防要区矣。补淮扬道，加按察使衔。之官，舟过宝应，适饥民哄汹汹，令逃，公维舟谕解之。而扬州亦有饥民劫米事，公诇其主谋者，擒治之，事遂定。淮扬道兼治河，运河盛涨，公先檄河员增修堤，而自泊舟高邮坝。大吏循故事檄启坝，公谓坝启则下河六县民田蒙其害，坚不时启，河堤卒无恙，而下河六县岁大熟，民歌诵之。以论振事与布政使不合，会被檄入都参议官制，因解任去，不复还。旋为欧洲留学生监督，颇与诸生为约束。诸生群不便，起作语言相訾謷，郁郁居岁余，谢病归。诏以四品京堂候补，充京师督学局长。南洋创劝业会，以公为提调。遘疾卒江宁，年五十四。

公字礼卿，幼绝慧，八岁能诗。举光绪壬午乡试，明年成进士，入翰林。典贵州试，与其副不相下，时目为狂，然榜发称得士。盖公于学无所不通，尤有口辩，论议援据该洽，尽屈其座人，亦用是多与时为龃龉。使公稍稍摧去牙角，为天子侍从之臣，雍容回翔，卿贰可坐致；即不然，借刘、张二公之知，江南财赋之地，以吏能自见，亦可以跻通显、秉节钺。而公负其所学，不肯自贬损降志以徇时，终其身于遇不遇之间。嗟乎，发名成业以才智自效于时者，其所遇或过公，然而公远矣。家世、妻妾、子女、葬所详传志者不具书，书公之所以遇不遇者，以昭公之节概，其亦公之志欤？穹碑既建，缀以铭曰：

淮沔胜区，武节炳蔚。比肩将相，翊运扶世。晚挺闳儒，阴与颉颃。综揽流略，道术为昌。万怪蟠胸，吐作霹雳。辩口倾河，广坐辟易。掖省回翔，规脱华选。绪余自试，声绩照烂。治剧张敞，握筹刘晏。肮脏忤俗，进退何有。瀛海使还，愿乖志苦。摇精促龄，莫究其施。寥寥狂狷，揭励来兹。

按：《清故四品京堂蒯公（光典）墓志铭》见清 蒯光典《金粟斋遗集》八卷，卷首，民国十八年（1929）江宁刻本。

合肥阚新甫先生暨配周宜人（阚濬鼎夫妇）墓志铭

民国元年（1912）

○阚铎

阚氏，蚩尤之后。春秋以降，吴晋唐宋，代有闻人。明初自句容迁合肥东乡石塘桥阚家岗，聚族甚盛。清同治间，先大夫仲韩公讳凤楼筮仕江苏，光绪己卯署奉贤县事，遂家于吴。先考新甫公，讳濬鼎，以冠军入肥庠，军功授五品蓝翎，生于道光甲辰，殁于光绪丙申，年五十有二岁。先妣周宜人生于咸丰癸丑，殁于宣统己酉，年五十有七岁。民国元年壬子东合葬于吴县西跨塘万罗山之原。铎惸惸孤露，糊口四方，行年四十，未有胤嗣。少从王先生仁俊游，今卜兆近王茔，岁时祭扫，有所因依。窃师尼山志墓之旨，刻石幽宫，铭曰：

阚为洫阳名族，端委开吴，我祖肃肃，严父慈母，课儿夜读，禄不逮养，百身莫赎。愿郁郁之佳城，不骞崩于陵谷。孤子铎谨志。

吴县周容刻。

按：《合肥阚新甫先生暨配周宜人（阚濬鼎夫妇）墓志铭》文字据私人收藏拓片整理，原碑石下落不明。

重庆镇总兵章公鼎臣(高元)别传

民国二年(1913)

○缪荃孙

章公高元，字鼎臣，安徽合肥人。先世为寿春镇标武弁，父兄殁于寇。公未弱冠，自募一军，张白徽帜以报父兄之仇，隶铭军麾下。屡战屡捷，声威突振。

甲申中、法之役，公从刘壮肃公渡台湾。适基隆为法兵袭据，公闻之，投戈跃起，袒臂一呼，得死士数百，乘夜往攻法兵，临发号于众曰："吾必灭此敌而后朝食！"即率所部死士蹈入敌垒，短兵肉薄，锋厉无前。法兵当者死伤山积，余众凫水逃遁。法舰见不可乘，亦即引去，基隆遂复。旋简澎湖副总兵官，奉命辟番界；筚路蓝缕，颇奏肤功。复简登莱青镇总兵。

值甲午中、东战起，前军屡败，自朝鲜牙山、平壤骎骎退守奉境，敌兵且大深入。公奉命渡辽扼守盖平，与日本乃木希典全军相遇。公所将为偏师，少于乃木所部五六倍。以能得士心，交绥之顷，颇获胜利。乃木窥公所将无多，阴用包围之法。公与所部环起应敌，曾无退志。大战五六日，日夜不得少休，卧雪不寒、抚创不血，弹罄粮竭，复以短兵相接。所部十死七八，乃始突围而出。是时宋庆拥重兵，坐视不救，故公底于败。而平日厚养之精锐，尽于此役矣。是役也，虽败犹荣，日本人盛称之。

后驻守胶州。丁酉秋，兖州土匪戕德国二教士，德使方向总理衙门索偿，遂于冬间有德舰三艘径趋胶州海面。晨兴，公方在操场简练，德兵忽登岸，其主将先赍文来，略言"此事已在总署交涉，与贵军无干。请相约两军皆不侵犯"！公以职守所在，不之许。顾其时火药、子弹悉罄。盖李秉衡时为鲁抚，秋季应领火药、子弹，必迟至冬尽始发，无论冬季已；公所部勤于操演，故子药早空。且兖案及德图胶之谋皆早发露，而事前京、省未有文牍通知，故公当时觉德兵之突如其来，藐不知其用意所在。乃急通电询问，且请发药弹备战，而电线为德兵割断。遣卒走百里外，分电北洋、山东请命。北洋大臣王文韶复电力禁开战。慈禧太后知公猛将，恐失公，特旨调离胶州百里。从此，胶澳遂为德所占踞矣。公一腔热血，屡请一战，卒末由达，振跃叱咤，无可发舒，两耳由是失聪，浩然有归志矣。

时岑春煊督蜀，方事剿匪，起公为重庆镇总兵。川东一路，倚为长城。声威所在，绝无乱萌。未几，告归。归日，抵汉口，资斧即竭，贷于旅舍，然后成行。盖公生平绝不爱钱，所得官俸皆以豢养战士，不可亿计，有余，即在所辖地方修治河渠、道路。故治军四五十年，他人往往拥资百万，而公竟一钱莫名，廉洁寡欲，尤有古名将风。嗣是息影金陵，蛰居一室。卒年七十一。子二人。

论曰：铭军驻江阴时，公三营驻江北岸沙洲，沙人种桃成林。彭刚直公巡江至沙洲，睹桃林，语居人曰："兵勇在近，桃实甚繁，得无损失乎？"民对曰："章大人命严，部下不敢作违法事。虽一桃不值一文，然不私取也。"彭公异之。传见，面奖之。即此一端，可见公之大概矣。公长荃孙一岁，豪于饮。丁丑在江阴，曾与对垒各二三十巨觥，而公愈温克。洎主讲钟山，公从山东还，再饮。不及半，彼此意兴均消索，而时事亦日非矣。呜呼！

按：《重庆镇总兵章公鼎臣（高元）别传》见民国 闵尔昌《碑传集补》六十二卷，卷三十，民国十二年（1923）燕京大学国学研究所北平铅印本。

合肥聂忠节公(士成)事略

○汪声玲

聂公士成，字功亭，安徽合肥人也。少负勇略，投淮军。从征发捻，转战江南、山东、直隶、浙江、陕西各省，积功历保提督，赏花翎及"刚安巴图鲁""巴图隆阿巴图鲁"勇号。

甲申中、法之役，台抚刘壮肃公电乞援师，北洋将领无敢往者。公请行，合肥相国壮之，遂以兵千人赴台。台防解严，乃还。

辛卯，教匪乱朝阳，京师震惊。公奉相国命，帅偏师前驱，兼程出关。亲率数十骑侦贼虚实，遇贼数千，以计突围出，不遗一骑。明日，挥兵大进，若破竹，诸军继之。不逾月而乱平。捷闻，赏赉有加。寻擢山西太原镇总兵。

甲午朝鲜乱，相国命公往平匪。叶志超提督直隶，嫉公请督师，以千人属。公抵朝鲜境，匪闻风窜散。公欲还，曰："毋令日本借口添兵，生他变！"叶不从，逗遛牙山，以大捷闻。日兵分道进逼，公逆战于成欢。以少击众，敌引退。大军集平壤，归叶节制。饮酒高会，不设备。公知必败，谏弗听。公奉命内渡募师，中途奉电旨，促回营平壤；军已溃，公收残卒渡鸭绿江。有旨叶革职拿问，以公代其职、统其军。夷伤过半，敌锋锐甚，公扼辽阳之大高岭御之，雪夜复连山关、分水岭。除夕，敌将富山潜师来袭，公设伏败之。

明年事平，朝廷嘉公之功，授总兵，统练新军三十营于芦台。公于是创学堂、延才俊、训练士马，数年如一日。己亥冬，阅伍塞外。奉旨入都祝嘏，赏紫禁城骑马。

庚子初夏，拳匪猖獗，公上书荣相及裕督，力主剿办，早遏乱萌。奏不得请。五月三日，拜保护津芦、芦保铁路之命，派马步队各数营沿铁道护守，而兵力遂分。拳匪迭毁马家堡黄村铁道，人心浮动。初八日，公率队赴津。初九日，匪毁安定车站，公进军杨村。初十日，廊坊车站又毁。公电荣相曰："拳匪迭毁铁道，非捕击不能靖乱。士成奉旨保护，责有攸归。大局所关，实深悚疚！亲督马步队沿铁道痛击，不及请示。俟大局底定，如何责备，所不敢辞！"遂以马步数百人乘火车至落垡。时已未正，匪纠众数千来扑。适公所调步队三营至，击斩执旗匪目，毙匪数百。十一日辰刻，匪复纠大股围扑。公督队，击斩以千计，匪众奔窜。公正拟乘机搜剿，荣相电饬"已有旨派刚相开导"，公乃回军杨村。十二日，洋兵三千乘火车北引过杨村，译署电准其入都护使馆。公忧之，诏幕友曰："拳匪未平，洋兵又至。一身不足惜，如大局何！"上书荣相，请代奏。十七日，电旨："调集所部在天津扼要驻扎，以备不虞。倘有外兵阑入畿辅，惟该提督是问！"盖将以罪公也。二十日，公往军粮城一带布置。二十一月，大沽失守，天津兵事猝起。赖公先时安置炮队，得以抵御。二十三日，公督队驰至，任战守。拳匪明目张胆，戕害官军。八国联军海口陆续增兵进战，公以孤军鏖战十数昼夜，乞援不至，士卒死伤如积。公往来督战，力扼其冲。拳匪播散谣言，当道不察，交章劾公。六月初五日，马玉昆以兵至，名为助战，实则瞰公。公知之，不以为嫌，仍从容整队，分道出战。十三日，与马约夹攻。马违约，公亲往跑马厂督战。奉令守八里台桥之营官周鼎甲遁，公提刀驰回拦截，营官宋占标哭，求公退，曰："某等愿以死，守此桥！"公曰："此吾报国之日也！"敌大至，子弹雨下，屹不动。头面受枪伤数处，炸弹伤腹，肠出，遂力竭捐躯。宋营官及哨官范世楷、差弁李福兴等，同时阵亡。呜呼！公尽节之日，正蜚语陷公革职之日也。公死，而武卫前军在津十七营归马玉昆接统矣。十八日，天津失矣。七月十一以后，北仓至京都相继失矣。大局糜烂，天下于是惜公之死。

按：《合肥聂忠节公士成）事略》见民国 闵尔昌《碑传集补》六十二卷，卷三十三，民国十二年（1923）燕京大学国学研究所北平铅印本。

吴彦复（保初）墓志

○康有为

南海康有为撰。

嘉兴沈曾植书。

光绪之季，郎曹有二公子，为潮阳丁惠康叔雅、庐江吴保初彦复，并以文学才节，显闻于世，然皆不得志，行吟泽畔，一发于诗。叔雅郁郁不得志，早逝。吾蒙难后，访吾于香港，犹一执手，纵谈国事。而彦复哀戊戌之难，流涕赋诗，曾发愤上章，为亡人讼冤。辛丑和议成，请变法归政，辞旨切直震一时。宣统五年，岁在癸丑正月十六日卒，竟不得面也，悲夫！彦复才志卓荦，忧国好事，多识海内通人名士。生遭时变，俯仰身世，托之于诗，要眇清劲，盖得乎韦柳荆公；而激楚可歌，其文似汉人。有《北山楼诗文集》，弇冕皖人矣。

父长庆，以提督驻兵金州。彦复年十六，渡海刲股救父疾。朝旨褒孝，授主事，补山东司、贵州司，帮办秋审处，持律守正。尝平反裕董氏之大狱，有名，以例当擢直隶州。君欲得御史，以发其志，不受。丁酉，应诏直言，为尚书刚毅所格，遂弃官。母王太夫人，遗财丰溢，君散以养士恤孤。舍田千亩，为义塾恤族。及朝市既变，沉隐沪渎，则已贫甚，典衣留客，行吟忧伤。不得永年，卒年四十有五，葬于上海静安寺侧。妻合肥黄氏，能纪其家。长女若男，次女亚男，并慧。越岁己未，其长婿章士钊请康有为铭其墓，铭曰：

才子也夫，嗟遭时变也。诗人之墓夫，长遗馨羡也。黄歇浦中，静安寺侧。万岁千秋，无有后厄。

按：《吴彦复（保初）墓志》见《沈寐叟书吴彦复墓志》，上海大众书局，民国石印本。

张元庄(树锜)先生私谥记

民国六年(1917)

　　窃闻：令名可期，永世盛德，最系人思。是以长老为树扶风之碑，乡人争立栾公之社。粤若元庄先生道高前哲，泽被里闬，遗爱在人，贞珉允泐矣。先生姓张，讳树锜，字厚甫，合肥西乡人也。天性纯挚，秉节冲和，孝友饬躬，诗礼著训，治家之严肃，接物之仁让。秩如、蔼如，俱可模范世俗，楷则缙绅。临事明敏，识略通方，忠信内存，执谦外溢，成人之美，分人之忧。其有乾糇失德之愆，抑或搔瓜讴营之讼，造庐就质，立剖分争，轻财重义，济困扶颠，穷乏待其举火，贫交沾其分润，辟舍斋招学子，储戎器以备不虞。管幼安身处衰乱，王彦方德化乡人，不能逾也。先生虽螭蟠豹隐，谢客杜门，朝贵钦为长德，远人重其一言，宁非邦家皆达，蛮貊可行者欤？遽意龙蛇岁厄，麟凤德衰，天降鞠凶，歼我良善，享年五十有九，以民国丁巳年正月二十日终于里第。亲故悲哀，如失凭藉。邦之人士，追维遗爱，思永令名，遐稽前典，式遵成宪。柳惠黔康，范贞陶靖，虽非议自太常，均乃采诸舆论。先路既导，取诸在兹。先生善秉乎性，惠溥于人，谥曰"元庄"，金云惟允。相与醵金市石，纪实镌文，父老竞纳百钱，士林愿书碑后，可谓盛矣。呜呼！榜荀淑之里为高阳，观羊祜之碣而堕泪。庶乎君子，没世不忘，后人闻风而兴起者矣。铭曰：

　　于休先生，儒雅温纯。五常畸仁，四序中春。道隆德劭，匪求鸣跃。被厥和光，蠲我矜惨。容蔼意纯，蓉华有根。砥砺浮靡，鄙宽薄敦。时丁厄运，文献都尽。天胡梦梦，一老不憗。周公山旁，昔所徜徉。过闾其式，葛庐郑乡。峨峨丰碑，悠悠我思。勒碑诏后，无敢溢辞。

　　中华民国六年丁巳九月日。

　　按：《张元庄（树锜）先生私谥记》见《近代碑帖大观》正集，上海求古斋书局，民国石印本。

清封夫人节孝刘母张太夫人（刘盛芥妻）墓志铭

民国六年（1917）

○陈三立

太夫人张氏，讳淑德，字修恒，合肥人。记名提督绍棠公之女，刘壮肃公之子妇，光绪辛卯科举人、沅艿赠君之配也。赠君母某夫人，所出母某夫人及太夫人。年十八归于刘氏，两家方贵盛，一将以孝谨朴俭，事舅如父，事姑与庶姑如其母。庶姑尝病瘕，重胕溃溃，周体裂为疮孔百数十，败液流溢，夫人辄以掌掬之，不便卧起则据床掖抱，或溲溺必承以器，躬涤中裙，厕牏之属，弥岁不少懈，往往深夜病榻旁太夫人赠君夫妇犹相对涕泣也。

岁戊戌，赠君骤捐馆舍，夫人才廿五，誓以身殉，蓄鸩密，惟有姊赵夫人者觉而私弃之。乃大怼恨，手裂布衾至寸断，益不食。母兄玉森君谕以从死抚孤孰难易之义，且谓："沅艿负才早逝而无后，忍负之乎。"夫人闻而心动，遂允从子朝叙为之嗣，育于褓褓，课于庠塾，眦枯魂凝，俾跻成立。先是父母舅两姑相继逝，所产女一男一亦俱殇，赠君又不禄，五岁而遭七丧，极人世痛苦惨毒艰贞劬瘁之境，延一死营葬祭支门户，举德业文学待诸其孤，求报其夫于地下。呜呼，以太夫人比迹古烈，抑可谓勉为其难者已！辛亥之变起，乡里第宅既迭灾于水火，益转徙靡宁居。越四年，疾终于上海，为乙卯十月廿七日，享年四十有二。

夫人不苟言笑，依准礼度，温恭以威，服襦屡补，缀而以施，济穷乏称，生平与姊赵夫人最厚善。一夕就寝，绰约赵夫人，临诀曰："死矣！死矣！"太夫人呼曰："姊何可弃我死，死当挈我。"寤而知相持而泣者，乃梦也。及避乱至沪，从赵夫人相与语，所梦亦同之。赵夫人既卒，逾岁太夫人亦卒，传者以为异。

今岁某月，孤子朝叙卜归葬某乡某原，持状乞铭。余以为孝义苦节如夫人者，允足表俗而风世，乃为铭曰：

奋于华膴，脱垢滓。含馨体素，匹君子。婉娈翱翔，缝恩纪。颛颛侍疾，抉痈瘅。吹息冥漠，灵下视。哀咏柏舟，呼天只。揩拄百艰，悬不死。抱德绵暖，贯终始。有孤肖似，天所起。光气煜煜，江海尾。坚贞盟石，诏无止。

按：《清封夫人节孝刘母张太夫人（刘盛芥妻）墓志铭》见民国 陈三立《散原精舍文集》十七卷，卷九，1949年上海中华书局排印本。

清授资政大夫二品顶戴候选道合肥李公(经藩)墓志铭

民国八年(1919)

○张文运

　　公讳经藩，字价丞，号勘廷，合肥李氏。曾祖讳殿华，县学生，祖讳文安，道光戊戌进士，刑部郎中，记名御史，皆以从父文忠公贵，累赠光禄大夫、大学士、一等侯。曾祖妣周氏，祖妣李氏，皆赠一品夫人。继母邓氏，封一品夫人。其县学生、四品职衔、朝议大夫、讳承祖者，公之本生考也。本生考之父，县学生，貤赠光禄大夫，讳文煜者，于刑部为元兄，公之本生祖也，而本生妣为项恭人。公至性天赋，与物和易，而中守介特，不为岸异激切，初若无能者。及遇事议明处当，虽精习世务者无以易之。平生不妄有游接，而既与人交，必全始终。于财利不肯为贪求捷获，亦不废治生，常以勤俭积累期无放废而已。至义所当与慨斥不吝，亦不自以为德也。尤笃门内之行，出于己者必诚必尽，不以人有不足于我自悔其行。初事本生考妣虽年幼，已能致孝，居朝议丧，悲哀成礼，乡老称异。按察生子早卒，年逾五十无子，思择贤为嗣。归里见公，奇赏之，遂请于李太夫人，舍诸从子立以为后。于时公年十六，侍居芜湖，孝谨纯挚，按察喜为天畀贤子，即邓太夫人亦爱如己出焉。未冠，补县学生员，旋食廪饩，举光绪乙酉优行，考取教职。又举己丑乡试，明年应礼部试，未即归，而按察遽卒，公以不及侍疾，视含敛，抱痛终天。其冬，项恭人又卒，益用哀毁。公故有弟妇，按察早卒子之聘室也。按察卒后，又有以从子入嗣者，忧戚之中，事端错出，公一隐纳。邓太夫人意不忍，乃慨命柝居，公于田宅皆取其下者，以按察葬合肥，邓太夫人居芜湖。巢县适当两地之中，便于时时往来谒墓省母，乃定居巢。然邓太夫人终以公能得其欢乐，就公养。庚子义和团难作，外兵陷京师，长江震骇。公挈家侍邓太夫人避地于沪，中间一还巢，旋复移沪。而邓太夫人终公之卒，皆留沪就养。公以不得终事邓太夫人为恨，邓太夫人亦哭之逾恒。呜呼！此按察之所为贤公也。初得教职，按察为输捐，以知县候选。已，复援例晋阶道员，加三品衔。后又用盐捐，赏孔雀翎，加二品顶戴。卒以己未正月五日，春秋五十有八。娶丁夫人，生子国麟，候选知府，早卒。奉邓太夫人命，以再从子后之，即孙家献也。女一，未笄卒。继娶许夫人，生女一，殇。侧室沈氏，生子国森；女一，殇。孙女一，适泾县朱荣章。曾孙二，道纮、道绪。卜以其年十月己卯合葬于合肥东乡南管村丁夫人之墓。先期，公孙家献以状谒铭，运于公为同年友，初见都中，后连至沪，皆得款接。公之再从子国松笃道善文，又习运数，为道公及按状诚谨无饰言，乃备取而为之铭。曰：

李世大家，本湖口许。迁肥十传，嗣为初祖。追公考世，大起达人。愧兄洪烈，奋以财名。忽焉五十，思续贤子。诹择得公，诧族自喜。公果诚孝，色养怡怡。既和且让，盖莫不宜。惟其怀蕴，默不一试。公视淡然，辈类悼欷。国则改矣，韬也何尤。愤赢暝往，刻此千秋。

同邑张文运撰。

按：《清授资政大夫二品顶戴候选道合肥李公（经藩）墓志铭》文本内容由肥东县博物馆彭余江先生提供。

孔母吴太夫人(孔繁琴母)墓志铭

○马其昶

　　夫人合肥吴氏，清封振威将军讳鸿春女，而警察总监炳湘君者其弟也，年十七归同县孔府君讳某。府君倜傥有大志，尝依振威徐州军次，家事一委夫人，挈纲谨微，内外秩秩，舅姑嘉其孝，姻党挹其和。光绪乙未，府君卒，遗孤皆幼，家中落，不得延师读，乃进二子戒之曰："而父抱才高，不幸早世，汝等今为孤，汶汶处乡里，终无所就矣。汝舅氏智算绝人，若往依舅氏天津，必能为汝计久长，图所以自树立者。儿其勉哉，无以母贫为恤。"于是二子辞母去。长子繁锦，由武卫左军入保定将弁学堂；少子繁琴，由前军入开平武备学堂。盖辞母外出十余年，而二子并以才武积功至将佐。当庚子拳匪构衅，繁锦兄弟各领兵从幸太原，道梗音问绝，亲属窃疑惧，夫人坦夷自若曰："食人禄者忠人事，何暇顾其私，幸不死会当还耳。"逾岁，果得二子书，皆无恙。又逾十年，而繁琴统领云南巡防营，御革命军战死。繁锦以丧归，不敢言状。夫人哭曰："人孰不死？儿以执干戈、卫社稷死，不负其志意，虽死亦匄矣予！"又奚悲因，抚幼妇，宽譬之。聆其言者，兴于义，哀思为之减。然，老婢则尝见夫人枕间日隐然有泪痕焉。夫人年六十四以某月日卒，将以某月日葬，某人祔于府君之墓，来乞铭。予惟夫人处闺闼，岂尝习事君之节，乃其言引义慷慨若是焉何也？《易》曰地道也，妻道也，臣道也。明乎妻道而以通于君臣一而已矣。夫人之行契乎《易》，固宜铭。词曰：

　　余嗟夫人，实邦之媛。顺以相夫，诲子而彦。训识照世，植义不变。乃兴孔宗，惟德之绚。蔚然慈宠，垂兹歌撰。

　　按：《孔母吴太夫人（孔繁琴母）墓志铭》见清 马其昶撰《抱润轩文集》二十二卷，卷二十，民国十二年（1923）京师精刻本。

清故二品衔河南试用道李君(经钰)墓志铭

民国十二年(1923)

○陈三立

君,合肥李氏,讳经钰,字连之,号庚余。曾祖讳殿华,县学生。祖讳文安,道光中进士,刑部郎中,记名御史,以伯父文忠公位大学士,列侯爵,均赠如其阶。考讳蕴章,候选道,赠荣禄大夫,母宁太夫人,出子四,君次居三。幼岐嶷,端重嗜学,善属文。年十七补县学生,食廪饩。居家孝友,根至性。母尝婴疾,卧床蓐逾半岁,君候伺无少懈。及剧,刺血为疏祷于神,减己算代母,母竟瘳。及荣禄公卒,丧葬毕,侍母由安庆还乡居,筑别墅宅旁,尽发荣禄公藏书读之,学益进,尤明习历代掌故、沿革,期于经世。举光绪癸巳恩科乡试,寻遭母丧,服阕,屡上礼闱不第,纳赀为郎中,复改以道员,分发河南。始至,睹吏僚猥杂,纲纪弛紊,叹曰:"吾岂可一朝居乎?"引疾去,侨金陵,后移居上海。

岁辛亥革命军起,其冬逊位诏下,君衣冠北向,伏地痛哭,自是幽郁得心疾。年五十有六,以壬戌十二月二十五日卒。卒前弥留时,犹喃喃诵放翁《示儿》绝句,可哀也。

君席家门贵盛,声绩耀海内,诸昆弟辈继起,扬先烈类负才辨锋颖锐出,君独粥粥若无能,省身克己为俭约,服御同寒儒。治家整肃,即童稚无敢欢哗。凡输财周贫乏,推为善义事甚众。县大水为灾,买舟拯数百人,藁葬数百人,出粟所活无算,至今父老犹纪之。蜀人薛华培次申倜傥矜名节,官江南候补道病疽,君及余皆与有姻连,同朝夕省视,交契自兹。始及次申卒,君挈其数龄孤儿以养以教,且十年出赘,始别居云。君病中,余每抵沪过视,犹健谈,或纵论中兴将相名辈遗闻轶事,娓娓甚可听也。

配吴夫人,武壮公长庆之女,恭俭仁爱,与君同德,年三十三,前卒。出子一,国瑰,分部主事;女一,适保山刘廷镇。继配薛夫人,即次申女弟,出子二:国枢,国桂;女一,适扬子张廞。孙三人,女孙四人。著有《友古堂诗集》二卷。癸亥十月,国瑰奉君丧还合肥,合葬于东乡横塘吴夫人之墓。余读状,次而为之铭曰:

蕴干略而不试,郁忠愤而莫将,夐乎?长者之行,烈士之心。敢告四方,上下旌其藏。

按：《清故中宪大夫试用道李公（经钰）墓志铭》文本内容由肥东县博物馆彭余江先生提供。

西庐长老元公(释通元)传

民国十四年(1925)

○ 张树侯

释通元，字荫普，系出合肥袁氏，原名宏谟，生于有清道光八年。昆季三人，公其次也。幼读书，好击剑，气体伟岸，角技每甲其俦。性任侠，家綦贫，妹夫周武壮公盛传微时，贫窭与公等。岁歉饥，将不能保其家室，公因遣其妻别嫁，得聘钱与武壮公分之，并获全济。会族人某虐其邻舍，公住说之，受窘辱。大愤，执而戳之，乃托其母于武壮，仗剑走江左。时太平天国奠都金陵，众诸王侯，惟忠王李秀成最贤，投其戏下，王亦推心任之。转战南北数千里，累功至将军。守杭州时，李文忠公东征，武壮以偏师属焉。知公在杭，单骑往谒之，说以利害。公轩渠大言曰："士为知己者死，岂为好爵所縻？且满清之不振，众所共知，即竭而力，不过苟延数十年耶！今姑以私谊相全，明日请以干戈相见。"武壮拂衣去。两军相持，武壮战不利。退数十里，乃乞公之母夫人，谕以手书。适江浙各要害败报送至，公知大势已去，一夕忽失其所在。时则同治二年也。

距公之故里数里，有紫蓬山，其巅有梵宇，曰"西庐禅寺"，唐代古刹也。迭经兵火，已荡为墟矣。有野僧结团瓢栖宿其中，间往山村乞食。一日有人蓦然遇之，曰："咄！子非杭州失踪之袁将军乎？胡至此？"视之，则其旧识某也。公怆然曰："吾已厌世，以母老不忍远去，姑止此耳。"由是皆知公已出世为僧矣。时肥右从军诸公，皆已贵显。钦公之节操，金愿为之新其寺宇，数千年之胜迹，于是乎再振。公又走芜湖广济寺，乞法于广惠上人。乃开戒坛，度僧众。第山溪阻深、人迹罕至。复丁城内建明教寺，为下院，以便十方大众所栖止。行脚所至，草木增辉。法嗣生徒，其丽不亿，亦英雄末路之一消遣法也。光绪十二年六月十二日，以微疾化去。嗣法僧圆觉为建塔于山之址。中华民国十四年仲冬，寿州张树侯来游，其五传法嗣三惺出示其行状，乞为传。因书其略。

张树侯曰：吾耳袁公之名久矣！今既悉其详，复瞻拜其遗像。广颡深目，隆准而丰颐，伟人也。自公去杭之明年，太平天国亡。阅四十八年，满清亦不祀。而国是之陵夷，愈益不可问。使公而在，其感慨又当何如耶？！常读宋濂所为《邓弼传》：弼以盖世之才，见遇于群小，入王屋山为道士。傺佗如元公，殆亦其人与？

岂天心之未厌乱耶！胡丰其才，而复啬其遇也。噫！

　　按：《西庐长老元公（释通元）传》见清李恩绶编，民国释三惺补《紫蓬山志》，民国二十年（1931）铅印本。原碑现藏合肥市文物保护中心，石红石质，长113.5厘米，高41厘米，厚11.8厘米。横方式，楷书直体阴刻，共48行，满行16字，计750字。碑石已断为三块，可拼接完好。

清故太学生翰林院待诏合肥刘君(泽源)墓志铭

民国十四年(1925)

○李详

余友合肥刘君访渠没八年许，每一念君，神志沮丧，若撄骨肉，戚者郁郁，既久思有以传君，而文字不能贯悉。则思据所闻见，撰为别传。揭君磊磊毅丈夫梗概以质海内，以竟后死者之责。适其子绍业具君行略，请于从父泮桥、平阶两君寓书誶诼，且修元微之家属，致于白文公故事，重币以媵，于是震掉悲惋流涕，再拜而书之曰：

君讳泽源，字访渠，本贯庐州府合肥县东北乡人。曾祖讳怀万，祖讳思刚，父讳德林，先世俱业农，自君祖始兼营商，父继之。君兄弟五人，次居长，少应童试，不屑就有司尺寸，遂弃去，专意学书。初习欧阳率更，已能自名。

闻同县沈先生用熙传安吴包倦翁笔法，因师沈改习北朝碑版，上探篆分，穷日夜不懈。一惟师言是听，沈先生谓其笔力可敌邓山人，且许其质直不欺，能传师法。虽怵以利害，不能夺也。

君书虽大成，世犹以布衣少之，此邓山人往事也。独同县蒯京卿光典、张举人文运、李京卿国松先生后昵君无间，蒯官翰林好以沈传安吴之派，矜言于京师之能书者。及改官后则招君至江宁，稠人广坐，必指君示之，曰："此安吴再传弟子也。"又为之延誉于缪编修荃孙，沈提学曾植，凭中丞煦端忠敏，初摈江苏，复以君进。

君游苏州，留数月，获观陶斋及费屺怀旧藏，自审以不能周旋要人辞归。而馆蒯所最久，蒯既令诸子从君学书。每至夜分，召君论九宫，往往至日上，犹断断未已，各笑而罢。

蒯官差次，有大事必就君，商可否。家事一令处分，莫敢有违。有干以私或请委屈毋摘其隐，则盛色持不可，人多惮之。

张君文学书法蚤名于乡里，然论书，必推君。张学素高于君，而气谊相人偶。言论造次，必与君偕。一如邛邛与蛩岠以两济，人多不解其故，即君与张君亦不自知其故也。

李君以贵胄习安吴笔法，因嗜沈君书，求友于君与张君。皆特设一席，如宾师之礼。李君既不以门阀见异，君亦不以疏贱少屈，数十年如一日。

当国命初改，李君避上海，君留守庐州，为李庀资产。群不逞，汹汹綦君，为梗，枪拟其胸者再，君出入生死，徐获以解。君所以报知己者如此，信非神勇，不可跻。君于古，当为独行传中人物，而书法之传，犹其后也。

余之交君在光绪壬寅，馆于蒯氏。余颓放无检束，君亦朴邀如村氓、市贾，但以一言之异，遂定深契。每于余所称举，奉若律，令人有不嗛于余，从容构扇，将挤以去，君则为裂眦攘臂，痛陈其故，且使加礼。又于余病肺之沉痼，家庭之怫郁，遇合之蹭蹬，觇其衰剧，以为忧喜。余昔颂君有云："永为弟昆，誓与夫子。"至今思之，不可易也。

君于沈先生求桐城马君其昶为传，请于缪编修采入续碑传集。又取沈临禊帖书谱，景印以传。君与师友庶几有古人风，而逝者不可作矣。

君生于同治壬戌，没于民国壬戌，得年六十有一。子六人，绍业、绍礼、绍斌、绍铭，女二人，元配陈孺人出；继配董孺人生女一，姜陈氏生子绍庄、绍靖，女一。孙三人，孙女八人。君以民国乙丑葬于破坝院直舍西北二里许，至今铭幽之文未有所属，泮桥昆弟谓余知君有素，俾竟其事，特著君之大节，不为一艺所囿，而可传之士夫间。

按：《清故太学生翰林院待诏合肥刘君（泽源）墓志铭》文本内容由安徽省档案学会档案文化研究委员会刘政屏先生提供。

李子渊（家孚）墓志铭

民国十八年（1929）

○张文运

　　子渊，名家孚，合肥李氏。其大父，资政大夫、河南补用道，讳经钰。故太傅文忠从子也。资政君元子国瑰，字伯琦。少从余学。娶于吴。有丈夫子六人，而子渊为长。李氏自文忠公勋业起家，门阀甲天下。而资政君父子，被服儒素，皆以文学致声闻。子渊年少，能承家学。连世文采，交游悉重之。岁乙丑冬，余客沪滨。资政君已前卒。子渊随父来谒，温恭笃雅，信目中希见佳子弟也。逾岁，伯琦挈家移寓吴门。又逾岁书来，则子渊不幸死矣。伯琦悲之甚，既请余书其墓碣，复乞铭，追埋于幽。

　　若不知所以致其思者，盖子渊生而敏异，最为资政君所隆爱。始出就傅，弱小耳，诵习能勤，不待师督。稍长，益自刻厉于学。耽研文史，往往中夜不休。父戒母过劳，则挟书帷帐中，潜探而密讽，由是学日进。有所述作，皆斐然可观。天性纯厚，尤笃于伦纪。事亲勤勤致孝，亲有微疾，辄深忧废餐寝。爱护姊及弟妹甚至，弟家泰殇，方七龄，哭之有余痛。侨沪时，家尝被盗。父适外出，盗以枪临其母，迫索财物。子渊直前，叱之曰：“欲何物？可将去。奚若是为。”盗亦敬其胆识异常儿也。平居力守俭约。而遇贫乏者，辄资济之，不少靳。生长江海都会，能束身自敕。绝纷华酣乐嫚戏之场，不豪发渐染浇习。顾好为深思长虑，遭时多难，益感家门衰落，惧终无以自立，免危辱，忧生厌世。若常有无穷之辈，菀焉于中，不能自释。亲党嘉其笃谨，而亦颇以此迂之。既将冠，父母欲为娶妇，子渊闻而请缓，诘之，则曰：“儿学未成，无可效用于世。事变大，生事日益艰。力不能养，而重累吾亲。身且为贫，敢更增家累乎？”父母以其忧思过甚，慰解之。子渊意终忽忽不乐。一夕，为书留诀父母及诸弟姊妹，竟饮药死。丁卯岁九月十六日也，年十有九耳。

　　嗟夫。子渊欲减亲累，而不知益重其忧。诚过计，然其情益可哀。宜伯琦思之，不能忘也。所著《一粟楼文诗》二卷及《合肥诗话》三卷，伯琦为付排印于苏。别有笔记、杂钞之属，积稿甚多皆未就。子渊以己巳岁十一月庚辰，归葬县东乡新长冈西七星墩下。新长冈者，资政君故居乡时，所营别业。余尝馆于是，即伯琦早岁读书处也。俯仰卅年，而人事变迁若此。矧子渊美才，而遭惨折，有至可悼惜者，余亦乌能已于言耶。乃为之铭，以识其葬，且以塞伯琦之悲。铭曰：

生之而不使成，又使如此而终。孰有知其然者，以讯之于无穷。

按：《李子渊（家孚）墓志铭》见民国 顾冷观等编辑《小说月报》（上海），联华广告公司出版部发行，1943年第46期。

先伯父访渠公（刘泽源）事略

○ 刘炳卿

先伯父讳泽源，字访渠，晚号懿翁，又题其斋曰"诵抑轩"。世居合肥东北乡，幼读书，以不工于制艺文，遂屏弃不为，然喜临欧阳率更书，颇能貌似。二十岁后，师事同邑沈石翁，翁授以安吴笔法，且曰：作书贵在指得势，锋得力，依型掠貌，非书学之要也。于是入锋取势，一遵师言，并寻绎安吴绪论。习之未久，翁称其笔力雄厚，能传其学。凡李唐名碑，泰山刻石，汉魏之分篆，晋唐之行草诸书，无不悉心探研，临摹不间。其后，以地方多故，不能逐日作课字，顾每晨起坐床，植指背临碑帖百数十字，始盥濯饮食，习以为常，虽在行旅中，亦不或辍也。

前清季年，以鉴赏名吴中，时端陶斋、费屺怀，均富收藏，咸请鉴别，遇有名贤手迹，辄钩摹以为矩则。

宣统二年，南洋举办劝业会，陈设艺术诸家作品，蒯公礼卿，怂恿先伯作五体书，悬诸会内，评者推为当世书法第一，特给最优等奖章。

嗜书既久，名声籍甚，所游沪、杭、平、津等地，索书者纷至沓来。壮岁写八分书，充实恣肆，晚于真行草书，骏宕遒润，大气流行，榜书尤雄厚豪迈，识者谓深得北朝笔意，近世罕有匹者。至今人于市肆间见有遗墨，不惜重资购藏，以为欣幸。

庚子拳匪患起，各地骚乱，大吏令地方办理保甲自卫，吾肥东北乡公举蒯公汉卿为总团练，先伯与姚公筱村、李公璞生，同任分团，昼夜防范，地方赖以安宁。

民元以后，合肥过军频繁，变患迭生，于时主军政者，孙品三、袁斗枢、季雨农、王和甫诸公，事有系地方安危者，皆就先伯商决，而地方人士遇有烦难纷争之事，亦常为先伯之言是从，以致官绅得以合力因应，地方幸免糜烂，今三十年矣，人犹称颂。

光绪二十七年，蒯公礼卿任正阳盐局总办，以与先伯有旧，聘请先伯助理督销事宜；二十九年，蒯公调任十二圩督销局，先伯常居蒯公金陵寓所，兼以书法教授蒯公诸子，而蒯公每有要务，多请先伯计处，常语人曰：刘君至性诚笃，能任大事，其书法传世，犹余事也。

三十二年，李君木公慕好沈石翁书法，商之蒯公，因请先伯移馆其家，教其子弟作书，李公饶资产，多商号，既钦先伯之为人，又请兼管其本城义和典务，相处数年，李公敬以宾师之礼，情亲意洽。

辛亥革命军兴，李公移家沪上，频行悉以家事付托主持，一时混乱之中，凡与李公有不谦者，嫉视其家，百端留难。先伯不避艰险，多方维持，久乃平息，事后亦群无闲言，知其事者，莫不重视先伯能于倾危之际，而应付裕如之不易也。

生平喜接名儒学士，同县如周六垓、张楚宝、蒯礼卿、江润生、张子开、张琴襄、李木公，他若马通伯、顾石公、廖艺风、段笏林、沈子培、冯梦华，李审言诸先生，皆交若弟昆，历久不渝。

平居寡言，不慕荣利。清光绪间，友人纳资为捐翰林院待招；民国八年，游北平，段公芝泉总理国务院，聘为顾问；民九年，聂公伟臣、许公世英，先后长皖，均聘为高等顾问。然先伯虽时有献替，其布衣常度，终不易也。

性嗜酒，好武术，至老不厌。躯干修伟，气体素健，年六十一遭重风疾卒于家，时民国十一年十二月二十六日也。

兹值重修家乘，父亲暨五伯父命述先伯事略，敬请能文君子，赐为家传，以载宗谱，谨略述之如右。

按：《先伯父访渠公（刘泽源）事略》文本内容由安徽省档案学会档案文化研究委员会刘政屏先生提供。

刘先生（泽源）家传

○陈维藩

先生讳泽源，字访渠，合肥刘氏。父讳德林，母彭太孺人。兄弟五人，次居长。

少习应试文，好欧阳率更书，二十后师事同邑沈石坪先生，先生安吴包慎伯先生传法弟子也。三十从游，笃守六十年，遂臻大家。先后弟子甚众。少当意者，晚乃得先生谓其笔力雄杰，可跻邓山人。先生亦以是自奋，绝意进取，日侍几砚，探研安吴绪论，凡秦汉篆分、晋唐行草、南北朝隋唐碑版之见称于艺舟双楫者，无不溯流穷源，得其究竟，而一以师说指得势锋得力为书，如是者二十年。

清光绪己亥岁，石翁以九十上寿归道山，先生三十八矣。时同邑蒯公礼卿以淹博名海内，雅服石翁书，且重先生。后与辛丑、癸卯间先后总办正阳盐局，十二圩督销局聘先生为助，兼以书法授子弟。公广交游，侨寓金陵，吴中名宦自端匋斋以次多其友好。讨论古刻，辄延先生，因得偏观收藏，益工鉴赏。局中机要有繁难者，亦辄委付，尝谓先生性情质直而才局开张，可属大事。书法传世，其余事也。

越二年，同邑李木公先生亦以慕好沈书，数商蒯公，聘先生移馆其家，极见宾礼。

又二年，南洋举办劝业会，蒯公趣先生作五体书，评者推当世书法第一，赠最优奖章。名益振。

先生气禀壮伟，兼精技击，腕力固已，绝出前世书家。益以石翁之传，摧刚为柔，深厚绵密，一点画备八面之势，一提按运周身之力。舒徐安详中步步崛强，大气鼓荡中丝丝入扣。凡安吴所标万毫齐力，妙在用笔，能在结字，北朝笔、唐贤体者，无不备具。晚更屏去作用，归于简直。识与不识，莫不目为今世邓山人，而不知遭际之远弗逮也。

盖先生虽于书法外无他好，顾重义气，多才能，敢任。自蒯公时已多理繁重，及移馆木公先生家，甫数岁而辛亥国改。木公先生长文学守正，因地方学务，与维新诸子间有龃龉，又家世贵盛，资产饶裕，尤见涎于乘机假借者，自是移居上海，里中事悉托先生。蹈险支危，累月连岁，卒以应变不穷，事乃悉解。

自后，邑中事故日多，先后主持军政者多引重先生。凡有关安危之大，纷繁之局，先生辄尽力所能，未尝诿谢。如是者又有年，心神数为烦，日课亦有时辍。

平生重孝友，笃风义，喜交游，侍亲极谨，处兄弟极诚，事师至忠且敬。同邑明贤蒯李二公外，他若张楚宝、周蒙垓、江润生、张子开、张琴襄诸先生，皆终世笃好。则沈子培、缪小山、陈伯言、吴俊卿、马通伯、李审言诸先生，亦皆谈艺连茵，修布衣之谊。而行迹落落，无所干请。

民国八年游北平，见知于国务总理段公芝泉，聘为顾问。民九游安庆，见知于省长许公隽人，聘为高等顾问。

虽时有献替，终不及己私。唯于本师名列清史事，一再请之缪马诸公；而影印其临摹禊帖书谱日课书，亦广征于海内名宿。盖其毕生所注独此一艺，虽大成，意犹有所未足。精力复弥满，思得暇更并力为之，讵意民国十一年壬戌之冬，甫逾周甲，遭中风疾，一夕而终。闻者无不震悼失气。处境既远不如邓山人，得年又远不如本师，是诚艺林之不幸，非仅一邑人文而已。

先生元配陈孺人，生四子：绍业、绍礼、绍斌、绍铭，女二人。继配董孺人，生女一人。侧室陈孺人，生二子：绍庄、绍靖，女一人。孙三人，孙女八人。绍礼早卒，绍铭及其兄绍斌叔兼、绍业伯勤亦先后殁于抗倭胜利前，今唯绍庄敬强、绍靖伟甫存。

先生自四十后，求书者日不暇给，书甚多。其后事务繁，临池尝间。每晨兴坐床，植指背临碑帖百数十字，行旅中亦不或辍。然机缘阻滞，未得多为大碑刻。传世者率为墨迹。平生收藏亦精且富，乱离后并散失，故今欲求先生书及其旧藏，重值亦不易致。独伟甫流离中负荷珍惜，犹有存者。

陈维藩曰：先生与先师两张先生子开、琴襄为昆弟交。琴襄先生少壮亦学书石翁，极见称赏；子开先生以金石鉴赏尤知名于海内。两先生交甚笃，论书则时有异同，唯与先生，皆推服备至。子开先生谓先生榜书前无古人，琴襄先生谓先生笔力过张文敏、梁亳州，无论并世。然皆教子弟时平心之言，非故为抑扬者。余习闻两先生之论书，亦颇诵习安吴绪论，心惮其难，未之敢学，先生期待特甚，每宴四方贤豪士。辄折简命厕坐其间，酒酣论事，义气激昂，至今謦咳犹在耳也。先生下世十六年而倭难作，两张先生咸逝于肥城沦陷之年，学书于三先生者虽多，专恒者实寡，离乱以来，抱阙守残者愈寡。包沈遗绪已在绝续不可知之间。谓非后生之责乎？

当先生殁后，其弟泮桥、平阶两丈，已率先生冢子伯勤君请陷幽之文于兴化李审言先生详，文绝沉挚，而先师为之书，今弹指又廿年，先生族修谱乘，犹子炳卿同门复奉两丈命属为家传，两丈皆逾稀年，树立亦伟，炳卿则传笔法于先生，而学文于子开先生，今犹谨守家法，弗忍舍去。余不敢辞，恭次如上，且恨往日自画，未遑执贽，无以发书家之深，岂弟有负期待之殷已哉。

按：《刘先生（泽源）家传》文本内容由安徽省档案学会档案文化研究委员会刘政屏先生提供。

刘先生（泽源）家传

合肥童茂倩先生(挹芳)行状

民国二十一年(1932)

○高寿恒

曾祖世椿，清太学生。祖葆初，清恩贡生。父锡康，清拔贡生。

先生讳挹芳，字茂倩，晚号养园老人，姓童氏，合肥西乡人。明初曰铠者，以甲科自江西来守庐州，遂家焉，是为童氏著籍之始。家承清德，崇尚儒业。先生早丧母，就傅于舅氏张靖达公之家，醇慧异禀，率履超然，诸舅氏绝器之。既壮，以诸生游京师，受业于瑞安黄漱兰先生之门，如勒元侠、盛伯熙、王忍庵、沈子培、冯修庵、端匋斋及同邑蒯礼卿、江润生诸人者，皆一时名彦，相与纳交，以气节文章相切剧，声名重都下。用资为兵部武选司主事，一为顺天中学堂监督。整规模，正趋向，所造多英隽之士。同邑李文公督直隶，幕府之内，豪俊所依，雅知先生，先后礼辟皆不就。由是缙绅推高，群流仰德。后先生与人言，称引文忠，亦辄推揆席，风度海涵，地负迥绝，一时君子感遇以异而同，庶乎近之。清光绪末叶，朝政日非，先生乃浩然归田里。皖人士举长安徽教育会，实重华归，誉流泽衍。是时革命之风已被校舍，党祸所出，牵率远近。先生倾身营救，弥缝使平，士益归美。至辛亥而武昌变起，党军壁集贤关，城闭，先生走谒抚军朱家宝，为陈事势曰："今者鄂首事，苏已响应，皖之力不足以制上下，徒滋祸变无益也。"家宝韪其言请退，而皖人至举先生为都督，不受。事具省志《吴旸谷传》。然来者某不晓事，乱将发，先生以事急，挺身告某以利害，取印绶出，众迎门欢呼如雷动。仍畀家宝行都督事。家宝请先生任民政长，袖文书数往返，又不受。未几而王黄之变复起，家宝出走，北军方下汉阳，省防军又先后溃，皖事益岌岌无能主者，先生不得已出而筹备皖军政于合肥。明白部署，不挠于势，及事定乃去。民国肇造，举先生为参政院议员，辞曰："我不能"。知先生者，亦不敢强。自是遂家居。省大吏以事待决者，遣使迎于家，或一往，或竟不往，盖先生亦已老矣。甲子六安大刀会起，先生门无捍卫，会众相戒：环先生居十里不得惊扰，诸避难者相属于道，就先生以为安，露宿田垅，无虑数万。大府严兵清乡，先生力陈愚民受感当勿问，建议立缴械免罪诸条，大府信先生恣所为，多所全活，而事亦随定。辛未南军循江而东，北军沿津浦路以西争合肥。前湘督张敬尧率所部近万，逾淮会师于合肥之西，震骇远迩。先生寓书告之曰："足下统虎豹熊罴之众，临祖宗邱墓之乡，知揽辔登车必有怒然不安者。"语多恳挚。敬尧得书访先生，以事益引伸譬喻，语以所不便。敬尧为之动容，回军六安，宁贴不扰，合肥之西得免战祸。先生沉静微密，周悉事故，貌清古秀，削美须髯，与人以诚，无崖岸畛畦一出之平易。瑰材俊逸，畸人剑客，下及田夫、驵卒、牙郎、灶妇，一接颜色，心平气和，侧耳以听讲说，及当事勇直自将，不稍回避，识与不识，咸尊曰"老先生"，不以名。邻某以事误过先生，皖人士大哗，先生避之海上，不与校。某寻悔自投，遇之如旧，人益服其所养，而尤笃风义。庚子拳乱，先生居津，只身出友家于难，转仄兵间几数月，卒达之安所。异母弟抑庵君不善治生，数败其资，辄分产以赡之，至典质衣裘无愠色，谈者义之。先生既家居，凡地方家族事，乃益竭其力以为之。家固不丰，然尝捐资于县城建正谊中学，于族中建积谷仓，条教章程饬然具备。坐是大落其产。尝语所亲曰：士君子能有益于人者当为之，不必以在下自诿谢。盖尝抱无穷之蕴，而惜有所未尽。晚研佛典，每晨起焚香诵经，一寄其悲悯之意，于时亦若有深痛焉。民国二十一年壬申先生年七十四，八月二十九日终于家。配汤夫人前死。子珣、璟、瑄、琦、瑗、玠、玖，珣字东甫，汤夫人出，明达有贤誉，前先生一年卒。孙立纲、立维、肇绶、肇经、肇纬、肇纯、肇纪；孙女七；曾孙家瑞、家琥、家璐、家理；曾孙女二。先生好经世之学，于诗文词不屑意，有作任散落不惜。年四十前所著《存吾春馆诗集》《尘垢囊杂记》皆家人习记而为编存者。集中《古酒器歌》尤传诵于世焉。余承先生知爱。其家来请撰述，因采见闻，次其大略，存之他日铭墓之文、省志之传庶于斯有征。

同邑后学高寿恒谨状。

按：《合肥童茂倩（挹芳）先生行状》见 清 童茂倩《存吾春馆诗集》，家属自印本第5页，1995年9月。

合肥童茂倩先生（挹芳）行状

清故河南河北镇总兵刘公子征(盛休)家传

民国三十一年(1942)

○ 郭骏声

公姓刘氏讳盛休，字子征，世为合肥著族。曾祖廷贵，妣徐、陈；祖铚，妣周；考大勋，妣任，皆以公贵得赠如其阶。大勋生子二：长盛儒，次即公也。

公生而豁达，有远志，不屑治家人生产，初与兄力耕，恒郁郁不自得。金田军兴，壮肃公治团练捍乡里，公以族子谊，奔走其间。同治初元，李文忠募淮上健儿援淞沪，壮肃始立铭军，公与从兄盛藻因以偏裨从，连年攻克苏之川沙、柘林、太仓、昆山、荆溪、江阴、宜兴、福山、杨库、枫泾等城镇凡数十，并浙之平湖、乍浦。累功擢副将。方川沙初克，大军西进。壮肃命公留守蕞尔危城，孤悬海上，兵单饷绌，大军复消息不通，好事者故撼以危词，公屹不为动，卒固守以待奉贤之捷而会师。南汇之役，敌酋吴建瀛既乞降，复首鼠持两端。壮肃命盛藻往觇虚实，公请先焉。帕首手刃驰入其壁，大声疾呼，痛责以大义，建瀛错愕无所为计，亟逆盛藻于门，遂降其众。壮肃以是多其胆略，益重器之。

乃者，苏浙肃清，捻氛复炽。公随壮肃追剿，迭破之于瓦店、南顿间，并解扶沟之围。旋以收复黄陂县城，功擢总兵，并赏"健勇巴图鲁"勇号。捻匪犷悍多骑兵、此剿彼窜，飘忽异常，公曾于浃旬间，逐贼千七百余里，以故功最多。捻平，论功晋提督，赏"法克精阿"勇号，加三代一品封典。

当是时，铭军声望闻天下，公与盛藻尤知名。壮肃引疾归，属其军曹克忠，曹故刻薄寡恩，部众欢哗，李文忠亟檄盛藻代之。盛藻复以忧去，公遂统有铭军，时众逾二万。又久在行间，多私为盟会相结纳，清法素严党禁，公不故为束泾，一惟拊循以德，并时颁训勇歌，以劝导之。故统治二十余年，所部莫不争劝以善，从无以身试法者。且习知兵久佚，则骄惰生。故先后驻防直、鲁境内，力行兵工之政。于东明，则督队挑筑黄河之南堤；于寿张，则挑浚张秋之运河；于兴济镇，则督挑减河；于葛渔城，则督修永定河。工竣之日，兵忘其劳，民食其利，迭经奖叙有差。

光绪中叶，外患日迫，于是调公所部驻防金州之大连，并补南阳镇总兵。公知大连为海疆重地，甫抵防次，即巡视各要隘，力谋战守之具甚备，先后建筑大连海口、三山岛、黄家山、徐家山、老龙头炮台十余座。十七年，调补河南、河北总兵，赏给头品顶戴，赏戴双眼花翎，而驻防如故，眷眷盖骎隆矣。无何，中东衅启，日本水陆并进，我海军先熸。清廷急调公移军虎山一带，扼鸭绿江，与聂士成军相犄角；命依克唐阿军军长甸遏敌锋；命宋庆军军九连城策应援。比敌军迫近，依军遽溃走，故乘其后直趋虎山。公与士成督两军作殊死战，自昧爽至于日昃，士卒死伤过半，敌增援且十倍，而宋庆逗留不前，望风先遁，力尽援绝，遂及于败。公恚愤欲自裁不得，因上书自劾归。

归里时，太夫人尚在养，公痛于国事之日非，益自韬晦，晨夕与其兄侍老人侧，谋所以悦亲心。五世一堂，蔚为人瑞，会太夫人年九十，清廷竟有御书、命服之赐，闻者荣之。噫！有清末造，朝政不纲，内外臣工，争立门户相倾轧，虎山一役，憎公者，颇欲肆其罗织，以陷公于罪。顾清廷不加谴责，迨其去职已久，且优礼以宠其亲，谓非倚畀素深，审知公非战之罪，而能若是乎？

公方面丰颐，修髯如戟，声若洪钟。生平澹泊自持，在官之日，一钱不以自私。暇则究心图史，尤酷嗜鲁公真迹，朝夕临摹，间作擘窠书，雅得其神髓。以民国五年卒于里第，年七十有七岁。德配解夫人，先公卒。子七人：朝玠、朝璠、朝域、朝瑞、朝刚、朝瓒、朝瑗。孙二十人，曾孙六人。骏弱冠时以戚党后进曾数谒公于里第，嗣公之子刚作宰鄂、皖，骏历游其幕下时，承称述先德，属为撰次，自维弇陋，逡巡不果者近二十年。今公之族人将重修其家乘，公之季子瓒、瑗，先后以状来，重相諈诿，未敢固辞。谨就见闻所及，勉为敷陈，知未能道公于万一，然后有作者，亦庶有所取焉云尔。

中华民国三十一年仲冬上浣。

姻世再晚郭骏声剑平氏谨撰。

按：《清故河南河北镇总兵刘公子征（盛休）家传》见《合肥刘氏宗谱》六修谱十七卷，民国三十二年（1943）刻本。

合肥童汉章先生哀辞

○陈毅

童汉章先生，安徽合肥人，学生时代即参加五四运动、六二运动，为安徽省青年运动之著名人物。一九二五年北伐军兴，汉章先生即在长江沿岸从事国民革命运动，为国民党之中坚。北伐军攻克武汉，旋为国民党安徽省党部之驻汉代表。"四·一二"清党事件爆发，汉章先生认为国民党当权派已接受帝国主义策动，从国民革命营垒投入反革命营垒，先生不直所为，毅然以坚决态度，保持其革命立场，不愿同流合污，而参加贺叶之南昌起义。旋随军南征并主持革命委员会宣传委员会之工作。南征军于一九二七年冬失败，汉章先生潜回皖东，旋赴凤阳、西安等地从事教育事业，隐姓埋名者数年。对国民党当时从事内战之反动政治绝不参加，始终保持其纯洁的革命人格。九一八事变后，复积极从事爱国运动。七七抗战爆发，出任安徽省动员委员会工作于立煌，安徽全省抗战运动，汉章先生出力最多。一九三九年本军东进收复皖东敌后失地，五路军执行国民党"限制异党异军"之计划，分兵数路大举围攻本军。汉章先生大愤，谓系北伐时代反动清党运动之再度重演。乃坚决返里，站在抗日民主运动方面，与反共顽固派进行坚决斗争。遂出任津浦路西联防办事处主任，从事抗日民主根据地之建设。数年来，领导反敌伪扫荡，领导新民主建设，成绩卓著，为敌伪所震吓，为人民所称道，更为反共顽固派所深嫉，而汉章先生之革命人格愈为人所钦敬。

汉章先生年过五旬，复力图精进，有志于学，于一九四二年冬请假离职，决定赴延安考查，藉便学习。不料行装甫具，即于今夏罹疾，择地疗养于津浦路东地区，数月偃卧病榻，终于不起。一九四三年八月八日早二时半，汉章先生溘然与世长辞。一代之革命人才，不永其年，未竟其志，呜呼哀哉！余曩在叶贺军工作，虽与先生日行而无缘相识。本军东进，余在苏南工作，即久闻先生之令名。今春入院疗疾，始与汉章先生订交。朝夕谒从，言谈最契。夏初余病愈出院，先生亦将有远行。初不料其罹疾甚速而辞世之更速也！

慨自辛亥革命军兴，从颠覆逊清下及袁、段、曹、吴，均赖各革命党派之力。故革命政党为救国救民之战斗工具，操则存，舍则亡，此不容置辩之真理。惟革命政党必须以利国福民为职志，革命党依此职志而终生奋斗不息，则革命政党之可贵在此。若夫权位在手，中途变节，变革命政党为一己专政之工具，视革命党员为一己之奴才走狗，是天下不义之人，目以自私自利，祸国殃民为事，甚至不惜反共叛国投敌—如汪精卫等辈之所为，则天下之罪恶集于一党之内，粹于一人之手，可痛孰甚！国民党两度抛弃三民主义及孙中山先生之三大政策，此汉章先生所最痛恨者也。汉章先生从事国民党工作历数十年，知其善恶，辨其顺逆，其出处纯以福国利民为依归，不愿自奴而奴人。两度之洁身远行，毅然唯真理正义之是从，可谓党人之皎皎拨俗流者矣！今者，抗战大业虽日底于成，而国内法西斯化之反动潮流亦复猖獗弥，服从真理，固可为党人之楷模。

呜呼！汉章先生可谓不朽矣！

按：《合肥童汉章先生哀辞》见新四军政治部编印《新四军殉国先烈纪念册》，1943年。

合肥童汉章先生哀辞

后　记

　　碑传，是中国古代最常见的一种传记形式，既包括墓志铭、墓表、墓碣文、权厝志、神道碑等碑志文，也包括家传、小传、别传、行状、行实、事略等传状，其弊端在于私人撰写，故多谀墓溢美之词，但因其行文、体例不拘一格，较之正史传记则更为详备和鲜活，历来受到重视，是中国史学撰述的重要组成部分之一。集录碑传为书，始于宋代杜大珪《名臣碑传琬琰集》，明代有焦竑编《国朝献征录》，徐纮、王元编《皇明名臣琬琰录》《续录》。清至近代，则有钱仪古编《碑传集》、缪荃孙编《续碑传集》、闵尔昌编《碑传集补》、汪兆镛编《碑传集三编》。及至当代，钱仲联辑成《广清碑传集》，卞孝萱、唐文权编辑《辛亥人物碑传集》与《民国人物碑传集》，集录碑传事业可谓递相祖述，蔚然大观，已成为我国史学研究中的一项优秀传统。

　　碑传作为传主一生总结性的传记资料，其创作往往由传主的亲、友或者社会名人完成，首重记述个人事迹，表彰其嘉言懿行，在对于保存传主的基本信息具有较高的可信度，且其中又往往涉及时代思潮或乡邦史实，故而碑传文虽因人而异，但是总体上会根据传主籍贯的不同而呈现地域特征的差异性，因而对于研究地域文化具有重要的意义和价值。

　　对于合肥而言，本地区在唐末五代、元末明初、清末民国三个历史时期均出现了人才爆发现象，或为名臣武将，或为达官权贵，或为艺林精英，这些人物名动一时，史传则传之久远。但遗憾的是，由于相关人物传世文献存世较少，目前学界尚未对合肥碑传及类似课题进行专门研究，因而未来此方面的研究工作应当还有很大空间。

　　2023年，编者申请了合肥市哲学社会科学规划项目"合肥碑传裒辑初编"，有幸得以获批。这对编者而言，是一次崭新的挑战。编者虽然生于合肥长于合肥，对于这座城市的历史和文化有着一定程度的认知和理解，但真正开始着手动笔之时，方知随园"爱好由来落笔难"之所言不虚。

　　本书以时间为脉络，选取了自隋代至中华民国时期历史人物的墓志铭、碑传共98篇，前后凡20万字。笔者希望，从历史的烟尘中勾勒出文化的精华，用详实的史料，在为诸位读者展现出合肥历史人物的成长轨迹与精神风采的同时，也为研究合肥地区社会文化的演变和发展提供一定的文献支持。

本书在立项筹备、款项拨付等以及协调沟通诸环节中，承蒙安徽省档案学会菼敏秘书长等相关领导不遗余力地支持，从而得以顺利开展，在此一并致谢。

本书承蒙安徽省档案学会档案文化研究委员会主任刘政屏先生赐以序言，其中褒奖甚多，实不敢当。安徽大学陆发春教授、安徽医科大学张瀚洋副教授一直对本书多有关注，每每馈以勉励之语。另外，汤增旭、高峰、张彦峰、黄政、黄振华诸师友一直关注书稿的进度，不时提出各种真知灼见，使我受益匪浅。本书的出版得到了安徽师范大学出版社的大力支持。

本书编纂过程中得到了安徽省博物院、合肥市文物保护中心、肥东县文物管理所以及肥东县博物馆彭余江先生的大力支持，在此一并致谢。

囿于编者的学识，书中肯定还存在诸多不足和疏漏错误之处，敬请诸位方家批评指正。只有各位方家、师友的不断鞭策和激励，编者才有信心继续编纂《合肥碑传袤辑续编》，乃《三编》《四编》……

是为记。

合肥　萧寒
2024年元月于围庐风间堂

后
记